勇敢前行

一个律师眼中的法治中国

吕红兵 / 著

封面题字：李世亮

法律出版社 LAW PRESS·CHINA
——北京——

图书在版编目(CIP)数据

勇敢前行：一个律师眼中的法治中国 / 吕红兵著. -- 北京：法律出版社，2024
ISBN 978-7-5197-8648-9

Ⅰ. ①勇…　Ⅱ. ①吕…　Ⅲ. ①律师－工作－中国
Ⅳ. ①D926.5

中国国家版本馆 CIP 数据核字(2023)第 243526 号

勇敢前行 ——一个律师眼中的法治中国 **YONGGAN QIANXING** —YIGE LÜSHI YANZHONG DE FAZHI ZHONGGUO	吕红兵 著	责任编辑 章 雯　慕雪丹 装帧设计 汪奇峰　臧晓飞

出版发行 法律出版社
编辑统筹 法商出版分社
责任校对 赵明霞
责任印制 胡晓雅
经　　销 新华书店

开本 A5
印张 15.875　**字数** 290 千
版本 2024 年 5 月第 1 版
印次 2024 年 5 月第 1 次印刷
印刷 三河市龙大印装有限公司

地址：北京市丰台区莲花池西里 7 号(100073)
网址：www.lawpress.com.cn
投稿邮箱：info@lawpress.com.cn
举报盗版邮箱：jbwq@lawpress.com.cn
销售电话：010-83938349
客服电话：010-83938350
咨询电话：010-63939796

书号：ISBN 978-7-5197-8648-9　**定价**：96.00 元
凡购买本社图书，如有印装错误，我社负责退换。电话：010-83938349

“国浩人文文库”总序

“求木之长者，必固其根本；欲流之远者，必浚其泉源”。对律师而言，专业是立身之本，文化则是滋养人文精神世界的重要源泉。法律理性与人文情怀相互交融、交相辉映，是法律事业“问渠那得清如许？为有源头活水来”之水，是法治征途中驱散阴霾、汇聚希望、生生不息之火，是“文能提笔安天下，武能上马定乾坤”之豪情，是穿越黑暗、趟过烈火、抵达梦想之炙热。

专业层面，国浩律师事务所鼓励律师成为“专家律师”“学者律师”，精研法律、著书“立说”、“立功、立德”。而人文层面，国浩律师的定位是“君子律师”，谦谦君子、坦荡荡君子、家国情怀君子。经过16年沉淀，“国浩法律文库”系列丛书已硕果累累、各放异彩。恰逢此时，“国浩人文文库”诞生，为法律人开辟一方“精神家园”。

律师是律师文化的建设者和传播者，是社会公平正义的捍卫者和实现“中国之治”的中坚力量。子曰：“质胜文则野，文胜质则史。文质彬彬，然后君子。” 面对变幻的现实，面对我们的新时代，如果我们都能秉持一种和谐的人文精神、君子之道，将传统的人文道德、仁爱之心、家国情怀融入律师固有的气质，无疑将为法治社会建设贡献更大的力量。

作为中国知名的法律服务执业机构之一，国浩律师事务所不仅致力提供优质的法律服务，而且在法治建设过程中努力承担起应有的责任和使命。2008年，国浩发布了国内律师事务所中的首家社会责任报告，并始终用实际行动践行社会责任；2009年，国浩开办《国浩人文》杂志，后又与时俱进通过国浩微信公众号开设“国浩人文”栏目，内容生动、意趣盎然，深受读者喜爱；近年来，国浩还设立了国浩公益业务委员会暨法律研究中心，创办了“国浩公益基金”，定期举办国浩读书会、国浩篮球赛、国浩开放日等文娱体育活动；自创、自编、自演大型律政话剧《代理人》，拍摄以律师为主人公的系列微电影，使人文关怀春风化雨，深入人心。

“国浩人文文库”系列丛书恰恰就是展现国浩律师人文精神的窗口、展示国浩人文关怀和社会责任的平台，更是社会各界朋友能够心意相通、情谊相连、志趣相投、道器相融的舞台。

文化如水，化雨流甘。如果阅读“国浩人文文库”能够成为“悦读”，如果读者朋友们能从中受益，我们将倍感欣慰。

国浩律师事务所

2023年11月修订

目录

C O N T E N T S

㊀

律师事业发展

㈡ 司法体制改革

三

法治国家建设

㈠

律师事业发展

01

为中国式现代化贡献中国律师新业绩

一、中国式现代化的宏伟蓝图，为中国律师事业展示了恢弘的发展前景

习近平总书记在党的二十大报告中指出：“坚持全面依法治国，推进法治中国建设。”[1]“坚持全面依法治国，推进法治中国建设”作为党的二十大报告内容之七，以大标题列示，与“四、加快构建新发展格

1 《习近平：高举中国特色社会主义伟大旗帜　为全面建设社会主义现代化国家而团结奋斗——在中国共产党第二十次全国代表大会上的报告》，载中国共产党新闻网“习近平系列重要讲话数据库”2022年10月25日，http：//jhsjk.people.cn/article/32551583。

局，着力推动高质量发展”“十五、坚定不移全面从严治党，深入推进新时代党的建设新的伟大工程”并列。与党的十九大报告相比，在结构与篇幅上，党的二十大报告关于全面依法治国的论述更加突出、更加着重。特别是党的二十大报告强调“全面推进国家各方面工作法治化”“在法治轨道上全面建设社会主义现代化国家”。

律师队伍是社会主义法治工作队伍的重要组成部分，是法律服务队伍的核心执业主体。习近平总书记要求：“要教育引导法律服务工作者坚持正确政治方向，依法依规诚信执业，认真履行社会责任。”[1]习近平总书记多次强调要发挥律师职能作用，指出要深化公共法律服务体系建设，尽快建成覆盖全业务、全时空的法律服务网络；要发展壮大涉外法律服务队伍，健全涉外法律服务方式，提高涉外法律服务质量。

在法治轨道上全面建设社会主义现代化国家，为中国律师事业的发展开辟了广阔道路，展示了宏伟前景。我们应当不忘初心、牢记使命，固根基、扬优势、补短板、强弱项，打造队伍，做强服务，发展事业，为人民群众提供优质高效法律服务，不断开创法治中国建设新局面。

1 《习近平在中央全面依法治国工作会议上强调　坚定不移走中国特色社会主义法治道路　为全面建设社会主义现代化国家提供有力法治保障》，载《人民日报》2020 年 11 月 18 日，第 1 版。

二、在推进中国式现代化进程中，中国律师应该在新征程上建立新功业

例如，在服务高质量发展方面，聚焦市场主体，特别是为非公有制经济健康发展提供全方位服务。

2022年中央经济工作会议指出：切实落实“两个毫不动摇”，要从制度和法律上把对国企民企平等对待的要求落下来，从政策和舆论上鼓励支持民营经济和民营企业发展壮大。在2023年全国政协十四届一次会议期间，习近平总书记看望参加会议的民建、工商联界政协委员，再次强调了上述“落下来”的要求。

我国《宪法》规定：“国家保护个体经济、私营经济等非公有制经济的合法的权利和利益。”作为国家的根本大法，宪法为“从制度和法律上把对国企民企平等对待的要求落下来”提供了权威法律依据。

党的二十大报告强调：“优化民营企业发展环境，依法保护民营企业产权和企业家权益，促进民营经济发展壮大。”作为党治国理政的纲领性文件，党的二十大报告为“从制度和法律上把对国企民企平等对待的要求落下来”提供了最高级政治保障。

我国《民法典》明确：“国家实行社会主义市场经济，保障一切市场主体的平等法律地位和发展权利。”作为一部固根本、稳预期、利长远的基础性法律，民法典为“从制度和法律上把

对国企民企平等对待的要求落下来”提供了最基本法律遵循。

在司法领域，我们律师应为完善涉案企业合规改革试点并全面推开作贡献，推进制度进一步健全。应坚持依法保障企业权益与促进守法合规经营并重，完善合规必要性审查，优化第三方机制管委会及专业人员库，强化对合规计划制订及执行审查把关，规范第三方监督评估机制，制定类案合规办案指引，协调检察与行政、审判机关对接，从而实现治罪与治理并重，促进系统治理、诉源治理。

从完善立法角度出发，我们律师要为把制定民营企业基本法落在实处出谋划策。制定“民营企业法”，将《宪法》和《民法典》以及党的二十大报告的上述规定具体化；将竞争中性、要素获取、准入许可、经营运行、政府采购和招标投标等相关制度以法律形式作出明确；把侵犯民营企业和企业家行为的责任追究机制从法律上实实在在地落下来。

再如，在服务高水平开放方面，在为外资“引进来”推波助澜的同时，为中国企业“走出去”保驾护航。

2022 年我国全行业对外直接投资 9853.7 亿元人民币，同比增长 5.2%。[1] 这是继 2020 年中国对外直接投资总量首次位居全球第一、2021 年中国企业对外投资流量和存量位列全球前三后，

1 《商务部合作司负责人谈 2022 年我国对外投资合作情况》，载中华人民共和国商务部网站 2023 年 2 月 10 日，http://www.mofcom.gov.cn/article/xwfb/xwsjfzr/202302/20230203384108.shtml。

再次取得的难能可贵的成绩。

习近平总书记2020年11月在中央全面依法治国工作会议上强调："要加快涉外法治工作战略布局，协调推进国内治理和国际治理，更好维护国家主权、安全、发展利益。"[1]党的二十大报告进一步指出，要"加强重点领域、新兴领域、涉外领域立法，统筹推进国内法治和涉外法治，以良法促进发展、保障善治"。

目前，我国尚未就对外直接投资制定单独的法律，主要是通过相关部委制定规章及其他规范性文件的形式对对外直接投资进行规范和引导。总体而言，相关规范位阶低，权威性不够；内容少，针对性不强；较零散，系统性不足；不配套，协调性欠缺；重管制，服务性较弱；滞后于形势发展，与时俱进适应性有待提高。

为此，我们应该总结、梳理、整合我国已经出台的中国企业对外直接投资相关法律规范，去粗存精，提炼普遍性、规律性认识，为统一制定"对外投资法"鼓与呼。通过此部法律，确立鼓励、引导、规范、保护的基本原则，强化服务性与保障性，明确主管机构及其职责、相关权限划分，规定监管原则、基本程序，定性投资主体、投资形式，作出产业规范与引领，提出

1 《习近平在中央全面依法治国工作会议上强调　坚定不移走中国特色社会主义法治道路　为全面建设社会主义现代化国家提供有力法治保障》，载《人民日报》2020年11月18日，第1版。

企业合规要求，强化海外国有资产监管，健全金融、外汇、保险、税收、基金以及人才保障支持措施，完善信息、评级、智库、法律服务、行业协会等服务举措，界定争议解决方式及司法保障，明确域外适用与管辖。将此部法律作为我国对外投资法律体系的基本法，总揽全局形成并进一步完善符合我国改革开放实际、体例科学、内容完整、协调一致的对外投资法律体系。

又如，在服务社会建设方面，主动履行社会责任，拓展为老年人提供法律服务的新领域。

国家卫生健康委员会老龄健康司数据显示：2035 年左右，中国 60 岁及以上老年人口将突破 4 亿，进入重度老龄化阶段。到 2050 年前后，我国老年人口规模和比重、老年抚养比和社会抚养比将相继达到峰值。老年人口持续增加，人口老龄化程度不断加深，给公共服务供给、社会保障制度可持续发展带来挑战，应对任务很重。

我国历来重视老年人权益法律保护，《宪法》和《民法典》，特别是《老年人权益保障法》，均对老年人权益保护作出明确规定。不过在现实生活中，对部分老年人而言，不仅一般的赡养得不到保障，而且遭遇诈骗的情形时常发生，身心健康和合法权益受到侵犯。由于身体机能衰退、教育程度不高、传统思想影响、法律意识不强等，老年人受到侵权时往往处于不愿、不敢、不能“诉”的境地。

从主体上说，目前在我国提起公益诉讼的主体主要是检察机关，还有符合一定条件的环保组织、省级以上消费者权益保护协会；但环保组织涉及的为生态环境领域，省级以上消费者权益保护协会涉及的为消费领域，对于诸如老年人权益保护案件则缺乏明确的对接机构。同时，目前在法律规制及政策解释上，仅对检察机关代表老年人提起公益诉讼留有空间。另外，涉及老年人权益保护案件基本上属于私领域平等主体间的民事法律关系，检察机关介入的角度与边界在司法实践中存在一定的争议。

因此，我们律师应推进健全立法，在《民事诉讼法》《老年人权益保障法》中，以明确的法律条文确立老年人权益保护的公益诉讼制度。其中，扩大提起公益诉讼主体的范围是重要内容。除检察机关外，以法律规定或者全国人大常委会授权的方式，赋予其他相关主体提起老年人权益保护公益诉讼的权利。在此，律师事务所义不容辞，为老年人权益提供公益法律服务乃其题中应有之义。

三、进一步完善律师法律制度，为中国律师事业发展固根本稳预期利长远

我国《律师法》于 1996 年颁布，2007 年全面修订并于此后作个别条款修改，总体而言目前已很难适应中国律师事业发展

的现状以及全面依法治国、推进法治中国建设对律师队伍提出的新要求。为此，应推进律师法的修订工作加快进行。

一是进一步明确律师、律所、律协的法律地位。

在已有的律师“三个维护”即维护当事人合法权益、维护法律正确实施、维护社会公平正义基础上，明确“三个重要”，即律师是社会主义法治工作队伍的重要组成部分，是社会主义法律服务队伍的重要主体，是全面依法治国的重要力量。

在已规定律师事务所是“律师的执业机构”的基础上，明确律师事务所属“现代服务业机构”，与国家“十一五”规划以来的国民经济和社会发展规划相统一；明确律师事务所是“专业服务机构”，与《民法典》规定相一致；明确律师事务所是“社会组织”，与党的十六届六中全会以来的党的路线方针政策相呼应。

在已明确律师协会是“社会团体法人”的基础上，规定律师协会是“律师的自治性组织”，依照法律、行政法规和律师协会章程，完善治理结构，实施自律管理。

二是进一步优化律师执业权利保障。

在《律师法》总则中以专条明确律师依法享有会见权、阅卷权、调查取证权、知情权、申请权、申诉权、质证权、发问权、辩论辩护权等执业权利，以及律师执业中的人身权。规定人民法院、人民检察院和公安机关各司其职、相互制约、相互配合，并充分发挥律师的代理及辩护作用，促进司法公正。

三是进一步强化律师协会功能。

规定律师协会具有对律师、律师事务所违规行为的先行惩戒权，具有司法及行政机关对律师、律师事务所处罚时的前置听取意见权，具有追究侵权者法律责任的建议权，具有律师执业纠纷的先行调解权，并同时明确人民法院对协会作出的调解协议的效力确认制度。

规定律师协会具有参与司法活动权。如对司法政策提出建议；担任法官检察官遴选机构固定成员，担任法官检察官考核评价机构固定成员；参与制定从符合条件的律师中选任法官检察官的条件与程序，对选任人选出具鉴定意见；与法院检察院培育良性互动关系，共建法律职业共同体。

四是明确规定国家对律师事业发展的支持保障措施。

进一步明确国家应在规划、财政、税收、社保、就业、金融、保险以及人才培养等方面，对律师事业发展给予扶持和保障。

在已规定律师应当按照国家规定履行法律援助义务的同时，进一步明确律师应当参与公益法律服务，履行社会责任；政府应对律师参与公益法律服务提供财政、税收等方面的引导和鼓励。

规定国家发展涉外法律服务业，推进符合条件的律师事务所国际化建设。规定国家建设公共法律服务体系，在法律服务资源短缺地区设立国资律所。进一步明确政府法律顾问制度，构建公职律师与社会律师相结合的政府法律顾问工作队伍。进一步强调企业法律顾问制度，构建公司律师与社会律师相结合的企业法律顾问队伍。规定在中国企业“走出去”过程中，由中国律师担任法律服务牵头人。

（这是作者发表在2023年第4期《中国法治》上的文章，有删改）

02

我的名字叫“人民律师”，我的宗旨是“为人民服务”

律师制度是中国特色社会主义法律制度的重要组成部分。习近平总书记指出：“律师队伍是依法治国的一支重要力量，要大力加强律师队伍思想政治建设，把拥护中国共产党领导、拥护社会主义法治作为律师从业的基本要求。”[1]

早在改革开放初期，邓小平同志就强调，中国搞现代化建设要有 30 万律师。而中国的现代化建设，必

1 习近平：《加快建设社会主义法治国家》，载《求是》2015 年第 1 期。转引自中共中央文献研究室编：《习近平关于全面依法治国论述摘编》，中央文献出版社 2015 年版，第 104 页。

须沿着中国特色社会主义道路前行，必须坚持中国共产党的领导。

我国《宪法》庄严宣告：社会主义制度是中华人民共和国的根本制度。中国共产党领导是中国特色社会主义最本质的特征。中华人民共和国实行依法治国，建设社会主义法治国家。

2021年《中华全国律师协会章程》则明确规定：忠实履行中国特色社会主义法治工作队伍的职责使命，加强律师队伍思想政治建设，把拥护中国共产党领导、拥护社会主义法治作为律师从业的基本要求，增强广大律师走中国特色社会主义法治道路的自觉性和坚定性。

应当说，拥护中国共产党领导、拥护社会主义法治，是党和政府的现实要求，也是社会主义现代化建设的历史必然；是我国《宪法》对每一名公民规定的法定义务，也是我们作为律师应当遵守的行业准则。可以这样认为：中国共产党的领导，是中国律师队伍建设的旗帜引领；社会主义法治，是中国律师事业前进的道路承载。

在此现实逻辑与历史逻辑的前提下，在此法律逻辑与职业逻辑的基础上，人民性是中国律师的基本底色，人民性是中国律师的内在属性，便属毋庸置疑，便是一脉相承。

从中国共产党领导的角度而言，中国共产党是领导我们事业的核心力量，而党的根基在人民、血脉在人民、力量在人民。

世界上从来没有一个政党像中国共产党这样，从诞生之日起就把“人民”二字镌刻在自己的旗帜上，一百年来栉风沐雨、岁月峥嵘却持之以恒、历久弥新。“乐民之乐者，民亦乐其乐；忧民之忧者，民亦忧其忧”，这是习近平同志在《之江新语》中引用孟子的一句话。人民，是党执政兴国的最大底气；民心，是最大的政治。“江山就是人民，人民就是江山”[1]，必须坚持一切为了人民、一切依靠人民，坚持为人民执政、靠人民执政，坚持发展为了人民、发展依靠人民、发展成果由人民共享。不忘初心，方得始终。中国共产党人的初心和使命，就是为中国人民谋幸福，为中华民族谋复兴。因此，拥护、坚持党的领导，就是拥护、坚持人民至上；拥护、坚持党的领导的中国律师，就是人民律师！

从社会主义法治的角度而言，中国特色社会主义道路是创造人民美好生活、实现中华民族伟大复兴的康庄大道，而中国特色社会主义法治道路，本质上就是中国特色社会主义道路在法治领域的具体体现。历史唯物主义作为关于人类社会历史发展一般规律的科学，深刻揭示了人民群众是社会实践和社会历史的主体。人民是创造历史的动力，是我们国家和社会的主人，当然就是全面依法治国的主体，是法治国家建设的力量源泉和智慧源泉。习近平总书记强调：“要牢记群众是真正的英雄，

1 《习近平：在“七一勋章”颁授仪式上的讲话》，载《人民日报》2021年6月30日，第2版。

任何时候都不能忘记为了谁、依靠谁、我是谁，真正同人民结合起来。”[1]广大律师脚踏中华大地、传承中华文明，走符合中国国情的法治道路，就有无比广阔的舞台、无比深厚的底蕴、无比强大的定力。因此，坚持中国道路、拥护中国法治的律师，就是人民律师！

于是，作为一名中国律师，我的名字就叫“人民律师”，我的宗旨就是“为人民服务”。人民律师为人民服务，必须展现于执业服务的一言一行，必须彰显在事业发展的方方面面。

我们的工作应体现人民利益。人民最大的利益就是当家作主。马克思主义认为，人民群众是历史的主体，是社会物质财富和精神财富的创造者，是推动历史前进和社会变革的最终决定性力量。习近平总书记指出：“老百姓是天，老百姓是地。忘记了人民，脱离了人民，我们就会成为无源之水、无本之木，就会一事无成。”[2]《管子·牧民》中有一句话：“政之所兴在顺民心，政之所废在逆民心。”[3]我国《宪法》第一章“总纲”第1条、第2条开宗明义：中华人民共和国是工人阶级领导的、

1 《习近平：在常学常新中加强理论修养　在知行合一中主动担当作为》，载中国共产党新闻网“习近平系列重要讲话数据库”2019年3月2日，http：//jhsjk.people.cn/article/30953299。

2 《习近平：在纪念红军长征胜利80周年大会上的讲话》，载中国共产党新闻网“习近平系列重要讲话数据库”2016年10月21日，http：//jhsjk.people.cn/article/28798445。

3 2013年12月26日，习近平在纪念毛泽东同志诞辰120周年座谈会上的讲话中，引用了该典故。

以工农联盟为基础的人民民主专政的社会主义国家。中华人民共和国的一切权力属于人民。人民行使国家权力的机关是全国人民代表大会和地方各级人民代表大会。这是宪法对我国国体和政体的明确规定，是人民当家作主的根本性依据。人民律师，必须信仰宪法、尊重宪法，必须拥护宪法、遵守宪法，必须宣传宪法、维护宪法。律师们办的每一个案件，写的每一份合同，做的每一次咨询，讲的每一堂课程，无一不应体现人民利益。律师要做宣传法律规定的轻骑兵、传播法治理念的先锋队、弘扬宪法精神的马前卒，做社会主义法治的忠实崇尚者、自觉遵守者、坚定捍卫者。**体现人民利益，是人民律师的基本立场。**

我们的言行应反映人民愿望。习近平总书记指出："党与人民风雨同舟、生死与共，始终保持血肉联系，是党战胜一切困难和风险的根本保证"。[1]这一论断，是党的历史经验的深刻总结，更是中国共产党人的巨大政治优势。"知屋漏者在宇下，知政失者在草野"。广大律师战斗在法治建设的第一线，深入基层，贴近百姓，可谓"春江水暖鸭先知"。律师们应当把人民群众呼声作为第一信号，把人民群众需要作为第一选择，把人民群众满意作为第一标准，坚持问题导向、目标导向，广察民情、广纳民意、广聚民智。习近平总书记曾引用"衙斋卧听萧萧竹，疑是民间疾苦声。些小吾曹州县吏，一枝一叶总关情"

1 《习近平在庆祝中国共产党成立 95 周年大会上的讲话》，载《人民日报》2016 年 7 月 2 日，第 2 版。

一诗，鼓励基层干部干在实处、走在前列，人民律师理应有如此境界。《商君书》有言："为国也，观俗立法则治，察国事本则宜。不观时俗，不察国本，则其法立而民乱，事剧而功寡。"我们应当把人民拥护不拥护、人民赞成不赞成、人民高兴不高兴、人民答应不答应作为标杆，在参与立法、执法、司法活动以及法治宣传、法律服务中，反映群众诉求、传递百姓呼声，勇做党和政府联系人民群众的桥梁和纽带。**反映人民愿望，是人民律师的价值追求。**

我们的执业应维护人民权益。习近平总书记强调："推进全面依法治国，根本目的是依法保障人民权益。要积极回应人民群众新要求新期待，系统研究谋划和解决法治领域人民群众反映强烈的突出问题，不断增强人民群众获得感、幸福感、安全感，用法治保障人民安居乐业。"[1]这是习近平法治思想的核心内容，深刻阐明了全面依法治国"为了谁"的根本问题，为新时代深化依法治国实践锚定了前进方向。我国《律师法》第2条第2款明确规定："律师应当维护当事人合法权益，维护法律正确实施，维护社会公平和正义。"我国《宪法》作为国家根本大法、作为治国安邦总章程，全面规定了公民的基本权利和义务，特别规定公民的人身自由、人格尊严不受侵犯。党的

1 《习近平在中央全面依法治国工作会议上强调 坚定不移走中国特色社会主义法治道路 为全面建设社会主义现代化国家提供有力法治保障》，载《人民日报》2020年11月18日，第1版。

十九大报告提出，保障人民知情权、参与权、表达权、监督权，保护人民人身权、财产权、人格权。《民法典》则特别规定“民事主体的人身权利、财产权利以及其他合法权益受法律保护”，并且在第一编“总则”中以第五章集中规定了民事权利，并特别将“人格权”单列为第四编，体现了中国特色、人民属性。中国律师是社会主义法治工作队伍的重要组成部分，是法律服务队伍的主体，必须以优质高效的法律服务在法治建设第一线建功、于保障人民最前沿立业。**维护人民权益，是人民律师的法定义务。**

我们的发展应增进人民福祉。习近平总书记指出：“我们的人民热爱生活，期盼有更好的教育、更稳定的工作、更满意的收入、更可靠的社会保障、更高水平的医疗卫生服务、更舒适的居住条件、更优美的环境，期盼孩子们能成长得更好、工作得更好、生活得更好。人民对美好生活的向往，就是我们的奋斗目标。”[1] 习近平同志化用明朝张居正的名言，强调“治政之要在于安民，安民之道在于察其疾苦”。党的十九大报告指出，我国社会主要矛盾已经转化为人民日益增长的美好生活需要和不平衡不充分的发展之间的矛盾。“天地之大，黎元为先。”就像习近平总书记所言，“时代是出卷人，我们是答卷人，人

1 《习近平等十八届中共中央政治局常委同中外记者见面》，载中国共产党新闻网“习近平系列重要讲话数据库”2012 年 11 月 15 日，http：//jhsjk.people.cn/article/19591246。

民是阅卷人”[1]。人民群众日益增长的在民主、法治、公平、正义、安全、环境等方面的要求，对我们开出了试题、提出了挑战，新时代的中国律师必须适应、答卷，必须回应、满足，而且必须引领人民群众在上述有关法治方面的美好需求、合理诉求和理性要求。在此过程中，我们要大力开展公益法律服务，让人民群众有更多的获得感、幸福感、安全感，更加彰显人民律师的公共属性与公益内涵，从而获得人民群众的普遍尊重和广泛拥护。这是律师事业发展的基础，也是律师队伍壮大的根源，更是律师职业的出发点与归宿地。**增进人民福祉，是人民律师的根本目的。**

回顾中国律师“恢复”与创业史，恰似“雄关漫道真如铁”；把握人民律师今朝之漫漫创新路，可谓“人间正道是沧桑”；展望律师事业未来发展波澜壮阔，正是“长风破浪会有时”。“自信人生二百年，会当水击三千里。”奋斗是人民律师最亮丽的底色，我们将砥砺前行！

（这是作者发表在2022年第4期《中国司法》上的文章，
原标题为《努力做党和人民满意的好律师》，有删改）

1 习近平：《坚持和发展中国特色社会主义要一以贯之》，载《求是》2022年第18期。

03

加强律师事务所党建工作的思考

一段时间以来，在全国律师行业党委的统一部署下，作为全国律师行业党委委员，我与协会同志们分赴新疆、青海、广西、广东、湖南、河北等地调研律师行业党建工作。对行业党委而言，这既是调研，也是督察；对我本人来说，则既是考察，更是学习。在此过程中，行万里路，对许多地方律师协会和律师事务所扎实推进党建工作有了认识；读万卷书，进一步与大家一起学党章、读经典、谈体会，不断深化理论学习；阅万般人，与优秀党员和优秀党务工作者交流与互动，感受与收获良多。

中共中央办公厅、国务院办公厅印发了《关于深化律师制度改革的意见》指出：加强律师行业党的建设，健全完善行业党建工作管理体制，切实发挥律师事务所党组织的政治核心作用和律师党员的先锋模范作用。[1]

在全国律师行业党委的领导下，各地律师行业党委和律师事务所党组织都在扎扎实实开展工作，实现“全覆盖”，努力“全规范”，致力“全统领”。毋庸讳言，在有些地方律师党建工作中也存在不平衡、不均衡的情况。也有同志说，“上面热、中间暖、下面凉”的情况不同程度存在，尤其是律师事务所的党建工作，有“不愿抓”的情况，也有“不会抓”的情形。

应当说，**律师事务所党建工作是律师行业党的建设的基础。**全国律师行业党委开会时多次强调，行业党建工作，最重要的就是要落实在律师事务所党建上，否则行业党建就变成了空中楼阁；抓党建主要解决队伍问题，通过抓党建，带队建，促所建。

其一，说说“不愿”和“不会”。我本人的感觉，“不会抓”是表象，“不愿抓”是实质；“不会抓”是结果，“不愿抓”是原因。律师队伍是如此精英的群体，只要“愿”，就一定“能”，便一定“会”。只要有“想法”，就一定会有“办法”。所以

1 参见《司法部负责同志就〈关于深化律师制度改革的意见〉答记者问》，载中国政府网，https://www.gov.cn/xinwen/2016-06/15/content_5082607.htm。

根子上还是一个意识问题、理念问题，说到底就是没有真正认识到党组织和党员的先进性这个根本问题，也就是没有真正认识到党建工作对律师队伍建设和律师事业发展的重要价值。

毛主席说，星星之火，可以燎原。正是因为相信所以看见，这就是信仰的力量。共产党就是这样一个极富信仰的团体，当初没有资源，没有什么良好的环境，最终的胜利靠的就是信仰。

大家可能都到上海去瞻仰过中共一大和二大会址，站在中国共产党创始人群像面前，无不为之震撼。中共党员的人数，中共一大时 50 多人、二大时 195 人、三大时 420 人、四大时 994 人、五大时 57967 人……到十九大时已壮大为近 8900 万人。中共二大通过的党章，不仅和大会提出民主革命纲领的贡献相媲美，而且为中国共产党的制度建设作出了奠基性贡献。

难怪有境外学者说：中国共产党从无到有、从小到大、从弱到强、从强到盛，其发展壮大的经历堪称历史奇迹。而其中，共产党自身的队伍建设经验和模式，值得任何组织和机构学习。

同样，中国律师队伍何尝不应该是一支有灵魂、有血性、有信仰、有力量的队伍？这个队伍建设不仅是“学习”的概念，而且更需要由党员律师的先进性来先行、先导、先锋，更需要党组织的先进性来引领、规范、保障。

应当说，党组织和党员的先进性是党的先进性的集中体现。习近平总书记说：“党员是党的肌体的细胞。党的先进性和纯洁性要靠千千万万党员的先进性和纯洁性来体现，党的执政使命要靠千千万万党员卓有成效的工作来完成”。[1]

何来先进性？列宁早就说过，党是工人阶级的一部分，但又不是普通的一部分，党“是阶级的先进觉悟阶层，是阶级的先锋队”。中国共产党从一开始就是按照列宁的先锋队理论建立起来的。于是毛主席说：“中国共产党是无产阶级的政党。无产阶级里头出了那样一部分比较先进的人，组织成一个政治性质的团体，叫共产党。”

先进性是什么？2018年6月29日，习近平总书记在中共中央政治局第六次集体学习时指出：“马克思主义政党具有崇高政治理想、高尚政治追求、纯洁政治品质、严明政治纪律。”[2]我的理解，习近平总书记所说的这种理想、追求、品质、纪律，造就了共产党的先进性，也铸成了共产党人的党性。

先进性是为了什么？可以说，共产党的党性和人民性从来都是一致的、统一的。不忘初心，方得始终。为人民谋幸福，正是中国共产党人的初心，习近平总书记指出：“人民对美好生活的向往，就是我们的奋斗目标。”[3]

---

1 《习近平：建设宏大高素质干部队伍　确保党始终成为坚强领导核心》，载《人民日报》2013年6月30日，第1版。

2 《习近平：把党的政治建设作为党的根本性建设　为党不断从胜利走向胜利提供重要保证》，载《人民日报》2018年7月1日，第1版。

3 《在庆祝香港回归祖国二十五周年大会暨香港特别行政区第六届政府就职典礼上的讲话》，载《人民日报》2022年7月2日，第2版。

律师的初心又是什么？作为中国律师，其初心正是维护当事人合法权益，维护法律正确实施，维护社会公平正义。律师这一职业，具有人民性、法律性、专业性和社会性。习近平总书记指出，要“尽快建成覆盖全业务、全时空的法律服务网络”[1]。这就更需要律师履行社会责任，充分发挥职能。可见，律师的这一本质属性与党的宗旨相统一，与党的要求相一致。

从以上分析可以看出，党组织、党员、党建，对律师事务所事业发展尤其是队伍建设而言，是一种资源，是一种武装，是一种正能量，是一种向上的力量；更是一种旗帜的导向，也是一种信念的支撑，又是一种先锋的感召，从而是一种政治的引领。加强律师事务所党建，不是一种可有可无的功利性的理解，也不是时有时无的机会主义的概念，更不是身外之物和工作负担的解释，而是一种有利于事业发展可持续性的认识，是一种队伍建设强化和优化的信念。习近平总书记在党的十九大报告中强调，“中国特色社会主义最本质的特征是中国共产党领导，中国特色社会主义制度的最大优势是中国共产党领导”。同样，我们应当从“最本质的特征”和“最大的优势”的角度，来理解与把握新时代我国律师事务所的党建工作。

其二，说说“愿意”与“应当”。如上所述，加强律师事务所党建工作应该“愿意”，这是“内心原动力”。其实不仅是“愿

1 《习近平：全面深入做好新时代政法各项工作　促进社会公平正义保障人民安居乐业》，载《人民日报》2019 年 1 月 17 日，第 1 版。

意”，还应该是“应当”，这是因为有国家大法和律协章程的规定，这便是律师事务所党建工作的“外在约束力”。“愿意”加上“应当”，才能内化于心，外践于行，敢抓愿抓、会抓真抓、深抓实抓。

2018年3月11日，第十三届全国人民代表大会第一次会议审议通过的《中华人民共和国宪法修正案》，把党的十九大确定的重大理论观点和重大方针政策，特别是习近平新时代中国特色社会主义思想载入国家根本法，充分体现了党的领导、人民当家作主、依法治国有机统一，为新时代坚持和发展中国特色社会主义提供有力宪法保障。

此次《宪法》的修改，充实了坚持和加强中国共产党全面领导的内容，在2004年修正的《宪法》第一章“总纲”第1条第2款第1句“社会主义制度是中华人民共和国的根本制度”后增写了一句，即“中国共产党领导是中国特色社会主义最本质的特征”。

律师是法律工作者，以律为师，以法为本，对国家宪法和法律的实施负有法定义务，这是律师法赋予律师的神圣职责。2018年7月1日，在党的97岁生日之际，第九届全国律师代表大会第二次会议举行，将律师行业党建工作写入《中华全国律师协会章程》。

在此基础上，于此背景下，律师行业加强党建工作，就是崇尚宪法、维护法律，必须履行义务，行使职责，理直气壮，雷厉风行，守土有责。于是，律师事务所党建不是倡议和建议，不是可讨论和可选择，而是政治要求、法律义务、行业规范，是律师和律师事务所践行法治思维和法治方式的重要体现。

其三，再说说“有形”与“有效”。大家说到律师事务所党建工作，常常说要尽快实现从“有形”向“有效”的质的飞跃。可见，如何从“有形”，做实“全规范”、做好“全统领”，到实现党建工作对律师事业发展的“有效”，更引起大家的普遍关注和深思。实事求是地说，律师事务所的党建工作不能照搬与照抄政府机关党建工作的经验与模式。要立足律师事务所的客观实际，那就是“服务行业”“社会组织”“体制之外”“非公领域”，因此必须强调接地气、创新性。我想在这里可以关注四个“融”字，就是**把律师事务所党建工作“融合”律师社会责任、“融会”律所文化建设、“融通”律师事业创新、“融入”法治中国建设。**

说到律师应当履行的社会责任，不仅仅是抗震救灾时的捐助，也不仅仅是希望小学上的善举，更多的则应是结合自己的本职工作和专业优势，为全社会、为老百姓提供全面、优质、高效、均衡的法律服务。按照习近平总书记要求的，“尽快建成覆盖全业务、全时空的法律服务网络”。从律师的角度说，“全业务”就是提供法律服务的全面性和充分性。律师应该在国家经济、社会、政治、文化、生态文明建设的方方面面，适应并满足各个主体提出的法律服务需求；同时，发挥主观能动性，推出更多的法律服务项目和服务产品。“全时空”则是提供法律服务的及时性和均衡性。要从时间上覆盖全过程，从空间上覆盖全领域，特别是要注重下基层、进社区、上学校、走军营、去监所、驻农村，把法律服务带到千家万户，让人民群众有更多的获得感、幸福感和安全感。无疑，在这里党组织应当是谋划者、组织者，党员律师应当做领头羊、排头兵。

说到律所文化建设，不仅是组织员工旅游、举办春节联欢、开展篮球比赛，也不仅是在办公场所悬挂名人字画、张贴诗词歌赋，而更应该是深刻把握“文化”二字的本质内涵，从制度建设和核心价值观方面，将文化建设做深做实。尤其是律师事务所的核心价值观，虽强调五湖四海、海纳百川，但核心价值观的引领和规范作用却不能丢。从大的角度看，核心价值观是一个民族赖以维系的精神纽带，是一个国家共同的思想道德基础；同样，如果没有核心价值观，一个律所、一个行业，也会魂无定所、行无依归。核心价值观的提炼、形成、传播、传承，是律师事务所党组织的核心职责。在此过程中，党组织应当强化教育引导、实践养成、制度保障，把核心价值观融入律所建设的各方面、全过程、宽领域。

在全面深化改革开放和法治中国建设的大背景下，律师事务所业务发展具有一定的“随波逐流”的惯性，但其做大、做强、做优、做精，更需要改革、更要求创新。改革一定会有风险，创新也可能会失败，发展中的代价谁来担、谁来负？显然，党组织和律师党员应该有如此勇气、此番担当。抱残守缺，吃的是过去的老本儿；亦步亦趋，今天日子也能够过得去；但是，未来的接续发展还是要靠业务创新、领域拓展。党组织和律师党员的先锋模范作用就应在此刻彰显，创新业务、拓展领域，想在前、干在前、冲在前、成在前，而且发扬大公无私的精神，将新成果、新技能、新模式、新业绩与全体律师尤其是青年律师分享，这正是党组织和党员的价值所在、先进性之体现。

著名法学家曾讲过：“律师职业有两重作用：一是治国之道，二是服务之道。服务之道是律师的生存基础，而治国之道在当下就是‘依法治国’。”2019 年 7 月，我在到库尔勒和西宁的两家律师事务所讲党课时特别谈到了律师除了服务经济建设、文化建设、社会建设、生态文明建设，还应该关心并倾心服务政治建设的理解。党的十九大报告中强调的这些要点：“加强宪法实施和监督，推进合宪性审查工作，维护宪法权威”；“加强人权法治保障，保证人民依法享有广泛权利和自由”；“推进科学立法、民主立法、依法立法”；“建设法治政府，推进依法行政，严格规范公正文明执法”；“深化司法体制综合配套改革，全面落实司法责任制”；“加大全民普法力度”；“坚定不移全面从严治党，不断提高党的执政能力和领导水平”，等等。致力于服务上述内容，既是律师的业务，也是律师的义务；既是律师执业的服务领域，也是律师职业的应尽职责；既是律师讲政治的具体体现，也是律师执业政治性的直接表达。而这些工作对于律师事务所党组织和党员律师而言，则既属于义不容辞，也属于当仁不让。

从实践中看，律师事务所党组织和党员律师只有扎实“有为”，才能真正“有位”，在“有形”覆盖的基础上，“有力”规范、“有利”发展，最终实现“有效”统领，切实发挥党组织的战斗堡垒作用和党员的先锋模范作用。

加强律师事务所的党建工作是具体的，不是抽象的；虽然是具体的，但又不是琐碎的、事务性的；工作中需要形式，但又不能形式主义。只开展红色旅游，光强调社会公益，只读书阅报观看电视，光公示上墙挂牌戴徽，当然远远不够、大大不足，应该防止并避免弱化党建、矮化党建、边缘化党建的情况。

律师事务所党组织应该把方向、管大事、建队伍、创文化、担责任、促发展。党建工作重要的是体现在理念与价值、体制与队伍、责任与担当层面，为队伍建设塑造核心价值观、为事业发展注入改革和创新理念、在业务成长中体现社会责任，在履行服务之道同时践行法治之道。让我们共同努力、继续奋斗！

（这是作者2021年5月12日在全国律师行业党委第21次会议上的书面发言）

04

中国律师事务所“走出去”的思考

习近平总书记强调，要“加强涉外法治建设”，“加快推进我国法域外适用的法律体系建设，加强涉外法治专业人才培养，积极发展涉外法律服务，强化企业合规意识，保障和服务高水平对外开放”[1]。习近平总书记的指示，为中国律师“走出去”指明了方向，提供了遵循。

近日，司法部专题开展律师事务所“走出去”调研。

1 《习近平：完善法治建设规划提高立法工作质量效率　为推进改革发展稳定工作营造良好法治环境》，载《人民日报》2019 年 2 月 26 日，第 1 版。

调研会议特别强调，各地要提升站位，把支持中国律所“走出去”作为重要责任，采取有效措施，推动中国律所在境外设立分支机构，更好地服务全方位对外开放，服务“一带一路”建设。

对中国律师事务所而言，“走出去”既是机遇，也是挑战；既是发展需求，又是服务供给；既是责任，更是担当。今日我们要做的，正是高屋建瓴，立意长远，审时度势，顺势而为，勇做中国律师事务所“走出去”的探索者、先行军、马前卒！

一是提高认识。

习近平在谈到国际交往时，常常引用中国古人的这句话：“以利相交，利尽则散；以势相交，势去则倾；惟以心相交，方成其久远。”[1]“以心相交”，其实是在国际关系中值得践行的一种正确的义利观。“国不以利为利，以义为利也”；“不义而富且贵，于我如浮云”。这些在中国流传至今的名言，深刻诠释了以义为先、先义后利的重要思想观念。

在中国，“义”与“信”完美地集中于“君子”之一身，如《论语》有言：“君子义以为质，礼以行之，孙以出之，信以成之。君子哉！”“互信”，正是推进“一带一路”建设之基石。而“信”本身，正透露并传递了一种“法治思维”和“法律方式”，也正是“法律服务”之要义。在这里，中国的传统文化与现代

1 《共创中韩合作未来　同襄亚洲振兴繁荣——在韩国国立首尔大学的演讲（2014年7月4日，首尔）》，载《人民日报》2014年7月5日，第2版。

的法治文明一脉相承、殊途同归，或者说，中国的传统文化中包含或充盈着现代的法治文明要素。

法律，是人类政治文明的重要成果；法律作为一门科学、一种治国理念、一类理政方式，其有规律性、科学性，是人类的“最大公约数”。推进“一带一路”建设，中国强调共商、共建、共享、共赢。共享的前提是共商，共享的基础是共建，共享的结果便是共赢。在此过程中，共商的语言是法律，共建的基石是法律，共享的保障是法律，共赢的预期依然是法律。

例如前面提到的“信”。中国的《民法通则》在其总则中就明确规定：“民事活动应当遵循自愿、公平、等价有偿、诚实信用的原则。”《俄罗斯联邦民法典》在2008年修订时，也确立了“诚实信用原则”。同样，在许多国家的法律中，“诚实信用”均为其民法之基。因此，致力于睦邻友好和共同繁荣，以“信”为基的法律体系，无疑为推进“一带一路”建设催生了强大的凝聚力、激发了积极的向心力，定能成为各国交流与合作的思想基础、价值引领和实施保障。

可见，推进“一带一路”建设，需要政策沟通、设施联通、贸易畅通、资金融通、民心相通，同时，还应强调法律直通。

法律直通是政策沟通的“升级版”，是设施联通的“护航者”，是贸易畅通的“大路条”，是资金融通的“润滑剂”，是民心相通的“定心丸”。当然“徒法不能自行”，“法律的生命在于实施”。法律的直通车如果没有轨道、没有纽带，自然无法到达理想的彼岸。广大律师，正是法律的实施者、实践者，是法律服务的设计者、供给者，是法律直通的行者、使者，作用重大、不可或缺。

可以这样说，在推进“一带一路”建设进程中，法律服务工作不应是“后进者”，而应当是“先行军”；不仅要“跟着”投资与贸易“走出去”在“后面”，而且要“陪着”投资与贸易“走出去”在“旁边”，更要“领着”投资与贸易“走出去”在“前面”。正可谓“一带一路”，法律先行，律师领军。

二是把握规律。

一方面是法律服务业自身的规律。

中国律师应该牢固树立律师行业服务于发展大局即服务于经济建设、政治建设、文化建设、社会建设、生态文明建设和党的建设的“服务观”，充分认识法律服务的从属性与适应性，深刻研究经济发展规律、企业运营规律，把握法律服务业发展规律，形成法律服务的新理念、新思想、新战略，为在新的历史条件下深化改革开放、加快推进社会主义现代化建设提供优质高效的法律服务奠定基础。

可以说，不关注、不懂得、不研究、不掌握经济规律和经济政策，我们的法律服务业将始终处于“盲目”、“盲从”与“盲动”状态，反应迟钝、动作缓慢、跟不上、接不下的现象就会时时存在、处处发生，且无法改变，做大行业、做强队伍、发挥作用也因此成为无源之水、无本之木。

同时，在充分认识并发挥法律服务规范性、保障性功能的同时，我们要进一步理解与把握法律服务的引领性与推动性价值。习近平总书记多次指出，建设中国特色社会主义法治体系，要“发挥立法的引领和推动作用”，要“做到重大改革于法有据”。[1]同样，法律服务的功能不仅是“保驾护航”，而且还应该是“推波助澜”；不仅要规范、保障，更要引领、推动。

在涉外法律服务领域，律师的价值与功能不仅是服务本身，而且还体现为在一言一行、一举一动、一文一案中讲述中国法治故事、中国律师故事，并为国际法律服务市场建设与发展贡献中国方案、中国智慧，树立并增强中国律师于其中的话语权、影响力与美誉度。

另一方面是律师事务所本身的发展规律。

经过 40 年的不懈努力，中国律师事务所逐步形成专业化、规范化以及规模化、国际化的模式发展共识，也涌现出一批规模大所、专业强所、品牌名所。伴随着改革开放的进一步深化，律师事务所的治理方式与发展模式亦应与时俱进，顺势而为，不断优化。

1　参见《中共十八届四中全会在京举行　中央政治局主持会议　中央委员会总书记习近平作重要讲话》，载《人民日报》2014 年 10 月 24 日，第 1 版。

我们应理解中国律师事务所国际化发展的以下几点内涵。第一，国际化是一个“目标”，是律师事务所的发展方向之一。第二，国际化是一个“指标”，是大所的标配、强所的必备。这些指标包括了海外执业机构、国际业务合伙人和律师团队、国际业务收入、国际市场影响（如排名）等。第三，国际化是一个“过程”，既是一个发展上的时间的进程，又是阶段性的整合的过程（如整合业务、对接境内、匹配发展）。第四，国际化是一个“手段”，是发展的手段，要和律师事务所现时的发展阶段相匹配，要和律师队伍的规模与专业现状相匹配，不能搞“一窝蜂”，不能搞“一阵风”，要有计划、有步骤、有落实。第五，国际化是一个“体系”，包括：（1）设机构，包括自营办公室、输出品牌合作，从点连线，由线成面，最终形成网络体系；（2）搞联营；（3）入联盟，比如加入国际化律所联盟；（4）拉组织，例如牵头成立“一带一路”律师组织；（5）行合并，例如大成与Dentons的瑞士联盟式合并；（6）建队伍；（7）做业务，工作效果要体现在涉外法律服务团队的业务上、业绩上，不能纯粹“高大上”，更要拒绝“假大空”。

三是创新模式。

律师事务所“走出去”应该“八仙过海各显神通”。因所、因人，因时、因地，因情、因势，善打“组合拳”，创造新模式，占据制高点，掌握主动权。

例如在“设机构”方面，金杜、君合、国浩等律所已在美国东西海岸诸城树起了牌子，中伦、锦天城、通力等律所的办公室已挺立在英国伦敦，大成、德恒、国浩等律所已登上欧洲大陆中心，段和段、京师、盈科等律所正在挺进中亚核心，德和衡律所已经成为中国驻俄罗斯大使馆法律顾问，八谦万象办公室律师在中国公民于老挝遭遇车祸后第一时间提供法律援助，广州金鹏律所加拿大办事处于 2019 年 8 月 28 日在加拿大正式开业。从实践中看，这些律师事务所采取了不同的方式设立境外机构，有的侧重于“自建”，中国律师事务所派驻人员、投入资金、一体运营、主导管理；有的则侧重于“输出品牌”，律师队伍以所在国律师为主，事务所用中国律师事务所的品牌，由双方联建联营。

再如在“入联盟”方面，老牌的国际律所君合、中伦、方达、通力分别是 Lex Mundi 及 Multilaw、World Law Group、Ius Laboris、First Law International 的中国律师事务所成员；德和衡、君悦同时成为 State Capital Group(SCG Legal) 成员；作为后起之秀的汉坤则加入了 World Services Group、Pacific Rim Advisory Council；世泽、汇衡为 Meritas 中国地区的成员律所。今年 5 月 9 日至 10 日，ALFA International 亚太年会在上海举行，国浩律所作为 ALFA 在中国的唯一成员承办了本届年会。应当说，加入国际知名的律所联盟组织，中国律师参与其中，提高了站位，交到了朋友，开阔了眼界，学到了知识，增长了见识，增进了合作，为提升涉外法律服务的能力，搭建了平台，提供了条件。

又如在“拉组织”方面，中国律师事务所在建立由自己倡议、牵头、主导的律所间联盟性组织方面，做出了不懈的努力与探索。今年 4 月 23 日，在中国第二届“一带一路”国际合作高峰论坛召开前夕，由国浩编制的《“一带一路”法律服务协作体 2018 年报》正式发布。2017 年 7 月，国浩主办了主题为“共建共享——‘一带一路’法律服务合作新机遇新模式”的“一带一路”法律服务国际合作（成都）峰会，并创建了“一带一路”法律服务协作体。该协作体发起方包括国浩以及香港易周、新加坡泰乐信、澳大利亚 Maddocks、瑞典 Magnusson 等律所，共有来自菲律宾、越南、泰国、缅甸、马来西亚、日本、韩国、以色列、哈萨克斯坦、波兰、斯洛文尼亚、南非以及中国香港、澳门、台湾等 22 个国家和地区的 34 家法律服务机构成为其成员，通过信息共享、专业论坛、事务交流、业务合作、协同服务，与世界近 200 家律所建立友好关系，辐射范围覆盖亚非欧、北美南美以及大洋洲的 60 余个国家及地区，共商法律服务合作大计，共建法律服务合作平台，共享法律服务合作成果。至此，“一带一路”法律服务协作体成为首家由中国律师事务所发起倡议、牵头设立并发挥主导作用的律师事务所国际化联盟性组织。

还有在“搞联营”方面，早在2003年即有内地律师事务所根据CEPA政策，进入香港与香港律师事务所开展联营；此后又有不少内地律师事务所根据香港律师会规则，在香港与香港律师事务所实施联营，为这些律师事务所在香港开展本土化运营打下基础。随着上海自贸区政策的实施，目前已有6家境外律师事务所与上海律师事务所在上海自由贸易试验区开展联营，分别是奋迅与贝克·麦坚时、瀛泰与夏礼文、联合信实与霍金路伟、观韬中茂与亚司特、年利达与昭胜、科伟与史密夫斐尔，以境外律师事务所“走进来”的方式，实现了另一种形式的“走出去”。

四是协同发展。

首先是服务对象上律师“走出去”与企业“走出去”的协同。对律师们而言，以前可能是“坐等”，现在一定要“出击”；过去叫“请律师”，今天我们应该“送服务”；企业“走出去”，我们要做“马前卒”。理论是灰色的，实践之树常青。投资与贸易“走出去”，自有法律服务需求，且千变万化，各有不同，我们要“有求必应”，但同时更要“创造需求”，其实这也正是法律工作和律师服务的“供给侧”结构性改革。例如，全国律师协会建立“一带一路”成员国法律数据库，便可以让法律工作者，以及企业家、投资家们，有更多的法律服务“获得感”。

其次是服务内容上非诉讼业务与诉讼业务的协调。现在讲到涉外法律服务，更多的是讲双边贸易、跨国并购、跨境融资。接下来，应当加大争议解决的法律服务力度。在中国律师界有句话，如果把律师业务比喻为皇冠，那么，争议解决法律服务就是皇冠上的明珠，而涉外诉讼、仲裁、听证等无疑是明珠上折射出的最亮的那道光。我们欣喜地看到，2018 年 10 月，金诚同达协助中国氟聚产业在美国对华聚四氟乙烯树脂产品反倾销调查中获得完胜。此次无损害裁决后，美国商务部反倾销调查被终止，美国海关停止征收清关保证金，中国出口企业前期缴纳的保证金全部被退回。2018 年至今，德和衡华盛顿分所“双反”业务团队代表中国企业在美国华盛顿进行了多轮“301 调查”听证会；与此同时，德和衡的跨国民事诉讼业务也有了突飞猛进的发展，在帮助银行、企业进行跨国债务诉讼的同时，成功代表中国受害企业进行了针对“红通”人员的海外追赃诉讼。

最后是服务队伍上中国律师与其他中介机构的协作。应当提倡集团出海、集约作战、集成服务、集合介入。律师、公证、仲裁、司法鉴定、法律援助等多个法律服务团队，共同防范法律风险、解决法律纠纷。同时，律师除联手企业家、金融家、投资家外，还要携手会计师、评估师、咨询师，共同“走出去”，一起“请进来”，营造“法律服务 +”战略，为“一带一路”提供全方位、系统化、优质且高效的法律服务。而且，各国法律界人士应当联手协作，打造“一带一路”法律服务“联合舰队”，为区域经济繁荣与发展发挥专业的、全面的、不可替代的作用，从而让政策更通、设施更联、贸易更畅、资金更融、各国人民更友好。

五是强化保障。

既然国际化是律师事务所发展的战略，而战略本身则至少包括目标愿景、实现路径、保障措施等诸方面，因此保障措施就必不可少。在各项保障措施中，培养涉外法律服务人才乃重中之重。许多律师事务所采取了“送出去”与“请进来”相结合、“进校园”与“重实战”相统一的综合性、系统化方式，打造一支优秀的涉外法律服务队伍。同时，政府的支持保障不可或缺，应当从全局性、战略化、持续性的角度，支持与保障中国律师事务所“走出去”行稳致远。

笔者作为全国政协委员，在今年全国“两会”上提了一个关于完善涉外法律服务体系，为“一带一路”建设保驾护航的提案，文中建议：

布局网络。应该鼓励和支持中国律师事务所到“一带一路”国家及其他国家和地区，设立分支机构，开展驻在地的法律服务。在此过程中，国家外汇管理部门应该提供换汇审批、换汇额度、外汇汇出等方面的优惠和支持；外事部门及司法行政部门应该对中国律师事务所到境外设立分支机构给予资金补贴；税务部门应该将中国律师事务所境外分支机构的业务收入数额抵扣该律师事务所在境内的应纳税所得额，给予税收优惠。

培育队伍。政府应着力打造涉外专业律师队伍。政府人力资源部门应将培养涉外律师人才纳入国家总体人才培养规划。全国律师协会及各省级律师协会应制订涉外律师人才培养计划，并将涉外律师送至境外知名法学院及法律服务机构接受教育和培训，政府应对此予以资金支持。鼓励律师事务所因所制宜地组织实施涉外律师人才境外培养培训，相关培训费用由税务部门允许于税前扣除。政府应着力培养涉外仲裁员队伍。国家外事部门、司法行政部门、贸易促进委员会及中国国际商会等，应制定统一规划并上升到国家战略高度，推荐涉外专业仲裁员至国际仲裁机构，担任决策机构成员、专家机构成员、仲裁委员会仲裁员；推荐优秀青年涉外律师及法学院学生至境外仲裁机构秘书处，担任工作人员或实习人员。对上述人员中需要长期在境外工作的，由外事部门统筹给予在境外租房及往来境内差旅费用等方面的补助。国家教育主管部门应鼓励和支持高校、科研院所设立涉外法律人才教育培训基地，司法行政部门和律师协会对上述教育培训工作进行业务指导，并提供培训生源。

组建机构。除鼓励中国的律师协会及律师事务所加入国际性律师联盟外，国家外事部门及司法行政部门应支持中国的律师协会发起设立以“一带一路”等为主题的国际性律师联盟；鼓励中国的律师事务所牵头创建国际性、联盟性跨境法律服务协作体。对上述所发起的组织如需审批的，外事部门应给予指导和支持，对上述律师联盟及协作体的日常活动经费，应统筹资金给予支持。

参与论坛。今年 4 月，中国举办第二届“一带一路”国际合作高峰论坛。建议政府相关部门批准中华全国律师协会以官方身份参加高峰论坛，参与策划并承办以“一带一路”法律服务为主题的分论坛。在此基础上允许中华全国律师协会成为“一带一路”国际合作高峰论坛的常规性参与方，全面、深入地参与论坛活动及其相关组织工作，充分利用这一国家级平台，向世界讲好中国律师故事。

强化服务。中国外事主管部门应推荐中国律师事务所及境外分支机构担任中国使领馆的常年法律顾问；使领馆可推荐上述律师事务所为在当地的中国企业及公民提供相应法律服务；使领馆亦应建立相应的法律参赞制度。国务院国有资产监督管理委员会及各地国有资产监督管理委员会、中华全国工商业联合会及各地工商业联合会，应出台政策、制定规则，要求并组织相关国企、民企在参与“一带一路”建设及“走出去”过程中，建立聘请中国律师担任中国法律顾问并由中国律师牵头选定国际律师、组织律师顾问团的制度，聘请中国律师为企业的合规工作和内控工作提供专项服务。

在今年中国人民政治协商会议上，同时也有委员提出了关于助推中国律师事务所服务维护海外机构人员合法权益的提案。

对于上述两个提案，司法部、外交部、商务部、财政部、教育部等各部门均予以重视，并积极研究拟进一步出台相关措施，支持和保障中国律师事务所“走出去”，为推进“一带一路”建设提供优质法律服务。

鲁迅先生说过：其实地上本没有路，走的人多了，也便成了路。中国律师事务所将勇做“走出去”的探索者，不忘初心，不辱使命，不负重望，为推进“一带一路”建设，为中国改革开放，再立新功，再创佳绩！

（这是作者2019年9月2日发表在微信公众号
“中国律师”上的文章，有删改）

05

党建入章程，前行保航向

2018 年 7 月 1 日，党的 97 岁生日。就在此日，第九届全国律师代表大会第二次会议在北京召开，律师行业党建工作写入《中华全国律师协会章程》。

作为代表中华全国律师协会理事会向大会作关于《中华全国律师协会章程（修订草案）》的说明的报告人，我被有些代表问及此次章程修改属于大改还是小改。我说，肯定不是小改，虽然仅从篇幅上讲似乎不算大改，但就其重要性而言，这是《中华全国律师协会章程》的重要修改，在律师行业章程发展史上具有重要意义。因为，这次修改写入了律师行业的党建工作。

作为一名拥有 31 年党龄的党员，作为一名中华人民共和国的公民，也作为一名政协委员，以及一名律师，我的感受是，本次《中华全国律师协会章程》的修改，是《中国共产党章程》修正、《中华人民共和国宪法》修正、《中国人民政治协商会议章程》修正之后，中华全国律师协会对其章程必要的和重要的健全之举、完善之措，一脉相承，与时俱进，顺理成章。

党的十九大确立习近平新时代中国特色社会主义思想为党的指导思想，确定了坚持和加强党的全面领导，坚持党要管党、全面从严治党，对新时代全面加强党的建设新的伟大工程作出总体部署。党的十九大审议通过《中国共产党章程（修正案）》，把坚持党对一切工作的领导写入了党章，将坚持全面从严治党作为习近平新时代中国特色社会主义思想的重要内容，作为新时代坚持和发展中国特色社会主义的基本方略。

今年 3 月 11 日，第十三届全国人民代表大会第一次会议审议通过的《中华人民共和国宪法修正案》，把党的十九大确定的重大理论观点和重大方针政策，特别是习近平新时代中国特色社会主义思想载入国家根本法，充分体现了党的领导、人民当家作主、依法治国有机统一，为新时代坚持和发展中国特色社会主义提供有力宪法保障。

今年 3 月 15 日，中国人民政治协商会议第十三届全国委员会第一次会议审议通过的《中国人民政治协商会议章程修正案》

也明确指出：中国共产党领导的多党合作和政治协商制度是我国的一项基本政治制度，是具有中国特色的社会主义政党制度。中国人民政治协商会议是实行中国共产党领导的多党合作和政治协商制度的重要政治形式和组织形式。

在此过程中，我们必须特别关注、认真学习、切实践行宪法修正案有关党的领导的重要内容。

应当说，本次宪法修正之前，我国宪法就已经鲜明地记载和明确确认了党的领导的内容。修正之后，在“序言”中有5处表达：

“一九四九年，以毛泽东主席为领袖的中国共产党领导中国各族人民，在经历了长期的艰难曲折的武装斗争和其他形式的斗争以后，终于推翻了帝国主义、封建主义和官僚资本主义的统治，取得了新民主主义革命的伟大胜利，建立了中华人民共和国。”

“中国新民主主义革命的胜利和社会主义事业的成就，是中国共产党领导中国各族人民，在马克思列宁主义、毛泽东思想的指引下，坚持真理，修正错误，战胜许多艰难险阻而取得的。”

“中国各族人民将继续在中国共产党领导下，在马克思列宁主义、毛泽东思想、邓小平理论、‘三个代表’重要思想、科学发展观、习近平新时代中国特色社会主义思想指引下，坚持人民民主专政，坚持社会主义道路……”

“在长期的革命、建设、改革过程中，已经结成由中国共产党领导的，有各民主党派和各人民团体参加的，包括全体社会主义劳动者、社会主义事业的建设者、拥护社会主义的爱国者、拥护祖国统一和致力于中华民族伟大复兴的爱国者的广泛的爱国统一战线……”

“中国共产党领导的多党合作和政治协商制度将长期存在和发展。”

也有观点说，上述内容书写在“序言”中，是不是没有约束力或者说效力？恰恰相反，“序言”是宪法必要的、重要的组成部分，而“序言”中本身就有铿锵有力的这句话：“本宪法以法律的形式确认了中国各族人民奋斗的成果，规定了国家的根本制度和根本任务，是国家的根本法，具有最高的法律效力。”

此次《宪法》修改，充实了坚持和加强中国共产党全面领导的内容，在 2004 年修正的《宪法》第一章“总纲”第 1 条第 2 款第 1 句“社会主义制度是中华人民共和国的根本制度”后增写了一句，即“中国共产党领导是中国特色社会主义最本质的特征”。

这是贯彻落实习近平新时代中国特色社会主义思想的重要

的、必要的法律举措。习近平新时代中国特色社会主义思想鲜明提出，中国特色社会主义最本质的特征是中国共产党领导，中国特色社会主义制度的最大优势是中国共产党领导，党是最高政治领导力量；强调党政军民学，东西南北中，党是领导一切的，必须坚持党对一切工作的领导。这是新时代坚持和发展中国特色社会主义的一条基本方略，也是我国政治和社会生活的最高政治原则。

对此，有法学专家就明确指出：把“中国共产党领导是中国特色社会主义最本质的特征”写入《宪法》“总纲”第1条，充实坚持和加强党的全面领导的内容，把党的领导由序言变正文，由非显性变显性，由确认变规范，由原则变制度，由柔性变刚性，使我国国体的表述更加科学、更加全面，为实现党对一切工作的领导提供了宪法依据。

律师是法律工作者，以律为师，以法为本，对国家宪法和法律的实施负有法定义务，维护当事人合法权益、维护法律的正确实施、维护社会公平正义，是律师法赋予律师的神圣职责。

在此基础上，于此背景下，律师行业加强党建工作，就是崇尚宪法、维护法律，必须履行义务，行使职责，理直气壮，雷厉风行，守土有责。这不是倡议和建议，不是可讨论和可选择，而是政治要求和法律义务，是法治思维和法治方式的重要内容。

党建工作写入《中华全国律师协会章程》，标志着律师行业党建工作进入新阶段、迈上新台阶。坚持和加强党对律师工作的领导，应当以先进性和纯洁性建设为主线，以政治建设为统领，以坚定律师行业理想信念宗旨为根基，以调动全行业党员的积极性、主动性、创造性为着力点，全面推进律师行业党的政治建设、思想建设、组织建设、纪律建设，把制度建设贯穿其中，不断提高律师行业党组织的建设质量，为律师行业始终走在时代前列、引领律师事业健康发展提供坚强的政治和组织保障，为把我国建设成为富强民主文明和谐美丽的社会主义现代化强国作出新的更大的贡献。

党建工作写入《中华全国律师协会章程》，是加强律师行业党建工作的重要举措，也是万里长征走好的第一步。重要的在于扎扎实实，抓铁有痕，踏石留印，推进党建工作的制度化、规范化、程序化，持续化。在此过程中，应当以《中华全国律师协会章程》明确的党建工作内容为引领，推进行业党建工作制度化建设，制定律师行业党建工作规程及一系列配套性规范。

加强律师行业党建工作，应该突出“真抓”与“实效”四字。不应该是花架子，而应该下真功夫；不应该做表面文章，而应该力透纸背；不应该只是有形，更应该做到有效。应该有设计稿、时间表、路线图、施工图、验收表、考核卷，把我们的工作做得更好，把我们的队伍打造得更强，把我们的事业做得更优。

加强律师行业党建工作，应当把党员先锋模范作用和党组织战斗堡垒作用的发挥，作为衡量党建工作成效的重要标志。党员好律师，或者说律师好党员，就应该把好方向、做好业务、带好队伍、抓好管理、控好风险、谋好发展；就应该吃苦在前，享受在后；就应该吃亏在前，利益在后；就应该率先垂范，“弄潮儿向涛头立，手把红旗旗不湿”，并且引领共进，“一花独放不是春，百花齐放春满园。”

习近平总书记在2018年第十三届全国人大第一次会议闭幕会上的讲话中，引用了朱熹的一首诗：“等闲识得东风面，万紫千红总是春。”[1]乘党建工作写入章程之契机，我们撸起袖子加油干，就一定会迎来律师行业党建工作万紫千红的美好局面。

（这是作者2018年7月4日发表在微信公众号
“中国律师”上的文章）

1 参见《习近平在第十三届全国人民代表大会第一次会议上的讲话》，载《人民日报》2018年3月21日，第2版。

06

加强监管，有序发展，进一步深化中外律师合作

以 1992 年 10 月 20 日法国欧洲阿达姆斯联合律师事务所、美国高特兄弟律师事务所在北京设立代表处为标志，中国法律服务业对外开放拉开帷幕。2001 年 12 月 22 日，国务院颁布《外国律师事务所驻华代表机构管理条例》，则标志着中国政府对法律市场开放的规范驶入法治化轨道。次年 7 月 4 日，司法部发布《关于执行〈外国律师事务所驻华代表机构管理条例〉的规定》，实现了对外国律师事务所驻华代表机构管理的进一步规范化和精细化。

综合国务院和司法部的相关规定，我国对外国律师事务所驻华代表机构的法治化监管主要体现在以下四个方面。

一是，确立了基本原则。

代表机构及其代表从事法律服务活动，应当遵守中国的法律、法规和规章，恪守中国律师职业道德和执业纪律，不得损害中国国家安全和社会公共利益。代表机构及其代表依照规定从事法律服务活动，受中国法律保护。外国律师事务所对其代表机构及其代表在中国境内从事的法律服务活动承担民事责任。

二是，明确了设立规范。

外国律师事务所申请在华设立代表机构、派驻代表应当具备以下条件：（1）该外国律师事务所已在其本国合法执业，并且没有因违反律师职业道德、执业纪律受过处罚。（2）代表机构的代表应当是执业律师和执业资格取得国律师协会会员，并且已在中国境外执业不少于2年，没有受过刑事处罚或者没有因违反律师职业道德、执业纪律受过处罚；其中，首席代表已在中国境外执业不少于3年，并且是该外国律师事务所的合伙人或者是相同职位的人员。（3）有在华设立代表机构开展法律服务业务的实际需要。

另外，外国律师事务所申请在华设立代表机构，应当向拟设立的代表机构住所地的省、自治区、直辖市人民政府司法行政部门提交文件材料，并且这些文件材料应当经申请人本国公证机构或者公证人的公证、其本国外交主管机关或者外交主管机关授权的机关认证，并经中国驻该国使（领）馆认证。

三是，作出了业务限制。

国务院《外国律师事务所驻华代表机构管理条例》明确指出代表机构及其代表能从事不包括中国法律事务的下列活动：（1）向当事人提供该外国律师事务所律师已获准从事律师执业业务的国家法律的咨询，以及有关国际条约、国际惯例的咨询；（2）接受当事人或者中国律师事务所的委托，办理在该外国律师事务所律师已获准从事律师执业业务的国家的法律事务；（3）代表外国当事人，委托中国律师事务所办理中国法律事务；（4）通过订立合同与中国律师事务所保持长期的委托关系办理法律事务；（5）提供有关中国法律环境影响的信息。代表机构按照与中国律师事务所达成的协议约定，可以直接向受委托的中国律师事务所的律师提出要求。

四是，规范了运营监督。

我国规定了对代表机构的年度检验制度，明确代表机构应当于每年 3 月 31 日前向住所地的省、自治区、直辖市人民政府司法行政部门提交执业执照和代表执业证书的副本以及上一年度检验材料，接受年度检验。检验材料有：开展法律服务活动的情况，包括委托中国律师事务所办理法律事务的情况；经会计师事务所审计的代表机构年度财务报表，以及在中国境内结算和依法纳税凭证；代表机构的代表变动情况和雇用中国辅助人员情况；代表机构的代表在中国境内的居留情况；代表机构及其代表的注册情况；等等。

应该说，随着中国改革开放的深化，在国际法律业务中，中国律师与外国律师同场切磋、同台竞技。通过近距离学习外国同行的执业精神、业务技术，我们的国际化业务水平及律师事务所管理能力迅速增强，也可谓事半功倍，这也正是中国法律服务业开放的初衷之一、效果之一。我们就有涉外律师形象地说，过去一开始与外国律师合作，中国律师是“跟着学”，慢慢地成为“陪着干”，而如今，“同着做”已成常态，而在某些领域、某种业务、某类项目上，我们作为牵头人“领着做”也越来越多。

毋庸讳言，一些外国律师事务所驻华代表机构也不同程度地存在违反相关监管规定的情形。一种情形体现在执业方面，即超越法律规定的业务范围，从事中国法律事务。应当说，司法部对此规定是非常明确的，下列行为应当认定为《外国律师事务所驻华代表机构管理条例》第 15 条规定的“中国法律事务”：（1）以律师身份在中国境内参与诉讼活动；（2）就合同、协议、章程或其他书面文件中适用中国法律的具体问题提供意见或证明；（3）就适用中国法律的行为或事件提供意见和证明；（4）在仲裁活动中，以代理人身份对中国法律的适用发表代理意见；（5）代表委托人向中国政府机关或其他法律法规授权的具有行政管理职能的组织办理登记、变更、申请、备案手续以及其他手续。[1]

早在 2005 年，从维护中国律师执业权利的角度出发，上海市律师协会就曾对相关外国律师事务所驻华代表机构违法执业问题进行调研，并形成了调研报告，引起了相关监管机构及社会各界普遍关注。

另一种情形则是在管理方面，如代表处及代表的变更情况、接受年度检验的情况等。浙江省司法厅就于 2017 年 5 月 22 日下达相关行政处罚决定书。该决定书载明，浙江省司法厅于 2017 年 4 月 20 日对年检中发现的美国欧夏梁律师事务所驻杭州代表处涉嫌违法行为予以立案调查，查明该代表处首席代表自 2016 年 5 月起因退休不再担任首席代表，此后该代表处一直无首席代表。2017 年 4 月，浙江省司法厅因该代表处不符合《外国律师事务所驻华代表机构管理条例》第 7 条、第 8 条规定的外国律师事务所驻华代表机构的条件要求，对该代表处作出“2016 年度检验不通过”的决定。根据《外国律师事务所驻

1 《司法部关于执行〈外国律师事务所驻华代表机构管理条例〉的规定》（2004 年 9 月 2 日司法部令第 92 号修正）第三十二条。

华代表机构管理条例》第 26 条规定，代表机构未按时报送年度检验材料接受年度检验，或者未通过年度检验的，由省、自治区、直辖市人民政府司法行政部门给予警告，责令限期改正。据此，浙江省司法厅决定对美国欧夏梁律师事务所驻杭州代表处作出以下行政处罚：警告，责令于 2017 年 10 月 1 日前改正。

应当说，对外国律师在本国从事业务进行限制并予以管理，是一国行使国家管理权和推进法治化的题中应有之义。例如在美国，依加利福尼亚州的法律规定，外国律师的执业是受限的：不准出庭；不准涉及不动产；不准涉及遗产和信托；不准涉及家庭法；不准提供任何关于州法律或者美国联邦法律的法律意见（即使观点是由获得加利福尼亚州律师资格证书的成员提出）；禁止在加利福尼亚州的国际仲裁机构从事任何实务。同时，外国律师具有向监管机构报告的义务，报告内容既有常规报告（地址变更、信誉良好记录、赔偿保险等），也有年度报告（因职务失当行为而受到民事起诉且判决生效的、接受司法制裁、受到刑事起诉等）。另外，加利福尼亚州律师协会有权设置和收缴适当的费用和罚款，还可以暂停或撤销外国法律顾问的认证证书；美国联邦最高法院还有权行使其在加利福尼亚州法律执业方面的司法管辖权。再如在日本，外国律师不能就日本法律提出意见、在民事和刑事以及行政案件中代理客户，或者对涉及日本产权的案件提供法律意见；不能代理客户出庭、提供本国以外其他国家法律的法律意见。外国律师同样也有报告义务，而且为了维护律师资格证，每年在日本的时间不得少于 180 天。另外，日本律师协会联合会可以给予违规外国律师暂停 2 年以内执业的制裁。

适度对外开放法律服务市场，不仅是我国认真严格履行加入世界贸易组织承诺的实际行动，更是满足中外客商以及相关中国法人和自然人对跨法域法律服务需求之必要，同时也为中国律师“倒逼创新”“趁势发展”提供了良机。对这一开放事项本身的依法规范监管，更是彰显了中国政府依法行政并推进中国法治化建设的坚定决心。实践证明，适度开放与规范监管，推进了外国律师事务所驻华代表机构的有序发展。截至 2018 年 4 月底，共有来自 23 个国家和地区的 241 家律师事务所在华设立了 305 家代表机构。

近年来，我国法律服务业对外开放步伐进一步加快，中国政府允许在中国（上海）自由贸易试验区设立代表处的外国律师事务所与中国律师事务所以协议方式，相互派驻律师担任法律顾问；允许外国律师事务所与中国律师事务所在中国（上海）自由贸易试验区内实行联营；允许北京市、上海市、广东省的国内律师事务所聘请外籍律师担任外国法律顾问。数据显示，截至 2018 年 4 月底，有 5 家外国律师事务所驻华代表处与国内律师事务所进行了联营，联营律所双方合作领域涉及收购兼并、监管合规、证券与资本市场、银行金融、房地产、税务等多个领域。上述对外开放举措对加强中外律师业的交流合作、维护企业和公民的合法权益、扩大中国对外开放以及推进“一带一路”建设已经发挥且正在发挥着不可或缺的作用。

（这是作者2018年5月18日就外国律师事务所在华发展情况撰写的评论文章）

07

保障与规范并重，执业与事业共长

2018 年 4 月，最高人民法院、司法部联合印发《关于依法保障律师诉讼权利和规范律师参与庭审活动的通知》（以下简称《通知》）。为构建法官与律师之间彼此尊重、相互支持、相互监督的良性互动关系，《通知》对庭审阶段的律师权利保障、执业行为规范、相关救济与处理程序等，作出了明确和具体的一系列规定。

一、《通知》的出台：针对新情况，适应新形势

律师是司法活动的法定参与者，全方位介入、多角度参与，维护当事人合法权益的作用不可替代，维护法律正确实施和社会公平正义的功能不可或缺。

不可否认的是，就像律师们时常所言，律师执业庭外有“三难”，也叫“老三难”，即会见难、阅卷难、调查取证难；庭上亦有“三难”，也叫“新三难”，就是发问难、质证难、辩论难。

2015 年，最高人民法院、最高人民检察院、公安部、国家安全部、司法部联合发布《关于依法保障律师执业权利的规定》，对充分维护律师执业权利、切实保障律师功能作用发挥了重要作用，尤其是在解决“老三难”方面，律师行业普遍反映，有进展，有起色。

随着司法体制改革，尤其是以庭审为中心的诉讼制度改革的推进，庭审实质化越来越受到关注，庭审活动越发受到重视，法庭上的对抗性无疑也在增强，再加上法院“案多人少”矛盾导致的法官办案压力突出，法庭上“火药味”也日渐泛起。

在 2017 年中华全国律师协会维护律师执业权利中心受理的维权案件中，就有 16 起典型的涉及“新三难”的案例，其中又有 8 起存在极端的律师被强行带出法庭的情况。例如某基层法院，

在庭审中因律师发言不当，法官对律师采取措施，10 分钟内从警告、训诫、责令退出法庭到强行带出法庭，最后导致案件也无法正常审理。

由于是律师和法官之间发生的矛盾，也可谓是发生在“法律职业共同体”内部的问题，加上互有“不当”或“不妥”，不像是“肇事者”侵犯律师人身权的情形，因此从实践中看，律师们普遍反映不能有效维权，律师协会在维权工作上的力度与效果也并不明显。

在这一背景下，《通知》的出台，可谓是恰到好处、恰如其分，彰显律师维权工作的与时俱进。

二、《通知》的核心：保障律师权利，维护庭审秩序

《通知》强调，各级人民法院及其工作人员要尊重和保障律师诉讼权利，法官应当尊重律师，不得侮辱、嘲讽律师。

同时，人民法院要严格执行法定程序，平等对待诉讼各方，合理分配各方发问、质证、陈述和辩论、辩护的时间，充分听取律师意见。

而且，对于律师在法庭上就案件事实认定和法律适用的正常发问、质证和发表的辩护代理意见，法官不随意打断或者制止。

的确如此，法官是庭审活动的主导者，在律师与法官的关

系问题上，法官是矛盾的主要方面。维护律师的执业权利，应该是人民法官的法定职责，也应该是人民法院的神圣义务。

《通知》进一步明确，审判长或者独任审判员认为律师在法庭审理过程中违反法庭规则、法庭纪律的，应当依法给予警告、训诫等，确有必要时可以休庭处置，原则上不采取责令律师退出法庭或者强行带出法庭措施。

三、《通知》的重点：规范执业行为，畅通救济路径

《通知》明确，律师参加庭审不得对庭审活动进行录音、录像、拍照或使用移动通信工具等传播庭审活动，不得进行其他违反法庭规则和不服从法庭指令的行为。这是对律师参与庭审的执业义务的再次重申。

当然，律师认为法官侵犯其诉讼权利的，应当在庭审结束后，向司法行政机关、律师协会申请维护执业权利。从实践中看，以维权为由干扰庭审的正常进行，通过网络以自己名义或通过其他人、媒体发表声明、公开信、敦促书等炒作案件，既不能有效维护执业权益，客观上也损害了当事人的合法权益，同时妨害司法活动的正常进行，甚至因违规违法受到行业惩戒和行政处分。

《通知》进一步规定，律师认为法官在审判过程中有违法

违规行为的，可以向相关人民法院或其上一级人民法院监察部门投诉、举报。同样，人民法院认为律师有违法违规行为的，应当向司法行政机关、律师协会提出司法建议。

四、《通知》的要义：呵护法治工作队伍，维护司法公信权威

律师和法官都是社会主义法治工作队伍的重要组成部分，他们虽然分工不同，但目标都是维护司法公信权威，让人民群众在每一个司法案件中感受到公平正义。

“新时代公正为民的好法官、敢于担当的好干部”邹碧华生前说过，法官与律师的相互尊重是良性互动关系的一个起点，律师对法官的尊重程度代表着法治的发达程度，法官对律师的尊重程度，则代表着社会的公正程度。2010 年年初，时任上海市长宁区人民法院院长的邹碧华起草并主导推出了《法官尊重律师十条意见》，其中包括：庭审中法官不得随意打断律师发言；法官不应当着当事人的面指责、批评律师，更不得向当事人发表贬损律师的言论。

同样，律师执业行为的规范，不仅体现律师行业的整体形象，而且影响着公众对法治的信仰、对公正的信心。正如司法部副部长在日前举行的“全国律师维权惩戒工作专题研讨班”上所说：

“维权和惩戒工作，是加强律师队伍建设的车之两轮、鸟之两翼，必须两手抓、两手都要硬。”

好风凭借力，携手创辉煌！《通知》的实施，对维护律师执业权益、构建法官与律师良性互动关系、推进以审判为中心的诉讼制度改革，具有及时性、针对性与有效性。律师行业应当趁势而上，真抓实干，“挺”在前面，敢于“举旗”，善于“亮剑”，“厚爱”“严管”，推进维权惩戒工作再上新台阶，为司法公平正义和法治中国建设再立新功！

（这是作者2018年4月26日在中华全国律师协会新闻发布会上的发言，并刊登在2018年4月27日的《法制日报》上）

08

健全章程，完善法制，真正实现律师协会“挺”在前面

中华全国律师协会第九届常务理事会第八次会议召开，司法部领导在讲话时强调，律师协会要“挺”在前面，勇于举旗、切实履职，真正做到行业自律。

一个“挺”字，可谓一语中的，堪称画龙点睛。对律师协会而言，既有司法行政机关的“让你挺”，更有广大律师同人的“要让挺”，在此要求和期待下，律师协会要真正实现“我愿挺”“我能挺”，而且“全方位挺”“全过程挺”，直至“挺得住”“挺得久”。为此，本文从丰富职责、建立机制以及健全章程、完

善法治的长效性角度，提出一些思考与建议。

一、丰富律师协会的法定职责，赋予律师协会更全面的行业管理权能

早在1980年，《律师暂行条例》就明确规定："为维护律师的合法权益，交流工作经验，促进律师工作的开展，增进国内外法律工作者的联系，建立律师协会。律师协会是社会团体。组织章程由律师协会制订。"

在中华全国律师协会成立10周年之际，中华人民共和国第一部《律师法》于1996年5月颁布。该法专章规定了"律师协会"："律师协会是社会团体法人，是律师的自律性组织"。"律师协会履行下列职责：（一）保障律师依法执业，维护律师的合法权益；（二）总结、交流律师工作经验；（三）组织律师业务培训；（四）进行律师职业道德和执业纪律的教育、检查和监督；（五）组织律师开展对外交流；（六）调解律师执业活动中发生的纠纷；（七）法律规定的其他职责"。现行《律师法》则规定："律师协会是社会团体法人，是律师的自律性组织"。"律师协会应当履行下列职责：（一）保障律师依法执业，维护律师的合法权益；（二）总结、交流律师工作经验；（三）制定行业规范和惩戒规则；（四）组织律师业务培训和职业道德、执业纪律教育，对律师的执业

活动进行考核；（五）组织管理申请律师执业人员的实习活动，对实习人员进行考核；（六）对律师、律师事务所实施奖励和惩戒；（七）受理对律师的投诉或者举报，调解律师执业活动中发生的纠纷，受理律师的申诉；（八）法律、行政法规、规章以及律师协会章程规定的其他职责”。

从以上内容来看，中华全国律师协会成立30年来，就律师协会的定性及职责的规定，虽内容有所增加，但并未有实质性变化。

新形势下进一步加强律师协会建设，全面深化律师协会改革，是全面依法治国、建设社会主义法治国家的必然要求，是深化律师制度改革、推进律师队伍建设和律师工作发展的重要举措。为此，应该在以下两个问题上下功夫、做文章、求突破：**一是“是什么”，即律师协会的性质到底是什么；二是“管什么”，即律师协会的职责到底有哪些。**

无论是1996年《律师法》还是现行《律师法》，无论是1999年通过的《中华全国律师协会章程》还是2016年修订的《中华全国律师协会章程》，都将律师协会界定为“社会团体法人”和“律师自律组织”。“社会团体法人”姑且不论，有关“自律”的定性倒是可以与时俱进地充实并完善。

“自律”，体现一种主观状态，是就“自我”而言的，意指在没有现场监督情况下，通过自己要求自己，进行自我约束，即“慎独”。相较而言，“自治”或许更适合和恰当些，其体现一种客观状态，是“相对”而言的，意指依规相对独立、有权处理自己的事务，并且按照规则实现内部治理，体现了内外兼备、内外兼修。因此，将律师协会定性为“自治性组织”，是不是更符合律师协会目前的发展状态及未来的发展方向，也契合司法行政机关对其监督、指导之意。当然，不管“自律”还是“自治”，不应只是字眼上的变化，而应体现在内涵上，应该使得律师协会注重法人治理，并实现职责分明、结构完善、规章健全、运作规范。

在上述基础上，关于律师协会的职责，则应相应地进一步丰富与完善。一般来说，律师协会实行行业自治管理越彻底，律师协会的职责和权限就越广泛。各国法律关于律师协会的职责与权限的规定不尽相同，但大体都包括以下内容：（1）制定有关章程和规则，诸如律师的行为规则、纪律惩戒规则等；（2）对律师的资格、会员的登记等有关事务进行管理；（3）对律师违反律师法或所属协会会则、损害律师协会的秩序或信用，以及其他在职务上有失品格的非法行为进行惩戒；（4）调停会员之间以及会员与当事人之间的纠纷；（5）维护律师职业的利益，包括谋求律师职业的福利待遇和对外代表律师界提出有关建议或意见，或参与对侵犯律师权益事件的处理；（6）负责律师的培训与继续教育；（7）负责律师与地方律师协会之间的联系以及与国外律师界的联系与交流；（8）促进法律的正确实施和立法的完善。

从工作程序或行为顺序的角度出发，笔者建议，可以依次将我国律师协会的职责作如下进一步的修订与丰富。

1. 建章立制：（1）制定并通过、实施律师协会章程；（2）制定并通过、实施律师执业规范、律师协会组织规范和管理规范，形成律师协会自治规则体系；（3）制定并通过、实施律师执业业务指引和行业业务标准，形成律师执业业务指引和标准体系。律师协会章程及基本管理规定如执业规范、惩戒规则、检查考核规则等，应该报司法行政机关备案。

2. 实习考核：组织管理申请律师执业人员的实习活动，对实习人员进行考核。

3. 执业审核：依照法律规定的条件和程序，对律师申请执业进行审核。经审核通过的，由司法行政机关核准并颁发律师执业证书。

4. 教育指导：（1）总结、交流律师工作经验，举办论坛、研讨会等活动，提高会员的执业及管理水准；（2）组织律师业务培训和职业道德、执业纪律教育；（3）指导、培训会员开展执业或事务所规范管理工作，指导下一级律师协会开展行业管理工作；（4）支持和指导会员开展参政议政；（5）参与并指导、支持会员参与立法工作；（6）对接法律院校，参与律师后备人才培养工作。

5. 执业检查：对律师和律师事务所实施年度执业检查。

6. 律师维权：（1）参与司法机关、司法行政机关等有关律师维权的规范性文件的制定工作；（2）制定律师行业维权规则；（3）以律师协会身份作为一方参与司法机关、司法行政机关联席维权工作；（4）实施律师维权，调查、处置、发布律师维权案件；（5）向司法机关、司法行政机关等提出对侵犯律师执业权利的机构或个人追究法律责任的建议。

7. 参与司法：（1）参与司法体制改革，对于司法机关有关司法改革和司法活动的规范性文件提出律师行业的建议，推进司法公平正义；（2）担任法官检察官遴选机构固定成员；（3）担任法官检察官考核评价机构固定成员；（4）参与制定从符合条件的执业律师中选任法官检察官的条件与程序，对选任人选出具律师协会鉴定意见；（5）对法官检察官相关工作进行评估，提供评估意见；（6）以律师协会身份与法院、检察院建立良性互动关系，推进法律职业队伍建设。

8. 外事活动：以协会名义组织会员开展对外交流活动。

9. 会员奖励：（1）制定会员奖励和宣传规则；（2）实施会员奖励和宣传工作。

10. 执业调解：对律师执业活动中发生的与当事人之间、律师之间、律所之间的纠纷先行调解。

11. 会员惩戒：（1）参与司法机关、司法行政机关等有关律师、律师事务所处罚的规范性文件的制定工作；（2）制定律师行业会员惩戒规则；（3）参与司法机关、相关行政机关就执业事项对律师、律师事务所的处罚工作，上述机关对律师进行处罚须先行听取律师协会的建议；（4）先行实施会员惩戒，受理对会员的投诉、举报，调查、处置、发布会员惩戒案件；（5）在先行实施会员惩戒后，对仍需由司法行政等机关予以处罚的，向司法行政等机关提出处罚建议。

以上诸多问题，是有关律师协会职责的值得考虑的内容。而对这些职责的高度提炼则成为律师协会的宗旨性表述。

2016 年修订的《中华全国律师协会章程》规定的宗旨为：坚持中国共产党的领导，团结带领会员高举中国特色社会主义伟大旗帜，忠实履行中国特色社会主义法治工作队伍的职责使命，加强律师队伍思想政治建设，推进律师行业党的建设，把拥护中国共产党领导、拥护社会主义法治作为律师从业的基本要求，增强广大律师走中国特色社会主义法治道路的自觉性和坚定性，忠于宪法和法律，维护当事人合法权益、维护法律的正确实施，维护社会公平和正义，为全面依法治国，建设社会主义法治国家，促进社会和谐发展和文明进步，实现中华民族伟大复兴的中国梦而奋斗。上述表达都是正确的，也是必须的，同时还应将律师协会最直接的职责和任务凝练并嵌入其中。例如，香港大律师公会章程的宗旨第1条就明确："维护大律师的名誉和独立，在大律师与司法机关和行政机关的关系中维护大律师的利益"；而香港律师会的宗旨首句也是"支持和保护香港事务律师的名誉、地位和利益"。

因此，维护律师的地位、尊荣、权益，应当成为律师协会的直接宗旨，这是律师协会支持和保障会员（律师）维护当事人合法权益、维护法律的正确实施、维护社会公平和正义的基础与前提。

同时，界定律师协会职责应关注律师协会与司法行政机关的关系。"两结合"是政策性语言，可以通过规范性的表述方式，在立法和协会章程中充分体现其内涵，例如"监督指导"。既然是"监督"，那便以有相对方的"作为"为前提，所以应该是律师协会"一线作为"，司法行政机关"二线监督"；既然是"指导"，那便有相对方的"行动"作为前提，所以应该是律师协会"前台行动"，司法行政机关"后台指导"。于是，真正实现律师协会"做在一线""挺在前台"。从这一角度来看，律师协会"挺"在前面，正是司法行政机关"监督指导"的题中应有之义，也正是"两结合"的本质内容。

二、完善律师协会的运作机制，建立律师协会更有效的行业自治制度

律师协会职责的界定，其实划分了其与各相关方的法律关系，如与司法行政机关、会员、司法机关及相关关联方的法律关系等。为此，需要建立并完善一系列的机制和制度，主要包括以下几个方面。

第一，律师协会对律师申请执业的审核制度、司法行政机关对律师协会审核的核准制度。

上述职责划分的建议，其突破在于将律师申请执业的审核权交由律师协会，而司法行政机关对其审核意见依法作出核准或不予核准的决定，并据此决定是否颁发执业证书。颁发执业证书行为是行政行为，但这一行政行为的前提是律师协会作为自治性组织的审核意见。这样，既能发挥律师协会功能、提升律师协会权威，又可依据司法行政机关的依法核准，赋予颁证行为具体行政行为的性质。这一过程，类似股票发行上市中中国证券监督管理委员会经其发行审核委员会审核，进而予以核准的机制安排。如果上述机制以法律形式予以规定，则属于在法律上“赋权”于律师协会；律师协会拥有“审核权”，司法行政机关拥有“核准权”，这也正是“两结合”的集中体现。

第二，律师协会对会员的执业检查制度。

立法规定律师协会对会员（包括律师、律所）的执业检查权。上述职责设计的建议是将对律师、律所的年度检查一并交由律师协会。现行的做法是，司法行政机关依据《律师事务所年度检查考核办法》“管律所”、律师协会按照《律师执业年度考核规则》“管律师”，属于两元化、分割制，在实践中感觉程序上有些乱、效率上不够高。其实完全可以实行一元化、一体制，即交由律师协会行使“会员执业检查权”，既管律师个人会员、又管律所团体会员；其法律与章程依据就在于，律师和律所都是律师协会会员，律师协会对会员的执业行为进行年度检查于法有据，理所应当，而且也据此收取会员费用。另外，这样的安排也与现行的律师协会对实习律师、执业律师的一揽子考核与检查相匹配，顺势而为，一以贯之。

第三，对律师、律所违规行为的律师协会先行惩戒制度。

除了律师协会受理投诉、举报外，司法行政机关可以将其收到的投诉、举报交由律师协会统一调查、先行处理，符合行业处分的，先行由律师协会行使惩戒权；属于或还需要追加行政处罚的，由律师协会行使行政处罚建议权。对于律师协会的行政处罚建议，司法行政机关启动行政处罚程序，依法依规作出处罚。律师协会“挺”在前，司法行政机关“压”在后；律师协会建议司法行政机关“出手”，则司法行政机关依法“亮剑”。在行业惩戒过程中可以建立受惩戒会员承担成本制度，即调查取证、听证开庭、决定惩戒与复查复审的人力成本由受惩戒的会员承担，其中有律师作为惩戒委员会委员参与的，其人力成本依当地律师小时收费标准计，这样使受惩戒会员不仅受到行业惩戒，而且受到经济惩罚。

第四，司法行政机关对律师协会建议行政处罚的形式要件审核制度。

对于律师协会建议行政机关给予律师和律所行政处罚，司法行政机关在进行处罚过程中，可以作“形式要件”审查，除非因律师协会的建议行政处罚的调查与决定严重违反程序、有侵犯被惩戒人权利的不法行为、证据有伪造或重大遗漏，否则应相应地支持律师协会的决定，履行相应的行政处罚程序，依法相应地作出行政处罚。这样，既与律师“入口时”的律师协会“审核”与司法行政“核准”的关系类似，也与仲裁机关“裁决”与人民法院“维持”相像（依《仲裁法》规定，除非有仲裁庭的组成或者仲裁违反法定程序，裁决所根据的证据系伪造，对方当事人隐瞒了足以影响公正裁决的证据，仲裁员在仲裁该案时有索贿受贿、徇私舞弊、枉法裁决行为等情形，否则法院是会维持仲裁裁决的）。

第五，司法机关等相关机关对律师、律所处罚时律师协会先行意见和建议制度。

在律师、律所的执业活动中，有违法违规情形的，司法机关、相关行政机关（如中国证券监督管理委员会）依法对律师、律所进行处罚时，须先行并前置性地听取律师协会的意见和建议，并在处罚后第一时间向律师协会通报。同时，律师协会认为仍需由行业追加惩戒的，则进入行业惩戒程序。其基本法理就在于，律师、律所是律师协会的会员，而且其在执业过程中可能触犯法律法规，而律师协会对其执业活动有检查的权利，也有维权的义务。这样的安排，寓维权于参与处罚工作之中，追行业惩戒于相关机关处罚之外，将极大地提高律师协会的权威，并提升其履行职责的使命感。

第六，律师协会对司法机关等相关机关追究侵权人法律责任的建议制度。

维权工作无疑是律师协会工作的第一要务，应当进一步详化律师协会维权的地位与效力。例如，律师协会应当参与有关律师维权的规范性文件的制定工作，并作为发布这些规范性文件的一方，即相关文件的制定机关不仅是“两高”（最高人民法院、最高人民检察院）、“三部”（公安部、司法部、国家安全部），还应加上“一会”（中华全国律师协会）。在律师维权联席工作中，应当以律师协会身份作为参与一方，独立身份、独立发声。对于侵犯律师执业权和人身权的机构与个人，律师协会有权向司法机关、司法行政机关和其他机关提出追究侵权者法律责任的建议（律师作为法律职业人员应当在法律上有一定的特殊保护），而对此建议，相关机关应予充分重视、迅速处置、及时反馈。

第七，律师执业纠纷先行行业调解制度、人民法院对律师协会作出的调解协议的效力确认制度。

应充分发挥律师协会的执业调解功能。早在 2001 年上海市律师协会便出台了《律师执业纠纷调解规则（试行）》，但事实上调解案件少之又少，2017 年的上海市律师协会工作报告中也没有调解案件受理的数据。这与调解本身效力不强，会员认可度差，当事人相信度弱有很大关系。应当建立律师与律师、律师与律所、律师与当事人之间就执业产生的民事纠纷的先行行业调解制度，经调解无效的，才由人民法院立案处理。如同劳动纠纷案件，有先例可供借鉴。同时，应当强化调解协议的效力，可以建立人民法院对律师协会作出的调解协议的效力确认制度，赋予其可强制执行的效力。通过上述安排，使得律师协会立信、增信，有效、有威，律师行业管理更有为、更有位、更有用。

第八，律师协会参与司法的制度。

毋庸置疑的是，律师执业重要的、主要的、首要的业务还是诉讼业务，而律师协会维权、惩戒工作几乎都与律师参与诉讼活动相关。应当在法律和章程中将律师协会参与司法的职责确定下来。司法体制改革不是一时一事，而是持续化的过程；推进司法公正，更是永远在路上。在这种情况下，律师协会参与司法应该成为常态。美国《律师职业行为示范规则》第 1 条就明确指出律师是对法律的顺利实施和司法的质量负有特殊责任的公民。香港大律师公会章程中也有律师应“改进香港诉讼程序和陪审团审判”“促进和支持法律改革”等职责。可见，作为律师自治组织的律师协会不参与司法是不可思议的。应当说，律师协会对司法机关越有话语权，就越有利于律师执业，越有利于律师维权，越有助于司法公正。对此，在上述对律师协会职责界定的建议上，专门将“参与司法”单列其中，而且参与的方式应该是多样的、始终的、法定的。

应当说，丰富律师协会职责，完善运作机制，需要进一步健全律师协会章程，需要进一步修订《律师法》。我们欣喜地看到，为固化司法体制改革的成果，并进一步规范司法行为、推进司法公正，《法官法》《人民法院组织法》《检察官法》《人民检察院组织法》正在修改或已经修改。同样，律师制度改革和发展也呼唤《律师法》的修订与完善，而其中“挺”的职责与机制，不仅应入“章”，而且更应入“法”，以真正发挥律师协会的功能，使其在党的领导下、在司法行政机关的监督和指导下，为中国律师事业的发展作出更大的贡献。

（这是作者 2017 年 10 月 10 日发表在微信公众号“中国律师”上的文章，有删改）

09

公安机关警务公开与律师执业权利保障

早在 1999 年，公安部就印发《关于在全国公安机关普遍实行警务公开制度的通知》，指导全国公安机关在警务公开方面作了有益的探索和实践，也取得了初步成效。2008 年，公安部部署开展执法规范化建设，将执法公开作为推进执法规范化建设的有力抓手和重要措施。2012 年 8 月，公安部出台《公安机关执法公开规定》，第一次对执法公开作出全面系统规定，为全国公安机关开展执法公开工作提供了基本遵循。2016 年，《关于深化公安执法规范化建设的意见》由中共中央办公厅、国务院办公厅正式印发，进一步明确提出打造“阳光警务”的目标，要求健全运行互联网执法公开平台，优化执法信息查询服务，实现受立案、采取强制措施、案件办理进展等信息的便捷查询；要求建立公安机关辖区社会治安形势发布制度和生效行政处罚、行政复议决定文书网上公开制度。

笔者认为，公正与效率，应成为警务公开的出发点与归宿点，应成为贯穿这一工作始终的红线。警务公开，首先是保障人民群众知情权的需求，其次是维护人民群众参与权的要求，最后是实现人民群众监督权的必要之举。如果说知情权侧重当事人“自益权”，那么参与权与监督权更多地有“共益权”的性质。最终，这是为了满足人民群众的获得感与期待，使公平正义以人民群众看得见、摸得着、感受得到的方式来实现。

在此，笔者从公安机关刑事执法过程的公开说起，来谈谈在这一过程中律师执业权利的保障问题。公安机关刑事执法过程的公开工作，在注重打击犯罪的同时，应注重人权保障。为此，应该关注律师执业权利的维护。

最高人民法院、最高人民检察院、公安部、国家安全部、司法部于 2015 年 9 月 16 日发布《关于依法保障律师执业权利的规定》（以下简称《规定》），明确指出：“人民法院、人民检察院、公安机关、国家安全机关、司法行政机关应当尊重律师，健全律师执业权利保障制度，依照刑事诉讼法、民事诉讼法、行政诉讼法及律师法的规定，在各自职责范围内依法保障律师知情权、申请权、申诉权，以及会见、阅卷、收集证据和发问、质证、辩论等方面的执业权利，不得阻碍律师依法履行辩护、代理职责，不得侵害律师合法权利。”

律师执业中上述权利常常受到侵害，行业有“执业难”之说，如会见难、阅卷难、取证难等“老三难”，发问难、质证难、辩论难等“新三难”，还有知情难、申请难、申诉难等“不新不老又三难”。

就公安机关职责范围而言，其涉及对律师知情权、会见权、申请权等执业权利的维护与保障。

1. 有关知情权

关于辩护律师的委托或指派事宜，公安机关一方面应向当事人告知权利，另一方面也应将当事人委托或解除委托的情况告知辩护律师。《规定》明确：办案机关在办理案件中应当依法告知当事人有权委托辩护人。对于符合法律援助条件而没有委托辩护人的，办案机关应当及时告知当事人有权申请法律援助，并按照相关规定向法律援助机构转交申请材料。办案机关发现犯罪嫌疑人属于依法应当提供法律援助的情形的，应当及时通知法律援助机构指派律师为其提供辩护。另外，《规定》也指出：在押的犯罪嫌疑人提出解除委托关系的，办案机关应当要求其出具或签署书面文件，并在3日以内转交受委托的律师或者律师事务所。

更重要的是，辩护律师接受犯罪嫌疑人委托或者法律援助机构的指派后，有权依法向办案机关了解犯罪嫌疑人涉嫌的罪名及当时已查明的该罪的主要事实，犯罪嫌疑人被采取、变更、解除强制措施的情况，侦查机关延长侦查羁押期限等情况。对此，《规定》要求："办案机关应当依法及时告知辩护律师。"同时，办案机关作出移送审查起诉重大程序性决定的，也应当依法及时告知辩护律师。

2. 有关会见权

保障律师执业权利的制度，不仅仅只是挂在墙上，更应搭起平台、建立设施、拉上网络，真真切切地为律师提供便利。为此，公安机关应当建立和完善律师会见室，规范工作流程，方便律师办理会见事务。探索建立网络信息系统和律师服务平台，提高案件办理效率。看守所应当设立会见预约平台，采取网上预约、电话预约等方式为辩护律师会见提供便利，但不得以未预约会见为由拒绝安排辩护律师会见。

2016 年以来，公安机关为改善律师会见做了不少工作。如南京市公安局打造"E 时代的看守所"，通过律师预约会见功能，律师可随时随地通过手机微信预约会见在押人员，解决以往会见排队等候等问题，依法保障律师与在押人员的会见权利，缩短了协调监所和办案机关的时间，执法办案更加规范透明，深得律师好评。但是，毋庸讳言，“会见难”依然在某些地区某种程度上存在，甚至还出现了具有一定职业性的“号贩子”。为此，切实落实《规定》的要求，乃当务之急。

首先，律师会见权的保障首先强调即时性。

辩护律师到看守所会见在押的犯罪嫌疑人，看守所在查验律师执业证书、律师事务所证明和委托书或者法律援助公函后，应当及时安排会见。能当时安排的，应当当时安排；不能当时安排的，看守所应当向辩护律师说明情况，并保证安排辩护律师在48小时以内会见在押的犯罪嫌疑人。《规定》同时明确规定：看守所安排会见不得附加其他条件或者变相要求辩护律师提交法律规定以外的其他文件、材料，不得以未收到办案机关通知为由拒绝安排辩护律师会见。

其次，律师执业活动包括行使会见权具有独立性的要求。

辩护律师会见在押的犯罪嫌疑人时，看守所应当采取必要措施，保障会见顺利和安全进行。律师会见在押的犯罪嫌疑人的，看守所应当保障律师履行辩护职责需要的时间和次数，并与看守所工作安排和办案机关侦查工作相协调。《规定》进一步明确：辩护律师会见犯罪嫌疑人时不被监听，办案机关不得派员在场。在律师会见室不足的情况下，看守所经辩护律师书面同意，可以安排在讯问室会见，但应当关闭录音和监听设备。

再次，律师会见犯罪嫌疑人具有本职工作安排的主动性。

《规定》明确：犯罪嫌疑人委托两名律师担任辩护人的，两名辩护律师既可以共同会见，也可以单独会见。辩护律师可以带一名律师助理协助会见。助理人员随同辩护律师参加会见的，应当出示律师事务所证明和律师执业证书或申请律师执业人员实习证。办案机关应当核实律师助理的身份。另外，辩护律师会见在押的犯罪嫌疑人，可以根据需要制作会见笔录，并要求犯罪嫌疑人确认无误后在笔录上签名。

复次，律师对委托关系的解除可以提出亲历性要求。

律师与犯罪嫌疑人建立委托关系是一定的要式行为，因此，在押的犯罪嫌疑人提出解除委托关系的，办案机关应当要求其出具或签署书面文件，并在3日以内转交受委托的律师或者律师事务所。对此，辩护律师可以要求会见在押的犯罪嫌疑人，当面向其确认解除委托关系，在此情况下，看守所应当安排会见。当然，如果犯罪嫌疑人书面拒绝会见，看守所应当将有关书面材料转交辩护律师，可以不予安排会见。另外，在押的犯罪嫌疑人的监护人、近亲属解除代为委托辩护律师关系的，经犯罪嫌疑人同意的，看守所应当允许新代为委托的辩护律师会见，由犯罪嫌疑人确认新的委托关系；犯罪嫌疑人不同意解除原辩护律师的委托关系的，看守所应当终止新代为委托的辩护律师会见。

最后，应当保障律师与犯罪嫌疑人的通信权，这是由律师会见权的延伸性所决定的。

看守所应当及时传递辩护律师同犯罪嫌疑人的往来信件。《规定》要求，“看守所可以对信件进行必要的检查，但不得截留、复制、删改信件，不得向办案机关提供信件内容，但信件内容涉及危害国家安全、公共安全、严重危害他人人身安全以及涉嫌串供、毁灭证据等情形的除外”。

当然，可不可以研究并实行以邮件方式来实现通信权呢？技术上应该没有问题，关键是理念的转变。

3. 有关申请权

第一，关于特殊案件会见的申请。

辩护律师在侦查期间要求会见危害国家安全犯罪、恐怖活动犯罪案件在押的犯罪嫌疑人的，应当向侦查机关提出申请。《规定》要求，侦查机关应当依法及时审查辩护律师提出的会见申请，在 3 日以内将是否许可的决定书面答复辩护律师，并明确告知负责与辩护律师联系的部门及工作人员的联系方式。对许可会见的，应当向辩护律师出具许可决定文书；因有碍侦查或者可能泄露国家秘密而不许可会见的，应当向辩护律师说明理由。有碍侦查或者可能泄露国家秘密的情形消失后，应当许可会见，并及时通知看守所和辩护律师。

第二，关于变更或解除强制措施的申请。

辩护律师书面申请变更或者解除强制措施的，办案机关应当在 3 日以内作出处理决定。辩护律师的申请符合法律规定的，办案机关应当及时变更或者解除强制措施；经审查认为不应当变更或者解除强制措施的，应当告知辩护律师，并书面说明理由。

第三，关于翻译人员参加会见的申请。

辩护律师会见在押的犯罪嫌疑人需要翻译人员随同参加的，应当提前向办案机关提出申请，并提交翻译人员身份证明及其所在单位出具的证明。办案机关应当及时审查并在 3 日以内作出是否许可的决定。许可翻译人员参加会见的，应当向辩护律师出具许可决定文书，并通知看守所。不许可的，应当向辩护律师书面说明理由，并通知其更换。翻译人员应当持办案机关许可决定文书和本人身份证明，随同辩护律师参加会见。

第四，关于非法证据排除的申请。

《规定》明确：辩护律师在侦查、审查起诉、审判期间发现案件有关证据存在《刑事诉讼法》第 54 条规定的情形的，可以向办案机关申请排除非法证据。辩护律师申请排除非法证据的，办案机关应当听取辩护律师的意见，按照法定程序审查核实相关证据，并依法决定是否予以排除。

第五，关于提交案件材料的申请。

辩护律师提交与案件有关材料的，办案机关应当在工作时间和办公场所予以接待，当面了解辩护律师提交材料的目的、材料的来源和主要内容等有关情况并记录在案，与相关材料一并附卷，并出具回执。辩护律师应当提交原件，提交原件确有困难的，经办案机关准许，也可以提交复印件，经与原件核对无误后由辩护律师签名确认。辩护律师通过服务平台网上提交相关材料的，办案机关应当在网上出具回执。辩护律师应当及时向办案机关提供原件核对，并签名确认。

第六，关于提出辩护意见的申请。

侦查机关在案件侦查终结前，辩护律师提出要求的，办案机关应当听取辩护律师的意见。辩护律师要求当面反映意见或者提交证据材料的，办案机关应当依法办理，并制作笔录附卷。辩护律师提出的书面意见和证据材料，应当附卷。

目前，我国司法体制改革已进入“深水区”，开始攻坚战，而其中以审判为中心的诉讼制度改革无疑是重中之重。公安机关刑事执法公开及在此过程中的律师执业权利保障，应置于司法体制改革中通盘考虑，统筹安排，以真正维护司法公正，让人民群众在每一个司法案件中都能感受到公平正义。

（这是作者 2017 年 4 月 1 日在公安部法制局

“阳光警务”研讨会上的发言）

10

依法维权，责任重大，不辱使命

律师制度是现代法治国家的基本法律制度，是法治文明进步的重要标志。中国律师是法律服务队伍，是社会主义法治工作队伍的重要组成部分，是全面推进依法治国的重要力量。律师执业权利是当事人诉讼权利的延伸。律师执业权利的保障程度，关系到当事人合法权益能否得到有效维护，关系到律师作用能否得到充分发挥，关系到司法制度能否得到完善和发展。

律师协会，是律师的自律性组织。“保障律师依法执业，维护律师的合法权益”，是律师协会法定的首要职责，《律师法》第46条对此作了明确规定。同时，“保障律师依法执业，维护律师的合法权益”，又是律师协会章程的第一要求，2016年修订的《中华全国律师协会章程》第6条对此作了具体规范。

“徒法不能自行”，律师协会的维权工作要有明确、具体而且强有力的实施主体。长期以来，全国律协及其维权委为维护律师执业权利开展了大量工作，作出了不懈努力。2017年2月10日，全国律协专门发布了《关于律师协会成立维护律师执业权利中心　投诉受理查处中心的通知》，各地律师协会维护律师执业权利中心（以下简称维权中心）和投诉受理查处中心正纷纷设立并有序开展工作。在此背景下，于此基础上，今天，全国律协维权中心正式成立，闪亮登场，这既是全国律协践行法定职责的重要表现，也是履行章程义务的充分反映，还是落实司法部《关于进一步加强律师协会建设的意见》中所提出的“健全律师执业权利保障机构”“认真做好保障律师执业权利工作”的重要举措，标志着我国律师行业维护律师执业权利工作进入新阶段、迈向新征程。

一、切实履职

全国律协维权中心是全国律协维权委的日常工作机构，依据《律师协会维护律师执业权利规则（试行）》（以下简称《律协维权规则》）行使权利、履行职责，包括：参与起草维护律师执业权利相关规则和制度；接待维护律师执业权利申请；对维护律师执业权利申请进行初审，对于符合受理范围的负责向下一级律师协会转办、交办或者督办；对司法部交办、督办的案件和省（区、市）律师协会书面申请协调的案件，负责提交全国律协维权委依规处理，同时参与全国律协维权委组织的调查、处置、反馈工作；对符合启动快速处理机制或者需要向联席会议报告的重要工作、案件，负责报告、沟通、协调工作；定期开展对维护律师执业权利工作的汇总、归档、通报和回访；研究起草维护律师执业权利工作报告；等等。可谓职权分明，责任不凡，重在切实践行。

二、依规受理

律师协会维权中心对于律师在执业过程中遇有相关情形并申请维权的，应予受理。《律协维权规则》明确规定了这些情形，包括知情权、申请权、申诉权、控告权，以及会见、阅卷、收集证据和发问、质证、辩论、提出法律意见等合法执业权利受到限制、阻碍、侵害、剥夺的；受到侮辱、诽谤、威胁、报复、人身伤害的；在法庭审理过程中，被违反规定打断或者制止按程序发言的；被违反规定强行带出法庭的；被非法关押、扣留、拘禁或者以其他方式限制人身自由的；等等。对于上述情形，凡有律师申请维权，律师协会维权中心必须接待不犹豫、受理不推诿、处理不拖延，让受到伤害的会员充分感受到如家感、温暖度。

三、高效处置

《律协维权规则》对律师协会维权中心的运行作出了明确要求。律师协会维权中心接到律师维护执业权利申请，或者司法行政机关、其他律师协会移交的申请后，应当及时进行初审，并提交律师协会维权委审查。对已受理的维护律师执业权利申请，属于律师协会处置范围的，应当于 2 个工作日内将律师申请材料转交有关机关处理。情况紧急的，应当于 24 小时内向有关机关反映；情况特别紧急，需要立即采取处理措施的，应当及时反映。律师人身权利受到侵害，情况紧急，应当启动快速处置机制，切实保障律师人身安全，必要时可以申请有关机关对律师采取保护措施。律师协会维权中心将提高工作效率，快速、稳妥、精准，上下互动、左右协同，切实维护律师执业权利和人身权利。

四、不辱使命

今天的挂牌，标志着全国律协维权中心的首批工作团队正式亮相。在我们这个团队中，既有多年从事律师维权工作的“老法师”，也有在地方律师协会司职维权的会长们，还有精通刑事诉讼的大专家。律师协会维权中心将在全国律师协会及其维权委领导下，勤勉尽责，专业高效，独立公正，对于维权申请第一时间受理、第一时间调查、第一时间处理、第一时间反馈，切实提高律师协会维权工作的及时性和有效性。维权工作是律师协会发挥职能作用的第一要务，是律师行业发展的必备要件，律师协会责任重大，使命光荣。“士不可以不弘毅，任重而道远”。我们将全力以赴，不辱使命，不负众望！

（这是作者2017年3月24日在中华全国律师协会维权中心成立仪式上的发言）

11

写好律师协会“维权”与“惩戒”两篇大文章

律师制度是一个国家法律制度的重要组成部分，是法治文明进步的重要标志。律师协会作为律师行业自律组织，应该围绕“维权”与“惩戒”两大核心职能，充分有效地发挥服务与管理职能。律师在执业活动中不仅要“律他”，更要注重“律己”，对于不规范、不诚信甚至违法犯罪的“越底线”“碰红线”的执业行为，律师协会要严格依法依规及时果断予以查处与惩戒。

维护有道，保障给力

2017 年 1 月 8 日，第九届中华全国律师协会（以下简称全国律协）常务理事会第二次会议审议通过《律师协会维护律师执业权利规则（试行）》。该规则形成了律师协会维护律师执业权利的基本规则依据，从制度建设层面进一步细化了律师执业权利保障机制，明确指出："律师依法享有的执业权利受法律保护，任何组织和个人不得侵害律师的合法权利。"

工作宗旨。该规则明确提出"坚持在个案中维护律师执业权利和维护律师行业整体权益相结合，切实改善律师执业环境"，这是律师协会维权工作的宗旨所在。

基本原则。该规则规定："律师协会应当充分履行维护律师执业权利的法定职责，依法、规范、及时、有效地开展维护律师执业权利工作。"依法、规范、及时、有效，构成律师协会维权工作的基本原则。

快速处置。作为律师的"娘家"，在律师合法执业权利受到侵害时，律师协会要及时"举旗"，雪中送炭。该规则明确规定，律师认为其执业权利受到侵害时，可以向所属设区的市律师协会申请维护律师执业权利。律师向其他律师协会申请维护执业权利的，相关律师协会应当予以接待，并在 24 小时以内将其申请移交其所属的律师协会。该规则进一步明确，律师人身权利受到侵害，情况紧急，律师协会应当启动快速处置机制。

形成合力。该规则要求："各律师协会应当相互配合、相互支持，协作互助，形成合力，共同推进维护律师执业权利工作。"全国律协与地方律协要上下互动，各地律协之间应左右配合，勠力同心，共举大业。

协调联动。近日召开的中央政法工作会议指出，要建立政法单位依法保障律师执业权利的联席会议制度和联动工作机制，对律师投诉，由专门机构及时调查、依法处理并反馈结果。对此，该规则明确指出："律师协会应当构建与司法机关、政府有关部门良性互动关系，加强与司法行政机关的协调配合，切实维护律师执业权利。"

新年伊始，律师维权工作紧锣密鼓、好戏连台。2017 年 2 月 10 日，全国律协向各地律协发出《关于律师协会成立维护律师执业权利中心　投诉受理查处中心的通知》，明确了维护律师执业权利中心（以下简称维权中心）和投诉受理查处中心的机构设置、工作职责、工作规范及各地律协具体建设落实两个中心工作的进度要求，其宗旨仍然是依法维护律师执业权利。

"时间表"与"路线图"。该通知明确了两个中心建设的具体内容，要求各律师协会在 2017 年第一季度前建立维权中心，以维权中心建设为抓手，健全维权工作制度，完善工作机制，规范工作流程，畅通申请维权渠道，做到维权申请第一时间受理、第一时间调查、第一时间处理、第一时间反馈，切实提高律师协会维权工作的及时性和有效性。

地位与职责。该通知明确了两个中心的地位，确定了两个中心的工作职责，其中特别指出“维权中心是律师协会维护律师执业权利委员会的日常工作机构”，正可谓名正言顺，有位有为。

规范化与制度化。该通知也对律协如何加强两个中心建设提出了规范，特别提出：各律师协会要对维权中心建成后的工作机制建设、队伍建设、具体维权事件应对处置及实际效果等方面全面考评，确保维权中心工作运行规范化、制度化。

两个中心的建设举措，上述规则与通知的出台，是构建维护律师权利系统工程的重要组成部分。

维权给力，惩戒有道

2017 年 1 月 8 日，第九届全国律协常务理事会第二次会议审议通过了《律师协会会员违规行为处分规则（试行）》（以下简称《律协违规处分规则》）。

《律协违规处分规则》适应律师制度改革和律师事业发展的新形势，对新时期律师行业管理相关重大的、常见的问题作了规范、立了规矩，成为律师协会对会员违规行为予以处分的“基本法”。

“一个宗旨”。《律协违规处分规则》开宗明义指出，“加强律师职业道德和执业纪律建设，规范律师执业行为和律师事务所管理活动，规范律师协会对违规会员的惩戒工作”。这既是制定《律协违规处分规则》的宗旨，也是给予律师协会会员违法行为处分的基本要求。

“二家机构”。“徒法不能自行”，处分违规行为要有实施主体，为此《律协违规处分规则》明确，中华全国律师协会设立惩戒委员会，负责律师行业处分相关规则的制定及对地方律师协会处分工作的指导与监督。各省、自治区、直辖市律师协会及设区的市律师协会设立惩戒委员会，负责对违规会员进行处分。惩戒委员会属于律师协会的专门委员会，同时，惩戒委员会日常工作机构为设在律师协会秘书处的投诉受理查处中心。

“三项原则”。《律协违规处分规则》明确了律协实施纪律处分的原则。第一，客观、公正、公开。第二，以事实为依据、以法律为准绳，严格执行律协的有关规定。例如，如果我们把《律协违规处分规则》一定程度上形容为“刑事诉讼法”的话，那么《中华全国律师协会律师执业行为规范》就有一定的“刑法”性质，“程序法”与“实体法”相互配合、彼此协同，共同成为实施处分的“法律”依据。第三，坚持教育与处分相结合、调查与惩戒相分离。

“四种情形”。《律协违规处分规则》关注客观、以人为本、注重教育，规定了可以从轻、减轻或免予处分的四种情形：初次违规并且情节显著轻微或轻微的；承认违规并作出诚恳书面反省的；自觉改正不规范执业行为的；及时采取有效措施，防止不良后果发生或减轻不良后果的。当然，也进一步明确了从重处分的四种情形：违规行为造成严重后果的；逃避、抵制和阻挠调查的；对投诉人、证人和有关人员打击报复的；曾因违规行为受过行业处分或受过司法行政机关行政处罚的。

“五个程序”。为保证程序公正、流程科学、形式庄重，《律协违规处分规则》规定并规范了纪律处分的程序。一是受理与立案，二是回避，三是调查，四是处分决定，五是复查。当然，在调查、听证、处分等各个阶段均可进行调解，调解期间不计入调查时限。调解应当坚持合法、自愿的原则。为保障受处分会员的合法合规权利，《律协违规处分规则》专门在“纪律处分的决定程序”中规定了听证程序：“惩戒委员会在作出处分决定前，应当告知被调查会员有要求听证的权利。被调查会员要求听证的，应当在惩戒委员会告知后的七个工作日内提出书面听证申请；惩戒委员会认为有必要举行听证的，可以组成听证庭进行。”

“六种处分”。《律协违规处分规则》规定了律协对会员的违规行为实施纪律处分的种类，从轻至重依次为训诫、警告、通报批评、公开谴责、中止会员权利一个月以上一年以下、取消会员资格。本着处分与教育相结合的原则，“惩前毖后，治病救人”，《律协违规处分规则》专门规定：“律师协会决定给予警告及以上处分的，可以同时责令违规会员接受专门培训或者限期整改。”

“七大职责”。惩戒委员会的日常工作机构为投诉受理查处中心。《律协违规处分规则》明确，投诉受理查处中心职责包括七大职责：参与起草投诉受理查处相关规则和制度；接待投诉举报；对投诉举报进行初审，对于符合规定的投诉提交惩戒委员会受理；负责向惩戒委员会转交上一级律师协会交办、督办的案件并负责向下一级律师协会转办、督办案件；负责与相关办案机关、司法行政机关和律师协会间的组织协调有关工作，参与投诉案件调查、处置、反馈工作；定期开展对投诉工作的汇总、归档、通报、信息披露和回访；研究起草惩戒工作报告。其重要性不言而喻，理应切实加强建设。

“八类行为”。《律协违规处分规则》具体规定了八大类违规行为：利益冲突行为，代理不尽责行为，泄露秘密或者隐私的行为，违规收案、收费的行为，不正当竞争行为，妨碍司法公正的行为，以不正当方式影响依法办理案件的行为，违反司法行政管理或者行业管理的行为。同时《律协违规处分规则》明确：“有其他违反法律、法规、规章和行业规范的行为，依据本规则给予相应的纪律处分。”律师事务所是律师执业的平台，更是律师管理的组织，为此，《律协违规处分规则》特别指出：

“律师事务所放任、怂恿或者指使律师从事违法违规行为的，与违法违规律师一并予以相应的处分。”

维权与惩罚，是律师队伍建设的两个关键环节，如车之两轮、鸟之双翼。如同司法部副部长熊选国在日前谈加强律师协会建设时指出的：保障律师执业权利和规范执业行为是辩证统一的，是一个问题的两个方面。也如司法部部长张军2017年全国“两会”期间在人民大会堂“部长通道”接受媒体采访时所言：律师是法官、检察官和警察的朋友，律师以自己的执业，提供了来自社会的监督，促进了社会公正；打铁还需自身硬，律师依法为当事人提供法律帮助，也要严格要求自己依法依规办案。律师执业权利维护与律师违规行为处分，是中国律师事业改革与发展过程中持续的话题、一直的课题、永远的主题，也是一项系统工程。两个规则的闪亮出台，两个中心的建设举措，都是构建这一系统工程的重要组成部分。“沾衣欲湿杏花雨，吹面不寒杨柳风。”随着律师制度改革的进一步深化，律师行业也会迎来更新的发展机遇，中国律师将更加成为不可或缺的法治中国建设的生力军。

（这是作者2017年3月20日撰写的关于
《律师协会维护律师执业权利规则（试行）》
《律师协会会员违规行为处分规则（试行）》的解读文章）

12

维护律师执业权利：系统、细化、有力、有效

律师执业权利是当事人诉讼权利的延伸。律师执业权利的保障程度，关系到当事人合法权益能否得到有效维护，关系到律师作用能否得到充分发挥，关系到司法制度能否得到完善和发展。律师执业权利维护，是中国律师事业改革与发展过程中持续的话题、一直的课题、永远的主题。

《关于深化律师制度改革的意见》（以下简称《意见》）从政治、法律和大局、战略的高度对中国律师事业发展指明了方向、提供了遵循。执业保障、健全

管理、队伍建设、发挥作用，四位一体，共同构成深化律师制度改革的系统性布局和可操作性安排。其中，保障律师执业、维护律师权益，是关键因素、核心内容、重要目标。贯彻落实《意见》，尤其是推进维护律师执业权利，不能运动式、一阵风，而应统一筹划、扎实推进，设定一个又一个“小目标”，积小胜而大胜，从而开拓新局面，成就大功业。

维护律师执业权利，首先要做到**权利尊重**。

尊重律师执业权利，就是尊重当事人的诉讼权利，就是尊重宪法和法律，就是尊重法治和人权。律师制度是现代法治国家的一项基本法律制度，是法治文明进步的重要标志。党的十八届四中全会明确指出，中国律师是“法律服务队伍”，是社会主义“法治工作队伍”的重要组成部分，是全面推进依法治国的重要力量。只有充分认识、理解律师制度和律师属性，才能真正尊重、维护律师执业权利。古人说：“知行合一。”首先是知，但只知不行，等于不知。因此，知“权”、行“权”缺一不可，共同推进，才能将维护律师执业权利落到实处。

维护律师执业权利，最重要的是**权利落实**。

全国律师工作会议一针见血地指出：“其实我国刑事、民事、行政诉讼法和律师法等有关法律中，都明确写着律师在辩护、代理中享有知情权、申请权、阅卷权以及庭审中质证权、辩论辩护权等执业权利，但实践中还是存在执行不到位的问题。”

会议认为，保障律师执业权利，最重要的是把法律规定的律师执业权利落实到位。对此，会议提出如下要求：在侦查阶段，律师提出意见或提交证据材料的，侦查机关要依法办理，并制作笔录附卷；在审查起诉阶段，检察机关要认真听取律师提出的犯罪嫌疑人无罪、罪轻等意见；在审判阶段，法官要充分尊重律师，不能随意打断律师正常发问、质证等，即使打断，也要心平气和地提示。

2015 年发布的《关于依法保障律师执业权利的规定》，可谓对律师法定的执业权利按照每一个司法环节作了进一步细化，规定了具体的保障措施和手段。例如对于危害国家安全犯罪、恐怖活动犯罪、特别重大贿赂犯罪案件在押的犯罪嫌疑人的会见问题，规定了侦查机关及时审查申请、3 日以内答复、告知负责联系的部门及工作人员的联系方式、不许会见要说明理由、可以会见应出具许可文书、侦查终结前至少会见一次等层层递进，可操作性、保障性极强的具体要求，得到律师们的广泛认可。

维护律师执业权利，关键在于**权利救济**。

没有救济的权利无异于一纸空文，正可谓无救济则无权利。《意见》明确要求，完善律师执业权利救济机制，各司法机关和有关部门要建立健全沟通协调机制、执业权利救济机制，切实维护律师执业权利和人身权利，必要时对律师采取保护措施。

例如，在协调机制建立方面，人民法院、人民检察院、公安机关、国家安全机关、司法行政机关和律师协会应当建立联席会议制度，定期沟通保障律师执业权利工作情况，及时调查处理侵犯律师执业权利的突发事件。在这一过程中，律师协会应当成为联席不可缺少的独立一方，而且，联席成员应当是法院、检察院，而不是法官协会、检察官协会，这两个协会与律师协会在法律定位及工作职责上是有显著不同的。

再如，在救济机制建设方面，应切实建立“属人”维权与“属地”维权的配套救济机制，一般情况下“属人”，即向律师执业律师事务所所在地的司法行政机关、所属的律师协会申请维权，而情况紧急的则可“属地”，即向事发地的司法行政机关、律师协会申请维权，事发地的司法行政机关、律师协会应当给予协助。适应新情况、解决新问题，地方司法行政机关和律师协会可以设立律师维权专门机构，建立维权热线，以真正在“急事”发生时“急办”，让律师们打得通电话、找得到组织、联系得上人，有诉可求、有诉能求，对维权机构而言则有诉能应、有诉必应。

当然，在建立这一救济机制过程中，检察机关作为法律监督机关，更是义不容辞。在刑事诉讼中，律师认为办案机关及其工作人员侵权的，可以向同级或上一级检察院申诉、控告，而该检察院应当审查、处理。至于全国和地方人大常委会，也完全可以从对《律师法》实施监督检查的角度，充分保障律师法定权利的维护。而新闻媒体，尤其是新媒体、自媒体在律师维权救济方面的作用，也非常独到、不可或缺，应充分且有效地发挥其功能。

维护律师执业权利，**权利便利**即完善便利律师参与诉讼的机制也是重要内容。

全国律师工作会议提出，要进一步增强服务意识，总结推广上海等地利用现代信息技术方便律师参与诉讼等做法，完善诉讼服务中心、立案大厅和律师会见室、阅卷室、休息室、专门通道等接待服务设施，建立网络信息系统和律师服务平台，探索推行律师网上立案、办案，方便律师参与诉讼事务，提高办案质量、效率和公信力。

《意见》也明确要求：完善便利律师参与诉讼机制。律师进入人民法院参与诉讼确需安全检查的，应当与出庭履行职务的检察人员同等对待。完善律师会见室、阅卷室、诉讼服务中心、专门通道等接待服务设施，规范工作流程，方便律师办理立案、会见、阅卷、参与庭审、申请执行等事务。从我们走访地方律协和律所了解的情况看，在便利律师参与诉讼权利建设方面，许多法院尽了力量、作了努力，取得了非常好的效果，不仅让律师感受到了精神上的职业尊重，而且也在物质上有了更多的工作便利与办案效率方面的获得感。

其实，法院在工作中不仅可以给予律师权利便利安排，而且还可以或者说还应该从规范法院司法、规范律师执业的角度，对律师参与诉讼提出相关的提示或要求。如律师出庭着装问题，中华全国律师协会早在2009年修订的《律师执业行为规范》中即明确“律师担任辩护人、代理人参加法庭、仲裁庭审理，应当按照规定穿着律师出庭服装，佩戴律师出庭徽章，注重律师职业形象”。但现实情况不容乐观，而律协屡次要求似也缺少抓手。2016年4月，最高人民法院公布《关于修改〈中华人民共和国人民法院法庭规则〉的决定》，修正后的《人民法院法庭规则》第12条就规定出庭履行职务的人员，按照职业着装规定着装。我们注意到，现在许多法院开庭，在开庭通知中就专门注明律师出庭应当按照职业着装规定着装。上述要求，看似事小，对构建法律职业共同体，却可谓意义重大。

维护律师执业权利，还要强调**权利统筹**，即充分关注律师权利的系统性。

广义而言，律师权利是以律师执业权利为核心的，包括律师职业生存与发展权利、律师执业中人身权利在内的权利体系。完善律师执业权利保障机制，除了强有力地保障律师在从事诉讼业务时的调查、取证、会见、发问、质证、辩护等权利，律师从事非诉讼业务中的权利，以及执业中的人身权之外，还应关注并注重保障律师作为一个职业、一个具有经济属性的社会分工所应有的相关经济类的生存和发展权利。如法律服务收费权，应以市场化、专业化为原则，完善律师收费机制，并建立健全政府购买法律服务机制，完善法律援助制度。如法律服务行业税收保障权，要统筹研究律师行业税收政策、律师事务所会计处理规定，大力支持作为现代服务业、专业服务业重要内容的法律服务业的良性、持续、健康发展。如律师职业社会保障权、律师事务所发展金融支持权、律师事务所员工劳动权益保障权、律师行业强制职业责任保险权、律师专门人才培养选用权等，都是与律师职业属性有关的生存和发展权利，在《意见》中已经提及，有待在实践中落实安排。还有律师职业的统一市场权，要严肃查处假冒律师执业的行为，明确对假冒律师执业者的刑事责任追究机制，优化、净化法律服务环境。

维护律师执业权利，**权利对应**也值得关注，即律师行业应关注、关心法律职业共同体的普遍性权利维护。

如法官的职业权利维护问题，律师们常感叹：如果连法官的职业权利和人身权益都保障不了，那么更何况我们律师。2016年7月21日，中共中央办公厅、国务院办公厅印发《保护司法人员依法履行法定职责规定》，细化了司法人员各类权益保障机制，拓宽了司法职业保障范围，是首个全面加强法官检察官依法履职保护的纲领性文件。保护与监督司法人员依法履行法定职责，需要人民法院、人民检察院、公安机关等政法系统的协同与协作，而此过程中同属法治工作队伍一员的律师义不容辞、当仁不让、作用独特、无可替代。笔者本人在最高人民法院一次会议上就听周强院长讲述：北京马彩云法官被害后，网上铺天盖地地传言马法官司法不公，此刻正是律师挺身而出，将网上公开的马法官的裁判文书逐一分析、专业解读，认为马法官是一位公正司法的好法官，而此专业分析一经在互联网上发布，不实之词瞬间销声匿迹，效果奇佳。保护法官、呵护法律、维护法治，三者有机结合、互为因果、相互作用。值得我们法律人共同努力！

综上所述，律师执业权利具有系统性的内容，应细化律师执业权利保障的法律法规规定，创新有关律师职业生存和发展权利的支持促进机制，采取有力的措施有效维护律师执业权利，以进一步深化律师制度改革，建设健全中国特色社会主义律师制度，推进律师在“四个全面”中的职能作用得到充分发挥。

（这是作者发表在2017年第1期《中国律师》上的文章，有删改）

13

完善律师行业税收制度的思考与建议

就税收制度本身而言，其一般包括主体、税种、税率、计税办法、征收方式、税收优惠等重要因素，这些因素共同构成税收法律关系并成为税法的重要内容。从广大律师普遍反映来看，对目前律师行业税收状况不满之处其实主要集中于征收方式（如查账征收方式给事务所运营与管理带来的困难）、计税办法（如因现行的会计核算办法并不适应律师行业客观状况而引发的人力成本核算、成本与费用扣除、代收代付定性等一系列问题）两个方面，同时对律师行业缺乏税收优惠政策扶持也有不少意见。以上要素看似“技术小问题”，其实反映了对律师制度怎么认识、对律师队伍如何评价、对律师事业是否支持的大态度。在此，本文的思考与建议即从这些角度展开。

一、党和政府非常重视律师行业税收制度的改革和完善

早在 2003 年 8 月，司法部出台的《关于拓展和规范律师法律服务的意见》就特别指出，“要加强与有关部门协商，进一步完善律师事务所收费、税收和财务管理制度”。

2004 年 5 月，司法部发布《2004 年中国律师业发展政策报告》，进一步提出，“改善律师执业的政策环境，加强对律师业税收政策、收费政策的研究，会同有关部门制定出符合中国律师业实际情况，有利于调动律师积极性，有利于规范律师相关行为的税收和收费政策”。

2005 年 8 月 25 日，在第十届全国人民代表大会常务委员会第十七次会议上，全国人大常委会副委员长顾秀莲在做《全国人大常委会执法检查组关于检查〈中华人民共和国律师法〉实施情况的报告》中，“建议司法行政机关与财政、税务、物价等部门协商，制定统一的律师收费和税收制度”。

一晃过去了十年。2015 年 8 月 20 日，全国律师工作会议明确指出："各级党委和政府要高度重视发展法律服务业，把律师事业改革发展纳入经济社会发展规划，加大政策扶持力度，加强律师管理工作力量建设，及时研究解决遇到的重大问题。"

2016 年 6 月，中共中央办公厅、国务院办公厅印发《关于深化律师制度改革的意见》，进一步要求："研究完善律师行业财税和社会保障政策，统筹研究律师行业税收政策和会计处理规定，加强律师劳动权益保障，推行律师事务所和律师强制职业责任保险。"

二、梳理有关律师行业税收的法规与政策，应该是确认了查账征收为原则核定征收为例外的税收征管方式

1. 税款征收既可以采用查账征收，也可以采用核定征收。2015 年 4 月，全国人民代表大会常务委员会发布的《税收征收管理法(2015年修正)》第35条规定，核定征收适用于六类情形：（1）依照法律、行政法规的规定可以不设置账簿的；（2）依照法律、行政法规的规定应当设置账簿但未设置的；（3）擅自销毁账簿或者拒不提供纳税资料的；（4）虽设置账簿，但账目混乱或者成本资料、收入凭证、费用凭证残缺不全，难以查账的；（5）发生纳税义务，未按照规定的期限办理纳税申报，经税务机关责令限期申报，逾期仍不申报的；（6）纳税人申报的计税

依据明显偏低，又无正当理由的。

核定征收又可分为定额征收和核定应税所得率征收（通常称为“定率征收”）两种方式。定额征收是指税务机关按照一定的标准、程序和方法，直接核定纳税人年度应纳企业所得税额，由纳税人按规定进行申报缴纳的办法。核定应税所得率征收是指税务机关按照一定的标准、程序和方法，预先核定纳税人的应税所得率，由纳税人根据纳税年度内的收入总额或成本费用等项目的实际发生额，按预先核定的应税所得率计算缴纳企业所得税的办法。在税收征管实践中，可采用综合征收率征收办法。这是一种简易征税方式，即将多个税种合并成一个与收入相关的固定比率，收入与固定比率之乘积即为各税种应纳税额，该固定比率即称为“综合征收率”。就律师事务所而言，采用综合征收方式，一般合并的税种有增值税、城市维护建设税、教育费附加、投资者个人所得税。

2. 2000 年 8 月，国家税务总局发布《关于律师事务所从业人员取得收入征收个人所得税有关业务问题的通知》（国税发〔2000〕149 号），规定律师个人出资兴办的独资和合伙性质的律师事务所的年度经营所得，从 2000 年 1 月 1 日起，停止征收企业所得税，作为出资律师的个人经营所得，按照有关规定，比照“个体工商户的生产、经营所得”应税项目征收个人所得税。

3. 2002 年 9 月，国家税务总局发布的《关于强化律师事务所等中介机构投资者个人所得税查账征收的通知》(国税发〔2002〕123号)规定:“任何地区均不得对律师事务所实行全行业核定征税办法。要按照税收征管法和国发〔1997〕12号文件的规定精神,对具备查账征收条件的律师事务所,实行查账征收个人所得税”;“已经对律师事务所实行全行业核定征税办法的地区,必须在年底前自行纠正,并在2003年3月底前将纠正情况报告总局”;“对按照税收征管法第35条的规定确实无法实行查账征收的律师事务所,经地市级地方税务局批准,应根据《财政部　国家税务总局关于印发〈关于个人独资企业和合伙企业投资者征收个人所得税的规定〉的通知》(财税〔2000〕91号)中确定的应税所得率来核定其应纳税额……应税所得率不得低于25%”;“对实行核定征税的律师事务所,应督促其建账建制,符合查账征税条件后,应尽快转为查账征税”。

4. 2008年3月,国家税务总局发布《关于印发〈企业所得税核定征收办法〉(试行)的通知》(国税发〔2008〕30号),规定“纳税人具有下列情形之一的,核定征收企业所得税:(一)依照法律、行政法规的规定可以不设置账簿的;(二)依照法律、行政法规的规定应当设置但未设置账簿的;(三)擅自销毁账簿或者拒不提供纳税资料的;(四)虽设置账簿,但账目混乱或者成本资料、收入凭证、费用凭证残缺不全,难以查账的;

（五）发生纳税义务，未按照规定的期限办理纳税申报，经税务机关责令限期申报，逾期仍不申报的；（六）申报的计税依据明显偏低，又无正当理由的。特殊行业、特殊类型的纳税人和一定规模以上的纳税人不适用本办法。上述特定纳税人由国家税务总局另行明确”。

5. 2009 年 7 月，国家税务总局发布《关于印发〈进一步加强税收征管若干具体措施〉的通知》(国税发〔2009〕114 号)，明确包括律师行业在内，以查账征收为原则；“加强中介机构税收管理，对税务师事务所、会计师事务所、资产评估和房地产估价等鉴证类中介机构税收，不得实行核定征收”。

6. 2009 年 7 月，国家税务总局发布《关于企业所得税核定征收若干问题的通知》（国税函〔2009〕377 号），规定“国税发〔2008〕30 号文件第三条第二款所称‘特定纳税人’包括以下类型的企业：……会计、审计、资产评估、税务、房地产估价、土地估价、工程造价、律师、价格鉴证、公证机构、基层法律服务机构、专利代理、商标代理以及其他经济鉴证类社会中介机构；……对上述规定之外的企业，主管税务机关要严格按照规定的范围和标准确定企业所得税的征收方式，不得违规扩大核定征收企业所得税范围；对其中达不到查账征收条件的企业核定征收企业所得税，并促使其完善会计核算和财务管理，达到查账征收条件后要及时转为查账征收”。

7. 2010 年 5 月，国家税务总局发布《关于进一步加强高收入者个人所得税征收管理的通知》（国税发〔2010〕54 号），要求“税务师、会计师、律师、资产评估和房地产估价等鉴证类中介机构不得实行核定征收个人所得税”。

8. 2012 年 12 月，国家税务总局发布《关于律师事务所从业人员有关个人所得税问题的公告》，规定“合伙人律师在计算应纳税所得额时，应凭合法有效凭据按照个人所得税法和有关规定扣除费用；对确实不能提供合法有效凭据而实际发生与业务有关的费用，经当事人签名确认后，可再按下列标准扣除费用：个人年营业收入不超过 50 万元的部分，按 8% 扣除；个人年营业收入超过 50 万元至 100 万元的部分，按 6% 扣除；个人年营业收入超过 100 万元的部分，按 5% 扣除。不执行查账征收的，不适用前款规定。前款规定自 2013 年 1 月 1 日至 2015 年 12 月 31 日执行”。

9. 2015 年 10 月，国务院《关于第一批取消 62 项中央指定地方实施行政审批事项的决定》（国发〔2015〕57 号），取消了国家税务总局《关于强化律师事务所等中介机构投资者个人所得税查账征收的通知》（国税发〔2002〕123 号）中所设定的地方税务机关对律师事务所征收方式的核准这一行政审批事项，但这一决定并未取消“律师事务所纳税的查账征收方式”。

从以上一系列的法规与政策来看，律师行业的税收征管方式原则上应采用查账征收方式，但并不必然排斥核定征收方式；未来的监管发展方向仍为查账征收方式，但目前阶段实施查账征收的基础与条件并不具备。

三、查账征收方式难以在现阶段全面实施的原因，主要是律师行业会计核算办法的缺失

会计核算体系是企业建账的基础。没有统一的会计核算体系，就不会有完整、真实、明晰的企业会计核算资料；没有完备的会计资料，查账征收也失去了本源。因此，只有制定统一的“律师事务所会计核算办法”，查账征收才能真正实现其目的，也才能真正提高征管效率、减少征税成本。

我国大多数律师事务所在2002年之前一直实行核定征税。如上所述，2002年国税发〔2002〕123号文件规定“任何地区均不得对律师事务所实行全行业核定征税办法”，“对具备查账征收条件的律师事务所，实行查账征收个人所得税”。地方税务部门在执行这一规定时，对绝大多数律师事务所实行了查账征收，无疑使得这些律师事务所陷入税务要求与会计实际严重脱节的尴尬境地。这种“一刀切”的做法，仅仅是从政策层面对所谓高收入者从严要求的考虑，而没有顾及律师行业会计核算办法缺失、查账征收尚不具备基本条件的客观事实。

多年的税收征管实践表明，不顾客观实际情况，强行对律师行业普遍采取查账征收，使得各地律师意见不小，律师职业的吸引力有所降低，有的律师事务所采用“道高一尺，魔高一丈”的应对方式本身就潜伏着不少法律风险，律师行业的整体发展也因此迟滞于其他现代服务业。相反，从征管层面而言，核定征收办法简单易行，以销售收入为征税基础，能够较好地体现“以票控税”的特点，既降低征税成本，又避免税款流失。

尽管如此，从现代服务业尤其是专业服务业可持续发展的要求出发，作为一个拥有30多年恢复发展历史、拥有30万人律师队伍的行业，广大律师仍接受并认可应积极推动符合律师行业特点的会计核算制度的建立，并在此基础上实行规范、科学、效率的税收征管方式，以提升律师业会计信息的真实性、准确性及可比性，同时满足税收征管的规范化要求，最终为国家税收法治建设作出律师行业应有的贡献。

四、我国制定统一规范的律师行业会计核算制度的必要性与难点、重点问题分析

在《企业会计制度》实施之前，有的律师事务所沿用事业单位会计制度；有的律师事务所出于税务机关的要求，执行旅游、饮食服务企业会计制度，主管部门审计时再另编一套事业单位会计报表。《企业会计制度》出台后，根据财政部通知要求，

律师事务所可“参照执行”。但基于会计制度的衔接以及制度本身通用性和专用性的冲突，使得律师事务所会计核算工作在实践中进退两难，而随着律师事业的迅猛发展，这种困难越发突出。

1. 律师本身的智力成本具有“厚积薄发”的特点，且律师执业人力成本难以在账面上准确反映。律师属于专业服务业，是高智商劳动，其智力成本不仅包括历经多年的学习成本，而且包括需要常年经验积累形成的实践成本。因此，律师当年的收入收益，实际包含了大量的历年投入成本。同时，律师是一个不得不“做到老，学到老”的职业，其行业培训、继续教育成本也较高。当前，在全面深化改革大背景下，法律新问题、社会新矛盾、服务新需求层出不穷，律师法律服务的供给也要创新与改革，对于法律服务新产品的研发，律师需要投入大量的精力、人力与财力。对于这些特殊性，需要在衡量律师智力成本时充分得以体现。另外，随着律师行业管理优化和规范发展，大多数律师事务所在执业过程中已弃“单兵作战”而用“团队作业”模式，律师助理既有专职律师也有实习人员，对薪资的数额与支付方式要求也各不相同，带教律师不通过或不全部通过事务所支付助理人员薪酬的情况时有发生，律师事务所账载的执业人力成本可能并不完全反映实际人力成本。

2. 律师事务所大量代收代支，连同其业务收入被税务机关

一并认定为应纳税款项。经济发展新常态下，律师业务渗透到社会经济、政治、文化生活的方方面面，律师的专业与信誉更为广大企业与个人接受和信任，在律师执业过程中，除正常收取律师费外，律师事务所代为收取并支付保证金、鉴定费、评估费、翻译费、诉讼费、执行款项、监管资金、委托管理资金、客户委托事项备用金、协作费用等情况越来越普遍。其实这是律师拓展法律服务市场的客观需要，也是律师业务发展到现阶段的正常状态。但是，该等款项与事务所的收入、办案经费等时常为税务机关混同或混淆而一并作为计税基数纳入征税范围。

3. 律师个人支出与律师业务支出难以区别，事务所成本费用支付的核算具有一定的不确定性。毋庸讳言，律师执业风格及业务性质决定了其个性化色彩相对浓厚，律师事务所在对律师个人支出进行会计核算时，从性质上到底是个人支出还是业务支出，有时难以区分，因此律师事务所成本费用科目较难把握。

4. 律师事务所境外收入及支出核算较为困难。随着律师行业国际化水平的提升，跨境法律事务也越来越多。由于境内外会计制度的差异、税法要求的不同，对境外支出凭证的形式要件的审核与确认较难把握。就境外收入部分，既有计时收费的模式，也有一揽子付款的做法，对收取的款项何时、何部分确认为律师事务所的收入或者代办事项支出，因境外对发票的要求不同，客观上会造成收入与支出在金额的分配上、时间的确认上出现人为调节的情形。

5. 律师事务所合伙人之间的收入较难准确核算。我国律师事务所采用合伙制的组织形式早已成主流，合伙制律师事务所应当以每一合伙人（投资者）作为个人所得税的纳税义务人，因此应准确核算各合伙人的收入状况。做大做强律师事务所是现今行业发展趋势，事务所不断改革与创新管理模式与分配机制，因而行业内也并未有整齐划一的薪酬制度，各合伙人收入的区分或者分配，包括成本、费用的分担等问题，均因内部管理制度不同或由于一事一议而出现各种变化，而增加了相当的纷繁性与复杂性。

6. 律师事务所总所与分所之间的收入难以准确区分。随着律师事务所规模化的发展，其开办异地分所成为常态。总所与分所之间存在交办、分包、合作等诸多事项，也有不少名义上为分所业务，实际上则由总所服务，诸如此类。如果总所与分所所在区域存在不同的税收政策，则会加剧真实业务与账载业务的背离，而且客观上形成业务收入流至可以规避较高税率的“税收洼地”的情况。

7. 律师业务当期损益核算越来越困难。行业的发展造就了一大批大所、强所，律师事务所能力越强，其承接的大型项目越多，而大型项目跨年度实属正常，律师事务所在某一时点上已收取了律师费用，可法律服务的开始和完成分属不同的会计年度，律师事务所确认当期收入变得具有不确定性，在财务处理上采用估计或预计的办法均为困难。

从以上分析可见，现行的会计核算方法与律师事务所的运营状况可谓是“文不对题”“水土不服”，在一定程度上忽略了律师队伍的专业化特点，束缚了律师业务的市场化拓展，阻碍了律师行业的规模化进程，影响了律师服务的国际化发展，也不利于律师事务所的规范化管理。从某种角度来说，是30多年尤其是近10年中国律师事业发展的“速度”，掩盖了律师事务所会计核算制度导致的“难度”。解决上述伴随着律师事业发展而越来越突出的难题，归根结底，还是要完善法治。

从法律角度分析，我国会计规范主要有三个层次。第一层次为法律法规，如《会计法》；第二层次为会计制度与会计准则，主要有《企业会计制度》及具体的会计准则；第三层次为各行业专业性较强的会计核算办法，如《水运企业会计核算办法》《电影企业会计核算办法》《保险中介公司会计核算办法》等。

各行业具体会计核算办法，是我国会计标准体系重要的组成部分。各个行业部门有着不同的生产经营特点和核算管理要求，行业间的会计差别是客观存在的。会计准则只能尽可能普遍地通用于一般的生产、流通和服务行业，而对各专业性较强的专门行业，就有必要另行制定相适应的会计核算办法。

早在《企业会计制度》出台之前，部分地区已经意识到律师行业需要有专门的会计核算办法，如北京于1995年就制定了《北京市律师业财务会计制度》，青岛于1999年也制定了《青岛市律师事务所会计核算办法》。不过根据我国《会计法》“国家实行统一的会计制度”的规定，会计规范的立法权限限于全国人民代表大会及其常务委员会、国务院及其有关部门，地方则无此权限，其目的在于确保会计信息的可比性、建立统一的会计规范。

《企业会计制度》出台后，财政部印发通知要求律师事务所可“参照执行”。但由于是可以“参照执行”，律师事务所选择不一，统一核算还是无法实现；而且，如前所述，这一核算办法事实上“参照”价值不大，还是不能彻底解决律师事务所的会计核算问题。可见，由财政部会同司法部组织制定一部统一的切合律师行业实际的“律师事务所会计核算办法”是非常必要的，并通过核算办法的实施，逐步解决律师行业特有的会计核算工作中出现的重点与难点问题，从而使得律师行业的税收征管趋于科学与规范。

五、充分利用税收优惠政策的鼓励与支持效能，进一步降低律师行业的税负，扶持律师事业做大做强做优

税收优惠政策是国家税收征管制度的重要内容。律师、律

师队伍、律师行业在全面推进依法治国进程中的作用已为党和政府、社会各界普遍认同。但从税收这一微观角度衡量，律师行业在备受党和国家“重视”的同时，税负也悄然“加重”了。例如，根据“营改增”政策，律师行业将不再按原来5%的税率缴纳营业税，年营收超500万元的律所被认定为一般纳税人，按照6%的税率缴纳增值税。因此，在这次税改中，受益的主要是年营收500万元及以下的小规模律所，而对于中型和大型律所而言，其税负有所增加。律师服务业实质上属于非生产性企业，其直接面对客户且无上游环节，难以通过相应的生产经营环节进行抵扣以降低税负，可抵扣的仅仅主要是购买设备、办公用品等有形资产，对于律所的主要开支（包括人力资源成本、办公场所租金、办案差旅费、日常交通费支出等）都无法纳入抵扣范围，因此可扣除进项税额很少。相对而言，被认定为增值税一般纳税人的律师事务所的税收负担实际上反而有所加重。

因此，需要从全面推进依法治国的战略高度，来谋划对律师行业给予特定的税收政策扶持，制定并实施税收优惠政策。这种特定的扶持政策，可以是促进区域均衡发展的，也可以是特定业务领域的；可以是公益法律服务的，也可以是扶持青年人才成长和中小律师事务所发展的。

例如，对涉及公益事业、高新技术、涉外业务以及国家重点扶持的项目等事项的法律服务，应当给予一定的税收优惠。像《企业所得税法》就规定，开发新技术、新产品、新工艺发生的研究开发费用，可以在计算应纳税所得额时加计扣除；企业安置残疾人员的，在按照支付给残疾职工工资据实扣除的基础上，可以在计算应纳税所得额时按照支付给残疾职工工资的100% 加计扣除。这些税收立法精神与税收征管技术，也可以同样针对性地适用于律师服务行业，在计算应纳税所得额时按照一定的比例加计扣除。

六、相关建议

律师行业税收制度的完善是新形势下深化律师制度改革的重要内容，乃大势所趋。完善律师行业税收制度，需要客观理性、统一认识、循序渐进、配套实施。为此我们提出以下几点建议。

1. 律师行业会计核算办法制定出台之前，不宜全行业普遍适用查账征收的税收征管方式。

如前所述，核定征收方式是我国法律和政策许可使用的税收征管方式，而且简便、效率。依据国税发〔2002〕123 号文件要求，应根据财政部、国家税务总局《关于印发〈关于个人独资企业和合伙企业投资者征收个人所得税的规定〉的通知》（财税〔2000〕91号）中确定的应税所得率来核定其应纳税额，应税所得率不得低于25%。因此，对律师事务所实行核定征收时，其所得税率为8.75%，即营业收入 ×25%（所得率）×35%（按35%所得税率）；再加上6%增值税，共计为14.75%，不超过15%（另有增值税的附加税，如在上海，有城市维护建设税、教育费附加、河道维护修理费，分别为增值税的7%、5%、1%。经计算，对律师事务所而言，共计为营业收入的0.78%。故加上上述数字，总数字为15.53%，不超过16%）。

这一税负程度，基于律师行业的特殊性，应属合理与公允。因此，对行业内大多数律师事务所采用核定征收方式，维持16%左右的税率水平，是目前较为可行、广大律师普遍认可的状态。

2. 应尽快制定统一的、规范的、适应律师行业特点的会计核算办法，并在此基础上，逐步实行查账征收的税收征管方式。

如前所述，建立律师行业会计核算制度具有必要性。在制定这一办法过程中，应具体针对性地解决律师本身智力成本与律师执业人力成本在会计上如何准确反映、律师事务所大量代收代支情况怎么处理等一系列问题。例如，除了“律师办案费用”这一科目，应增设“律师业务拓展费用”科目，以鼓励律师更好地拓展法律服务市场；再如，应增设“律师协作费用”科目，支持律师事务所相互之间以及律师事务所与其他市场服务机构之间相互合作，以为当事人提供更为全面、更加专业的服务。

在律师行业会计核算办法出台后，针对律师事务所的不同类型、不同规模，逐步并选择性地实行查账征收。特别是通过实施查账征收，推进律师事务所规范化发展。但对于中小型律师事务所，仍可选择核定征收方式。其中在核定所得率时，可以有一个上下幅度，对发达地区的律师事务所可核定25%的所得率（与现行的比例相同，在此所得率下，适用35%的所得税率，故律师事务所按8.75%计征所得税，另加上增值税及其附加税，不超过16%）；对于欠发达地区的律师事务所则可适用15%（在此所得率下，适用35%的所得税率，则律师事务所按5.25%计征所得税，另加上增值税及其附加税，不超过13%）甚至更低的所得率，以体现差别对待、定向扶持、均衡发展。

3. 在此过程中，推进律师行业税负的减轻，推出一系列支持律师事业发展的税收优惠政策。

例如前文所述，可采用加计扣除方式，体现对律师行业的税收优惠支持。进一步明确人力成本、办公成本、办案成本、业务拓展成本等律师行业这些具有相对特殊性的成本科目，对这些成本采用加计扣除。例如，假定明确“办案成本”实行150%

的加计扣除政策，则如果律师事务所当年“办案成本”实际支出为 100 万元，就可按 150 万元（100×150%）数额在税前进行扣除，以体现支持律师多办案并办好案、更多地为当事人提供服务、更好地在“四个全面”中发挥作用的税收政策安排。从制度设计上，在对于这些成本实施加计扣除的税务处理方式后，综合平衡、互动调节，使得律师事务所的整体税赋水平维持在不超过 16%，如此这般，则对律师事务所的发展与规范而言，善莫大焉。

再如，基于律师行业法律服务的专业性甚至高端专业性，其创造性的劳动与高新技术企业并无本质差别，尤其是在如今国家强调制度创新、模式创新、服务创新的大背景下。因此，既然高新技术企业所得税率优惠为 15%，那么律师事务所的所得税率水平亦应与之趋同。当然，在具体操作中，如果认定全行业律师事务所均普遍适用 15% 的优惠税率有难度，则不妨借鉴由科技主管部门认定“高新技术企业”的方式，由司法行政部门与律师协会认定具有创新性服务的律师事务所，对这些事务所给予优惠的税率支持。

另外，对于欠发达地区的律师事务所，可以直接从政策上给予优惠税率扶持；对于提供公益性法律服务的律师事务所，可以由律师事务所以服务时间计算并由司法行政部门或律师协会核定为相应金额，视同为公益事业捐赠可以免税的情形，将该金额在税前扣除，减少律师事务所的应纳税所得额，以实现支持与鼓励的政策导向。

（这是作者2016年12月针对律师行业税收问题的调研报告，国浩律师事务所执行合伙人沈田丰、刘维亦有贡献）

14

切实维护会员权益，努力建成律师之家

司法部《关于进一步加强律师协会建设的意见》（以下简称《意见》）明确将“律师执业权利保障、执业行为规范和惩戒工作体系进一步完善”界定为“主要目标”之一。而“律师执业保障有力、执业环境切实改善”，也是中央《关于深化律师制度改革的意见》（以下简称《深改意见》）中明确的深化律师制度改革的发展目标之一。可见，维护律师执业权利，是当前深化律师制度改革、加强律师协会建设的重要任务、重点工作。

律师执业权利是当事人诉讼权利的延伸，律师执业权利的保障程度，关系到当事人合法权益能否得到有效维护，关系到律师作用能否得到充分发挥，关系到司法制度能否得到完善和发展。“保障律师依法执业，维护律师的合法权益”，是《律师法》规定的律师协会的首要职责。应当说，律师协会在“维权”方面做了大量工作，中华全国律师协会早在2002年即出台《维护律师依法执业权益委员会规则》，在“个案”维权、“制度”维权等方面始终不懈努力。但是，在新的历史时期，侵权有新情况，维权有新任务，律师有新诉求，律师协会维权工作空间很大，任重道远。《意见》的出台，无疑为律师协会维权工作提出了标准，提供了遵循。

一是健全维权规则。

司法部领导同志一直说，律师协会在维护律师权益上要“举旗”，在查处律师违法违规执业行为时要“亮剑”。“举旗”要有标准、“亮剑”要有依据，以实现敢于“举旗”、善于“亮剑”。可见“规”之首要、“规”之重要。如《意见》要求，律师协会要“认真做好保障律师执业权利工作，健全完善保障律师执业权利快速处置机制和联动机制”。因此，我们应该进一步完善维权规则，尤其是异地维权、联动维权、系统维权规则，并在此基础上完善机制、健全体制。

二是强化维权机构。

《意见》提出，律师协会要健全律师执业权利保障的机构。目前，中华全国律师协会及各地律师协会依据章程规定，均建立了维护律师执业权利委员会。从实践中看，当务之急应当加强队伍建设、强化机构职能。例如，我们应切实建立“属人”维权与“属地”维权的配套救济机制，一般情况下“属人”，即向律师所执业律师事务所所在地的司法行政机关、所属的律师协会申请维权，而情况紧急的则可“属地”，即向事发地的司法行政机关、律师协会申请维权，事发地的司法行政机关、律师协会应当给予协助。适应新情况、解决新问题，地方司法行政机关和律师协会可以设立律师维权专门机构，建立维权热线，以真正在“急事”发生时“急办”，让律师们打得通电话、找得到组织、联系得上人，有诉可求、有诉能求，对维权机构而言则有诉能应、有诉必应。

三是加大维护力度。

《意见》明确，律师因依法执业，本人或者近亲属受到威胁、侮辱、报复、人身伤害时，要积极协调有关部门依法及时制止和处理，并对律师采取必要保护措施。《深改意见》也有要求，各司法机关和有关部门要建立健全沟通协调机制、执业权利救济机制，切实维护律师执业权利和人身权利，必要时对律师采取保护措施。人民法院、人民检察院、公安机关、国家安全机关、司法行政机关和律师协会应当建立联席会议制度，定期沟通保障律师执业权利工作情况，及时调查处理侵犯律师执业权利的突发事件。在这一过程中，律师协会应当成为联席不可缺少的独立一方。而且，“联席”成员应当是法院、检察院，而不是法官协会、检察官协会，上述两个协会与律师协会在法律定位及工作职责上是有显著不同的。

“一年好景君须记，最是橙黄橘绿时。”机不可失，时不我待；从我做起，从现在做起。律师协会当奋力、当自强，在党和政府以及社会各界的关注、关心与关怀下，依靠30万名律师会员，切实维护会员权益，不忘初心，继续前进，努力建设并建成“律师之家”！

（这是作者2016年12月9日发表在微信公众号“中国律师”上的文章）

15
建律师之家，靠你我和他

加强律师协会建设，是深化律师制度改革的重要内容，是加强律师队伍建设的关键因素，是律师行业发展的标准配置。

在全国律师工作会议及第九次全国律师代表大会上，司法部要求律师协会要建设成为“律师之家”，语重心长，意味深长。建设并直至建成“律师之家”，笔者提出以下几点建议，供律师同仁批评指正。

一是“位”。要使得各级领导和社会各界充分认识律师协会的法律定位、政治定性。从法律定位角度，《律师法》明确指出：“律师协会是社会团体法人，是律师的自律性组织”。而从政治定性角度而言，正如全国律师工作会议指出的，“律师协会是党和政府联系广大律师的桥梁和纽带”。正因为如此，律师协会不是政府，不是事业单位，应当去行政化、去机关化；律师协会是社会组织，是社会团体，但不是一般的社会团体，是具有特殊职能即依法依章程履行好促进行业建设、指导业务发展、维护行业权益、加强行业监督等职责的社会团体，与花鸟鱼虫协会、烹饪饭店协会不同，甚至与法官协会、检察官协会也不同。只有充分认识、深刻理解律师协会的法律定位和政治定性，才能真正加强律师协会建设，推进律师协会改革发展。如孔子所说：“名不正，则言不顺；言不顺，则事不成。”从这一角度，应该持之以恒地大力宣传和普及《律师法》。《律师法》不仅是管理和规范律师和律师行业的法律，而且是保障和推进律师事业发展的法律；既是最广大律师共同意志的反映，更是广泛人民群众根本利益的体现；律师行业要遵守执行，党和政府更要尊重并推进实施。

二是“形”。或者说是“房”，即律师协会要有与其职能和功能相匹配的办公场所。“家”必有“宀”，无“宀”便无“家”。由于历史的原因，大部分的地方律师协会甚至中华全国律师协会，都没有一个相对像样的办公用房。办公用房不仅是门面问题、面子问题，而且是形象问题、地位问题。办公用房不仅是秘书处的工作所在地，而且是对律师开展培训教育的教室，也是律师协会理事会履行职责的会议室，更是律师协会对外交流交往的东道地。“常回家看看”，首先这个“家”要有个载体、有个平台。当然，“巧妇难为无米之炊”，律师协会财力、物力和人力均有限，我们的政府应当旗帜鲜明地提供资金和物资的支持，帮助律师协会拥有相对独立的、与其开展工作相适应的办公用房。律师协会既然不是行政机关、不是事业单位，就应不受到相关购置建设“楼堂馆所”规定的限制。

三是“人”。仅有“宀”不是“家”，“宀”下有“豕”才是“家”。律师之家，不仅仅是社会律师之家，也应是公司律师、公职律师、军队律师共同的家，甚至也可以是境外律师机构派驻律师的家，因此我们**要加快推进公司律师、公职律师、军队律师成为协会会员以及境外机构派驻律师成为协会特邀会员的制度建设。**律师之家，还应是整个律师行业全体从业人员的家，这些从业人员，包括律师事务所的律师助理、行政人员、研究人员、翻译人员、财务人员等中后台人员，他们是一线律师执业的不可缺少的支持者与保障员。既然是一个“家”，就有操持“家务”者，而如铁打的营盘流水的兵，律师之家中常持“家务”之人则是律师协会秘书处工作人员。作为一个法人，协会应形成一个“议、决、行、监”的治理体系，而其中的“行”，即执行机构，就是秘书处，这是“两结合”的结合处、是桥梁与纽带的对接点。目前各地正推进的社团改革中，律师协会秘书长人选不能由司法行政部门委派、律师协会章程必须“一刀切”地按社团主管机构格式条款修订等现象和做法，不符合律师行业及律师协会发展之现实要求，应从加强律师协会建设的高度来应对与处理，在政府层面出台顶层设计的制度。

四是“规”。国有国法，“家”有“家规”。律师协会经过30年的改革发展，具有中国特色的律师协会自律规则体系已经形成。但体系的内容完整性及内部逻辑关系上仍需进一步完善，特别是**要拾遗补阙地“立”、与时俱进地“改”、坚持不懈地“行”。**“律师之家”，推进发展、实施改革、规范管理等，不能靠“家长”，那是人治，而要依“家规”，这才是法治。依规治“家”，“家”方有威信、方有信用。孔子说过：“人而无信，不知其可也。大车无輗，小车无軏，其何以行之哉？”人无信不立，“家”也如此。目前，律师协会修订律师执业规范、完善律师处分规则、制定律师维权制度，乃当务之急。律师协会在维护律师权益上要“举旗”，在查处律师违法违规执业行为时要“亮剑”。而“举旗”要有标准、“亮剑”要有依据，以实现敢于“举旗”、善于“亮剑”。可见“规”之首要、“规”之重要！

五是“声”，即“发声”，律师协会在维护律师执业权益上要敢于发声、善于发声。“律师之家”要成为维护律师权益的大本营、呵护律师情感的温暖港湾。依据《关于深化律师制度改革的意见》，“律师执业保障有力、执业环境切实改善”，是深化律师制度改革的发展目标之一。“保障律师依法执业，维护律师的合法权益”，是《律师法》规定的律师协会的首要职责。应当说，律师协会在“维权”方面做了大量工作，但离广大律师的诉求还有很大差距。中华全国律师协会早在2002年即出台《维护律师依法执业权益委员会规则》，在“个案”维权、“制度”维权等方面始终不懈努力。在新的历史形势下，律师及社会各界都期待甚至期盼律师协会在“维权”上多有作为、多发声音。2016年6月6日，中华全国律师协会就广西国海律师事务所吴良述律师在法院信访室被打事件发声，并于次日在“中国律师网”上刊登“南宁公布律师在法院信访室被打事件初步调查结果”一文，颇受社会各界关注，广受律师行业好评。当然，律师们也希望中华全国律师协会及各地律师协会在个案处置时果断发声、持续发声，并在制度层面建立维护律师执业权益协调机制，不负律师行业重托。

六是“网”，即律师协会要在信息化、大数据方面有所建树。就像一个“家”，硬件好软件也要配置好，可谓“软硬兼施”。毋庸讳言，律师行业信息建设比法院、检察院以及司法行政机关之差别可以用“十万八千里”来形容，甚至比发达地区许多律师事务所的水平还要差。技术性不强、手工化当道；大数据失缺、碎片化盛行。日前，笔者应邀参访贵州省高级人民法院，孙潮院长向我们展示了该法院“大数据办案系统”，该系统将为法官审理案件提供支持、为法院管理案件提供帮助、为社会特别是律师预判案件提供参考，令我们几位同行的律师开眼、震撼。律师行业信息化与大数据建设，对律师协会而言，既是优质服务，更是有效管理。律师协会应当在司法行政机关的关心下，努力争取政府财力和技术支持，不失时机地开展“智慧行业”建设。

七是“权”，即行业自律管理权，也可以说是“为”，即行业自律作为。无为之“家”，没有权威，不能业大，更难持久。律师协会除了法定的维权、培训、奖惩、外事等基本功能外，应当在队伍建设上自我加压、勇挑重担。律师协会应当进一步完善实习律师管理和律师年度考核制度，总结经验、借鉴教训，落到实处、起到实效。同时，对于律师事务所年度考核，也可以通过司法行政机关“授权”，直至法律法规“赋权”的方式，由律师协会担起来、负起责。对于《关于深化律师制度改革的意见》所提及的律师职业评价制度，可由司法部出规则，中华全国律师协会来操办。而对于党建工作，可以通过建立律师行业党委等方式，实现在司法行政机关党委的领导下，行业党建行业建。

八是“想”，即规划，就是党和政府要从规划的角度和高度来统一谋划律协工作和律师工作。“家务”靠在现实的“操持”，也靠对未来的“预算”。古人云：人无远虑，必有近忧。

凡事预则立，不预则废。司法行政机关应当把律师协会工作纳入司法行政工作通盘考虑，党和政府应当把律师工作纳入经济社会发展规划统筹安排。

《深化律师制度改革的意见》标志着中国律师事业的发展迎来三十年来最好的机遇。如古诗所言：“便觉眼前生意满，东风吹水绿参差。”机不可失，时不我待；从我做起，从现在做起。律师协会，当奋力、当自强，在党和政府以及社会各界的关注、关心与关怀下，依靠你、我、他即30万名律师会员，不忘初心，继续前进，再创佳绩，不负众望。“绿杨烟外晓寒轻，红杏枝头春意闹。”“律师之家”，不仅可建，而且可成！

（这是作者发表在2016年第8期《中国律师》上的文章，原标题为《建律师之家，靠你我和他——新时期加强律师协会建设的几点思考》，有删改）

16

把握律师职业的服务性，推进律师服务业健康持续发展

全国律师工作会议是我国首次由中央召开的全国性律师工作会议。这次会议从党和国家事业长远发展的战略高度，深刻把握律师的职业属性与律师事业的发展规律，对维护律师执业权利、促进律师事业发展，作了系统论述、全面安排。

律师制度是我国社会主义法律制度的重要组成部分。在我国，律师职业具有政治性、人民性，并具有法律性、社会性，也具有服务性、经济性。依笔者的理解，作为谋生的手段，律师首先是一种职业；但它

同时又是一种专业，有专业要求，有专业门槛；而且这个职业发展成为一种行业，有行业规范，有行业组织；更重要的是，它是一种事业，在维护当事人合法权益的同时，维护着法治的尊严与社会的公平正义；当然，它也是一种产业，是现代服务业中的专业服务业。

中国律师业的发展与改革，一直在路上。在成就与不足同在的基础上，在机遇与挑战并存的背景下，律师业作为法律服务业、现代化服务业、专业服务业，应得到党和政府的大力支持、强力扶持，只有这样，律师事业的发展，才能与经济社会发展相协调、与法治建设相适应、与人民需求相匹配。

一是要有“想”的机制。党和政府应把律师业的发展纳入国家经济社会发展的整体规划中通盘考虑，在制定律师业发展规划的同时，将其纳入国家“十三五”发展规划。

我国《服务业发展“十二五”规划》中，就有对律师服务业的表述。如打造一批具有国际竞争力的法律服务机构。加大对法律服务业政策扶持和保障力度，改善法律服务业发展环境。建立起符合我国国情、适应我国经济社会发展和民主法治建设要求、较为成熟的法律服务制度体系。

在国家“十三五”发展规划制定中，更应明确推进律师业发展的“时间表”“路线图”“任务书”“责任状”，使得律师业发展的目标更加明确、举措更加给力、保障更加有力。

二是要有“用”的机制。党和政府应大力推行聘请律师担任法律顾问制度，愿用、善用，用早、用足，充分发挥律师在依法执政、依法行政中不可或缺、无法替代的功能。

党的十八届三中全会决定明确提出要“普遍建立法律顾问制度”；党的十八届四中全会决定则在指出“积极推行政府法律顾问制度”的同时，进一步要求“各级党政机关和人民团体普遍设立公职律师”。我国律师在为法治政府提供法律服务方面积累了丰富的经验。在全面从严治党的新常态下，律师工作也应当适应并服务这一新常态，为加强和改进党对全面推进依法治国的领导、为党的建设，提供全面优质的法律服务。

三是要有“买”的机制。律师的职业性与服务性，决定了其通过依法提供专业服务而获取劳动对价，因此，律师虽属党的十八届四中全会决定中所说的“法治工作队伍”中的一员，虽与法官、检察官同属“法律职业共同体”的一分子，但不属于“干警”“公务人员”，是“不在编”的社会人士。

因此，应进一步完善购买法律服务制度。政府购买法律服务要有预算，将政府法律顾问费用列入政府的日常性支出；政府购买法律服务要有程序，要通过政府招投标的程序来选择律师、确定服务；政府购买法律服务要公开，将购买、使用、考评全过程置于阳光之下，接受社会公众监督。而这一公开的过程，也将促进作为服务提供者的律师勤勉尽责、诚信服务，把服务工作做得更好、更优、更到位。

四是要有“养”的机制。党和政府要培养专业的律师队伍、要培育职业的律师行业。

全国律师工作会议透露了这样一则信息：目前，全国能够熟练办理涉外法律业务的律师不到3000名，能够办理“双反双保”业务的律师不到50名，能够在世界贸易组织上诉机构独立办理业务的律师只有数名。因此，适应经济全球化的新趋势，培养一支通晓国际规则、善于处理涉外法律业务的律师队伍，不仅是律师协会的职责，而且也应是政府的责任。

笔者理解，一方面要“养”队伍，另一方面要“养”行业，两手都要硬，律师服务业方能夯实基础，取得实质性发展。“养”行业，首先是制定符合律师行业特点的税收政策和会计核算办法，对律师事务所采用核定征收的税收征收方式，并在一定时期内适当降低律师行业整体税率；同时，推动完善律师行业的劳动用工、社会保障政策，严格执行最低工资保障，依法参加各项社会保险，推行行业强制职业责任保险；另外，完善加大金融机构、股权投资企业等对律师事务所在“互联网+”时代高速发展的资金、资本投入机制。可以说，政府应该以培育现代服务业的“组合拳”，来推进律师服务业健康、持续发展，从而使得律师行业在服务“四个全面”过程中发挥更大的作用。

（这是作者发表在2015年第9期《中国律师》上的文章，有删改）

17

与公职公司律师协同，全面服务“四个全面”战略布局

党的十八届三中全会明确提出，要“普遍建立法律顾问制度”；党的十八届四中全会进一步要求，“积极推行政府法律顾问制度”和“构建社会律师、公职律师、公司律师等优势互补、结构合理的律师队伍”。中共中央办公厅、国务院办公厅日前印发《关于推行法律顾问制度和公职律师公司律师制度的意见》（以下简称《意见》），为贯彻落实上述要求提供了切实可行的操作性安排，无疑为拓展社会律师法律服务领域、发挥律师行业在服务协调推进“四个全面”战略

布局中的功能提供了政策依据。

社会律师必须提升格局。我们注意到，党的十八届三中全会有关“普遍建立法律顾问制度”的要求是在“维护宪法法律权威”一节中的；《意见》也开宗明义强调，推行法律顾问制度和公职律师、公司律师制度的指导思想在于“提高依法执政、依法行政、依法经营、依法管理的能力水平，促进依法办事”。因此，社会律师如担任政府法律顾问，应无商业性、无功利心，而是多公益性、尽责任心，切实服务依法行政、切实服务公共利益、切实服务公平正义。而当我们担任企业尤其是国有企业法律顾问时，重在防范与化解法律风险，推进公司依法运营，在担任“服务者”的同时担当“把关人”。《意见》规定党政机关法律顾问必须履行“为重大决策、重大行政行为提供法律意见”“参与法律法规规章草案、党内法规草案和规范性文件送审稿的起草、论证”等职责，以及规定国有企业法律顾问必须履行“参与企业章程、董事会运行规则的制定”“对企业重要经营决策、规章制度、合同进行法律审核”等职责，这既是针对公职律师、公司律师的规定，也是对社会律师的要求。

社会律师必须素质过硬。例如政府法律事务，头绪众多、事务繁杂、涉及面广、时间紧急，新事项层出不穷、老问题盘根错节，其复杂性、专业性、艰难性对社会律师提出了一个又一个新课题。律师，应以律为业、以法为师，解决法律问题只有凭借法律思维、依靠法律方式，把握法律规定的本质含义，运用法律规范的内在逻辑，努力做到游刃有余，使得问题迎刃而解。也正因如此，《意见》对担任外聘法律顾问的社会律师提出了“政治素质高”“具有良好职业道德和社会责任感”“具有5年以上执业经验、专业能力较强”等条件，可谓在政治素质及专业水准上提出了更高标准、更严要求。

社会律师必须忠实勤勉。在履职过程中，兼职法律顾问的行为带有一定的“公务性”。我们要做遵守法律、恪守道德的模范，两袖清风，清正廉洁，不谋私利，保守秘密，守住底线，不逾红线。在“廉政”的同时，我们还应“勤政”，不仅“招之能来”“来之能战”，而且“主动行为”“能动作为”。既为政府法律风险防范保驾护航，也为政府科学决策发展推波助澜；既解决个案化解矛盾毕其功于一役，也提炼总结完善法规举一例而反三。正因如此，《意见》要求党政机关外聘法律顾问要“遵守保密制度，不得泄露党和国家的秘密、工作秘密、商业秘密以及其他不应公开的信息，不得擅自对外透露所承担的工作内容”，“不得以法律顾问的身份从事商业活动以及与法律顾问职责无关的活动”，相关义务无一不具有相当强的针对性。

社会律师必须发挥合力。在工作中，社会律师要有“团队”精神、“队伍”意识。如“专”“律”合力。在政府外聘法律顾问中，有专家也有律师，专家更显“高大上”，律师侧重于“接地气”，专家与律师的合力则既“仰望天空”又“脚踏实地”，以实现系统性与操作性的完美结合。再如“专”“兼”合力。政府“法制机构人员”，依党的十八届四中全会决定所言是“政府法律顾问队伍”的“主体”，其更能深刻体会政府的决策意图、意思表示、价值取向，与社会律师的相对独立性相得益彰，可谓“内外有别”，正因如此，更需要“内外结合”，齐心、携手、协力、共建。同样，企业经营活动特殊性强、复杂性多，俗话说“隔行如隔山”，社会律师的经济、企业、产业等知识与经历背景相对弱化，具有一定的局限性，因此需要公司律师的协同作战，互补短板，以最大限度地满足企业合法运营、持续发展的市场化需求。

“好雨知时节，当春乃发生。”社会律师应乘此东风，积极对接，主动服务，与公职律师、公司律师一起，为协调推进“四个全面”战略布局提供法律服务与保障，再创佳绩，再立新功。

（这是作者2016年6月18日发表在最高人民检察院正义网上的文章，原标题为《积极主动担任法律顾问协调配合公职公司律师》，有删改）

18

中国律师，生逢其时，任重道远

党的十八届四中全会引国人乃至世人关注。其实，本次会议主题不仅是“依法治国”，还有“全面推进依法治国”的全新概念。早在 1997 年，党的十五大便确立了“依法治国”的基本方略，党的十六大将“依法治国基本方略得到全面落实”列入全面建设小康社会的重要目标，党的十七大则提出加快建设“社会主义法治国家”，直到党的十八大提出“全面推进依法治国”“法治是治国理政的基本方式”。

作为一名执业律师，学习党的十八届四中全会通过的《中共中央关于全面推进依法治国若干重大问题的决定》，要“面”与“点”相结合。

“面”说的是，我们要有“三个深刻认识”“三个准确把握”，即深刻认识全面推进依法治国，是深刻总结我国社会主义法治建设成功经验和深刻教训做出的重大抉择；深刻认识全面推进依法治国，是全面建成小康社会和全面深化改革开放的重要保障；深刻认识全面推进依法治国，是着眼于实现中华民族伟大复兴中国梦、实现党和国家长治久安的长远考虑；准确把握全面推进依法治国总目标，就是加快建设社会主义法治体系，建设社会主义法治国家，这是贯穿党的十八届四中全会决定全篇的一条红线；准确把握全面推进依法治国工作布局，就是要坚持依法治国、依法执政、依法行政共同推进，坚持法治国家、法治政府、法治社会一体建设；准确把握全面推进依法治国重点任务，就是要推进科学立法、严格执法、公正司法、全民守法。把握“面”，在学习与贯彻党的十八届四中全会精神过程中，则能高屋建瓴，纵观全局。

而从“点”的角度，即以律师与律师制度为切入点来学习与领会。据统计，党的十八届四中全会决定多处提到“律师”，这在如此级别的党的文件上是前无古人的，而将律师这个点一一串联，便形成一条“线”，通过这条线，我们对律师与律师制度在法治中国中的地位与价值将有更加明晰的理解。

一、明确地位

党的十八届四中全会决定中用了四个“队伍”，一是“社会主义法治工作队伍”，二是“法治专门队伍”，三是“法律服务队伍”，四是“律师队伍”。很显然，律师队伍是上述三个队伍的重要力量。而且，这四个队伍都是有定语的，也就是说，党和人民对这四个队伍是有要求的，即社会主义法治工作队伍要忠于党、忠于国家、忠于人民、忠于法律；法治专门队伍要正规化、专业化、职业化；法律服务队伍要走中国特色社会主义法治道路；律师队伍要实现优势互补、结构合理。

从上述表述可以看出，律师是全面推进依法治国的重要力量，是一支不可或缺的法治工作队伍。这是定位，这是定性，我们律师必须深刻理解与认识这一点，真正解决“我是谁”与“我为谁”这一首要问题。在推进法治中国建设中，律师不是万能的，但没有律师是万万不能的。正因如此，我们必须主动地充分发挥在依法维护公民和法人合法权益方面的重要作用。

二、把握方向

中国律师的方向是什么，很清楚，很明白，那就是“走中国特色社会主义法治道路”。这是中国律师事业发展的方向，这是中国律师队伍必须走也只能走的路，这是中国律师行业发展的灵魂，这是每一位中国律师的前途与命运。坚持党的领导、人民当家做主、依法治国的有机统一，这是我们必须坚持的准则，而且，在此过程中，我们律师必须增强走中国特色社会主义道路的“自觉性”与“坚定性”。“自觉性”使得我们毋庸置疑，“坚定性”要求我们不能动摇，“自觉”并“坚定”地沿着中国特色社会主义法治道路奋力前行。有一种信念，可以统一意志，凝聚力量；有一种追求，可以铸造灵魂，改变命运。这种信念与追求，只有在中国特色社会主义法治道路上才能培育，才能养成，才会坚定，才会坚韧。毛主席诗中写道：“今日向何方，直指武夷山下。山下山下，风展红旗如画。”可见，方向明，方能气势盛，方能景如画。也如黎巴嫩著名诗人纪伯伦所言：“我们已经走得太远，以至于我们忘记了为什么出发。”可见，方向不明，误入歧途，走得越远，越无法归来。

三、发挥功能

有位更有为，向明步更坚。律师在全面推进依法治国过程中必须发挥功能，实现价值。**一是在立法领域，**科学立法、民主立法为律师参与立法工作提供了难逢机遇，也提出了更高要求。立改废释并举离不开律师参与，特别是做到重大改革于法有据，正如“知屋漏者在宇下，知政失者在草野”，应有兼具独立性、敏锐度、专业性的律师的参与，失之不可。**二是在依**

法行政方面，推进政府权力清算制度，把风险评估、合法性审查等确定为重大行政决策法定程序，建立重大决策终身责任追究制度等，更加显现律师担任政府法律顾问的必要性与重要性。而且，如果说过去是“我要做”，那么接下去将更多的是“要我做”，从而实现两者结合，律师的参与将实现制度化与规范化。**三是在司法公正特别是司法体制改革中，**律师是诉讼活动主体，也是规则制定主体；在司法体制改革过程中，律师不能只是被动的接受者，也应该是主动的参与方，不应只是“剧中人”，也应该是“剧作者”。**四是从全民守法角度出发，**党的十八届四中全会要求“深入开展法治宣传教育”，“推动全社会树立法治意识”，律师作为法律专业人士自然是法治最佳的宣传者，这也是律师履行社会责任的重要方面。**五是党内法规制度建设领域。**这是一个新视角，在完善党内法规制定体制机制，形成配套完备的党内法规制度体系，运用党内法规把党要管党、从严治党落到实处，促进党员、干部带头守法等进程中，律师将大有可为、大有作为。**六是建设完备的法律服务体系。**这是党的十八届四中全会为律师法律服务开辟并进一步明确的主战场，包括推进覆盖城乡居民的公共法律服务体系建设，我们义不容辞，当仁不让。律师们要进一步研究法律服务的新手段、新产品，适应我国目前的经济新常态、政治新常态与法治新常态，方能不辱使命，不负众望。

四、建设队伍

党的十八届四中全会决定在第六大部分“加强法治工作队伍建设”中专项论述了“加强法律服务队伍建设”。与党的十八届三中全会通过的《中共中央关于全面深化改革若干重大问题的决定》中有关律师的论述56个字（“完善律师执业权利保障机制和违法违规执业惩罚制度，加强职业道德建设，发挥律师在依法维护公民和法人合法权益方面的重要作用”）相比，党的十八届四中全会决定直接且集中地对律师的论述达218字，而且这是基于前者的进一步的全面、具体、深刻的阐述，一以贯之，一脉相承，并予以发扬光大。

思想政治建设、律师队伍构建、业务素质提高、执业保障完善、律所管理加强、协会自律发挥、执业行为规范、遵守操守监督、入出管理强化、惩戒制度严格、党的建设加强、党的覆盖扩大、党的作用发挥等，可谓一针见血、一字千金、字字珠玑，值得细细品味、入心入脑、贯彻实施、落在实处。唯有如此，方能耳聪目明、身强体健，在历史赋予的重大机遇前面，大显身手、大展宏图。

五、系统学习

学习党的十八届四中全会精神，要与学习党的十八大、十八届三中全会精神紧密结合，与学习习近平同志系列重要讲话精神紧密结合。习近平同志历来重视法治工作，仅在浙江工作时所著《之江新语》一书，其中便有 8 篇文章论述法治。2007 年 3 月，习近平同志时任上海市委书记，便专门至上海市律师协会调研，我当时担任上海市律师协会会长，向习近平同志汇报了上海律师事业发展情况。党的十八届四中全会的胜利召开，吹响了全面推进依法治国的集结号，中国律师，可谓生逢其时，任重道远。

（这是作者2015年8月21日发表在中国律师网上的文章，有删改）

19

让律师“好说话”，律师要“话说好”

春回大地，万物生长。萌动的季节，一切都会发生，一切都有可能。

2015年4月29日，《人民日报》一篇《让律师说话，让法律更有尊严》的文章获得法律界人士自媒体空前的转发；而6天后中共中央政治局委员、中央政法委书记孟建柱同志有关“律师较真、挑毛病、发现漏洞，有助司法精确和公正”的讲话，再一次获得法律界尤其是律师们一致的点赞！

有专家指出，党的十八届四中全会标志着中国法治的春天真的来了，于是我们渐次看到，法治的种子在落地、在发芽、在开花。在这个大众创业、万众创新的时代，其实，大众也在期待，万众也在期盼，期待法治，期盼法治。而在法治的春天，律师正是那“先知水暖的鸭子”，便是那“报春人间的布谷”，于是，律师必须说话，律师必须好说话，律师必须话说好！

一、应创造律师“好说话”的法治环境

有一句名言：“我不同意你的说法，但我誓死捍卫你说话的权利。”这是公民人权中的话语权，应当获得尊重，理应得到捍卫。同样，律师的话语权是律师执业权的核心内容，律师“发言”是律师行使执业权利的必要的、重要的、不可或缺的方式。而且，律师说话不仅是以口，而且还用笔；不仅以辩护词，而且也以代理状，还以其他各类律师文书。因此，律师说话，律师发言，就是律师依法行使执业权利，依法行使代理权、辩护权。所以法官应当说：“我不同意你的说法，但我誓死捍卫你说话的权利。”当然，可以再准确一些，法官应当说：“我不必然同意你的说法，但我誓死捍卫你说话的权利。”

其实，这还不够，这只是第一步。法官还应当说：“我确实不同意你的说法，但我必须向你说清楚我之所以不同意的事实依据，向你讲明白我之所以不同意的认定理由”。孔子曰：

“三人行，必有我师焉。择其善者而从之，其不善者而改之。”毛主席也说过，真理有时掌握在少数人手中。正可谓兼听则明，偏听则暗，如果在刑事案件审理中，控方大兵压境，那么这只如同股票上的“单边市”，涨盈跌损，“工具箱”中没有“避险工具”，于是一定会高台跳水，铩羽而归，故曰“冤狱就是这样炼成的”。诸多案例足以证明这一点，无论是赵作海案，还是张氏叔侄案、呼格案，但凡在审判过程中认真倾听并真正查实律师的异议，人头不会落地，冤屈不会造就，负面评价不会形成，“水源”也不会一次又一次地被“污染”；而正因为有律师说话、而且执着地说话，念斌一案才最终在人民法院一锤定音下云消雾散，“疑案从无”理念才深入民心。这也正是孟建柱书记说的，律师要“在案件细节上较真”，要“在诉讼环节上挑毛病”，要“在起诉书和判决书字里行间发现漏洞”。律师“较真”，法官才会不敢轻易“任性”；律师“挑毛病”，法官更会如履薄冰慎而又慎；律师“发现漏洞”，法官则能环环补强以完善证据链。于是法官居中查实，综合考证，据实判定，逐一回应为何采信，为何不接受，以事实为依据，以法律为准绳，最终司法才精确、才公正，才能在每一个案件中让人民群众感受到公平正义。

当然，这还只是第二步，就是不仅“听”，而且“闻”，不是听而不闻，装聋作哑，揣着明白装糊涂，顾左右而言他。

接下来还有第三步，那就是，法官还应继续说“我要把庭审过程，特别是控辩双方的意见，尤其是采信与不采信你律师的意见，真实、准确、完整地写出来，而且予以公开，让你监督，让你的当事人监督，让社会公众监督”。这正是党的十八届四中全会决定所要求的，加强法律文书释法说理，建立生效法律文书统一上网和公开查询制度。律师说话，不是自言自语，聊以自慰；不是低三下四，只敢面对当事人；不是偃旗息鼓，拱手让于控诉方的强势；不是任人宰割，委曲求全于法庭了事。律师说话，是以事实为据，以法律为绳，据理力争。从辩方角度而言，或许不全面，但一定很中肯；或许不系统，但一定很有针对性；或许抓住一点不及其余，但一定令人关注进而可以顺藤摸瓜。社会越发达，科技越先进，案件越会千奇百怪，案情更会盘根错节，“只看云断成飞雨，不道云从底处来”，“雾里看花，水中望月”，真相晦涩难明。这时候，法官不仅应该问检察官怎么看，而且还应该问律师怎么看。法官关注律师挑毛病的过程，正是全面梳理事实的过程；法官回应律师诸多疑问的过程，正是系统形成判决思路的过程。而这一过程的“可视化”留痕，最终形成判决文书，进而公开；通过此后端的公开，倒逼式地促进前端直至全过程的公正。公开的魅力正是如此，应验一句名言：“阳光是最好的防腐剂，路灯是最好的警察。”

我个人认为，上述三个过程本身正是符合司法规律的一种法治常态，而我们全面推进依法治国尚在进程中，还需要经过法律职业共同体各方的共同努力，使之成为一种新常态。努力为之似不应少于两个方面。

一是理念，即法治理念，特别是正确的律师理念。这里要解决的问题是，**谁在说？**律师在说。于是，**他是谁？**律师是一种事业，在维护当事人合法权益的同时，维护着法治的尊严与社会的公平正义。同时，我们也要从政治的、社会的、经济的多个角度来解读律师，这样才能全面而准确地了解、认识并理解律师。政治的方向、法律的本质、社会的功能、经济的属性，完整集合于“律师”一体。

于是，**说什么？**根据《刑事诉讼法》的规定，辩护律师的基本职责就是根据事实和法律，提出犯罪嫌疑人、被告人无罪、罪轻或者减轻、免除其刑事责任的材料和意见，维护犯罪嫌疑人、被告人的诉讼权利和其他合法权益。

于是，**为何说？**律师说话是一种制度设计，这一制度设计，就在于与控诉方形成一种诉讼对抗关系，防止对犯罪的指控成为一种潜在的犯罪认定。我国法律对公诉机关虽然也作出了要重视无罪、罪轻证据的规定，但公诉机关的追诉性质，在本能上肯定是更为关注有罪、罪重的事实和证据，这也是可以理解的。因此，现代的诉讼构造，为防止一边倒，通过立法安排了刑事辩护这样一种对抗力量，从而形成了诉辩对抗、法官居中裁判的诉讼格局。

全面、系统地了解、认知律师，准确、完整地理解、把握**“谁在说”“他是谁”“说什么”“为何说”**等一连串问题，方能真正尊重律师职业，呵护律师行业，敬畏律师制度。正如“时代楷模”邹碧华法官曾留下的那句被法律界高度认同的话：“律师对法官的尊重程度，表明一个国家法治的发达程度，而法官对律师的尊重程度，则表明这个社会的公正程度”。这也能够从而构建如全国律师工作会议所说的彼此尊重、平等相待、相互促进的新型关系，共同为全面依法治国作出更大贡献。

二是制度。尊重也好，呵护也罢，甚至敬畏，大多表现为主体的心理状态，还应有法治、制度的引领、推进与保障。我的理解是，在以往以侦查为中心的诉讼制度下，在以“命案必破”为要求的侦查原则下，律师极易被认定为“麻烦制造者”、“添乱者”甚至“捣乱者”，帮“坏人”说话，于是“也不是好人”。庆幸的是，党的十八届四中全会决定鲜明地提出：推进以审判为中心的诉讼制度改革，确保侦查、审查起诉的案件事实证据经得起法律的检验。

应当说，在以审判为中心的诉讼体制下，律师在法庭上不仅有一席之地，而且在法律地位上与控方平起平坐，有“席位”、有“地位”，于是有话语权、有作为。庭审不再是走过场，不再“虚置化”，而是真刀真枪，控辩双方唇枪舌剑，你来我往，每一个证据都要被审查，每一名证人都要“过堂”，每一位鉴定人也要“上场”，而庭审不能再“打闷包”，要依法公开透明，甚至“全民目击”，于是庭审必然在查明事实、认定证据、保护诉权、公正裁判中发挥决定性作用。

党的十八届三中全会决定指出要“让审理者裁判，由裁判者负责”。有专家指出，在以审判为中心的诉讼制度中，审理者应当是庭审的亲历者，这是刑事诉讼中一项重要的裁判原则。这种亲历性，包括了任何证据都必须经过法庭上直接的举证与质证才能作为裁判的依据，以及只有直接审查案件证据的法官才能参与案件事实问题的裁判两层含义。这种亲历性，在强调庭审活动与过程重要性的同时，无疑将律师的出庭活动尤其是律师说话，置于不容忽视、不可或缺的重要地位。律师说话、律师说的话，不是“这个可以有”，应是“这个必须有”。

当然，对于极少数违规发难、无理“闹庭”，可采取一事一议、就事论事方式，法官应及时向司法行政机关和律师协会进行通报予以妥善处理，而不要将这种情况轻易扩大为对整个律师群体的偏见。须知，绝大多数律师是具备良好职业素养的，是理性、客观、公正、中肯的，是人民法院可以依靠而且应当依靠的重要力量。

如此理念，如此制度，律师方能好说话！

二、应培育律师“话说好”的职业素养

营造环境与完善制度，让律师好说话，而且说了不白说。在这一过程中，律师当自强，不仅好说，而且说好；不仅敢说，而且善说。如张艺谋那部电影的名字《有话好好说》。话说好，是一种生活方式，也是一种工作方式；是一种个人修养，也是一种职业素养；是一种习惯，也是一种常态。

由此想到这个流行词：“死磕派”。应当说，在不同的语境中，“死磕”二字有其不同含义，大多非褒义，也不必然贬义，但却肯定不友好。现实中，不排除“死磕派”中还有“左”“中”“右”之分，不否认“死磕派”中有借题发挥、以偏概全、虚张声势、沽名钓誉之少数，但值得我们关注的是，“为何磕”与“磕什么”。于是我们发现，为当事人合法权益而“磕”、“磕”司法机关某些部门某些人侵犯律师执业权利者，乃大多数，乃“死磕”之常态。而且司法机关中极少数者有权任性惯常，无怪乎最高人民法院周强院长在今年“两会”期间也说，对法官老是把律师赶出法庭百思不得其解。《人民日报》前述文章亦描述我国司法诉讼的现状：法官和检察官往往被视为同一战壕的“战友”，都面对着同一个“敌人”——律师。有了这样的思维定式也就不难理解，为什么律师一旦在法庭上发表不同看法，就会被归为“死磕派”；为什么律师但凡遭遇到一点干扰，就控诉遭到打压。

由此看来，属于“泛死磕派”的律师还真不少，而其大多数律师也只是“较真”“挑毛病”“发现漏洞”，逆法官、检察官而为，驳法官、检察官面子，为法官、检察官所不容而已。正如《人民日报》2015 年 1 月 28 日《凭什么把律师赶出法庭》一文所提到的，司法机关以办案来把权力关进笼子的同时，不能又悄悄地把自己的权力放出笼子。

不过，毕竟在中国语言文字中，“死磕”二字并非令人赏心悦目，于是，我们说，律师们可不可以不再授人以“死磕派”的伶牙俐齿、咄咄逼人甚至穷追猛打之柄，而铭刻“雄辩家”的儒雅大气、侃侃而谈且义正词严之形！

因此，我们要刻苦钻研业务，成为法学大家、法律之师；我们要培养宠辱不惊，虽口若悬河却言之有理；我们要配合法官提高庭审效率，努力直击主题一针见血；我们要尊重法官检察官，设身处地，“己欲立而立人，己欲达而达人”。我们要清晰地“辩”、要雄壮地“辩”，在依法自如行使执业权利的同时谨慎保护自己，善待并维护当事人的合法权益。

“质胜文则野，文胜质则史。文质彬彬，然后君子。”“君子不重，则不威。”“暴虎冯河，死而无悔者，吾不与也。必也临事而惧，好谋而成者也。”“勇而无礼则乱，直而无礼则绞。”世代相传的这些老话，值得我们深思、借鉴、躬行！

姜文《让子弹飞》这部电影中有台词说：站着把钱挣了！

同样，律师没有“坐”着说话的势力，也没有“躺”着说话的本事，更不应“跪”着说话卑躬屈膝，而拥有“站”着说话的权利，这是法律上的法定权，也是合同上的约定权，神圣不容侵犯，承诺亦具效力。

当然，避免“死磕”需要完善法律，使律师执业权利有救济之道。正可谓，没有救济的权利并不是真正的权利。回望律师漫长的维权路，不难发现，正是由于律师诸多执业权利受侵时的无救济，才使得律师愤而“被逼上梁山”，无奈便一“磕”了之。2007 年 10 月修订的《律师法》无疑是一部好法律，当然因为历史局限性，其虽然在第四章中明确规定了律师的执业权利，可是在“法律责任”一章中对于侵害律师执业权利的处罚鲜有着墨，无怪乎有专家评价其更多成分上是一部“律师管理法”，而更应增加“律师权益保护法”的分量。

完善律师权利的救济有五个端口：第一，在**法院端**，律师有权利向法院院长投诉，而院长在接受投诉一定时间内必须回应，而当不服这一回应时，律师仍有权向上一级法院申诉；第二，在**检察机关端**，其作为司法监督机构，对于违反《律师法》侵犯律师权益的行为应予以受理并处理；第三，在**人大端**，其作为法律实施监督机关，对于违反法律侵害法定权利的行为，有权行使监督权以维护；第四，在**行业协会端**，律师协会作为律师的自律性组织，肩负着维护律师执业权益的法定职责，有权利也有义务与侵权机关交涉处理，而对于其交涉行为，该侵权机关必须在一定时间内作出响应；第五，在**社会端**，即以上所有处理的过程与结论，均应通过主事者官网向社会及时公开发布，交由社会监督。由以上五个端口有机组合并互联互通的律师权利救济系统，应当制度化、法定化，成为法定的救济方式与手段，就是“健全律师执业保障机制和执业救济机制”，使得律师投诉有门，救济有道，处理有路，有针对性、有时效性、有公开化，如此这般，何必“死磕”、何来“死磕”？而有的尽是好好说话，好话好说，为当事人合法权益而说，为司法公平正义而说，为法治中国而说。

耶鲁大学法学院前院长安索尼·克罗曼在其著作《迷失的律师——法律职业理想的衰落》一书中说道：“律师和法官共同生产的这个产品就是法治本身。”当下中国的法治建设，同样仰赖法官、检察官、律师等法律人在“庭上”或“庭下”的共同努力。当我们抱怨当下法治环境不尽如人意的时候，每个诉讼参与人是否应该扪心自问：我对法治生态的改善有什么贡献？自省的人多了，法治实现的那一天也就为时不远了。“子规夜半犹啼血，不信东风唤不回”。执着的律师，奋力前行在全面推进依法治国的征程上，“路漫漫其修远兮，吾将上下而求索”。

（这是作者发表在2015年第6期《中国律师》上的文章，有删改）

20

构建法官与律师间良性互动的和谐关系

当今法治环境下，法官与律师关系问题，可谓既敏感，又重要，小则关乎法官办案与律师执业，大则影响法律实施与正义维护。笔者认为，应当构建法官与律师之间的和谐关系，建立并完善“组织上多往来、私下里慎交往”的良性互动机制。在这个关系中，法官或者法院处于矛盾的主要方面，而律师或者律师协会又是关键因素。

一、法官应当全面与准确地认识与理解律师

律师首先是作为谋生手段的一种职业，同时又是

一种有专业要求、有专业门槛的专业，而且发展成为有行业规范、有行业组织的一种行业；更重要的是，它是一种维护当事人合法权益、维护法律的正确实施与社会公平正义的事业；当然它也是一种产业，是现代服务业中的专业服务业。

正因如此，我们要从法律的、社会的、经济的多个角度来解读律师，这样才能全面而准确地了解、认识并理解律师。律师的内涵与本质是统一的，法律的本质、社会的功能、经济的属性完整地集合于一体。可以这样说，对律师的认识与认同，是构建法官与律师间良性互动的和谐关系的理论基础与感情纽带。

二、充分了解与判断目前法官与律师间关系的现状

有人说，法官与律师应当是“亲家”。其实不然！法官居中裁判，秉公办案，律师代理一方，依法维权，虽本质上维护法律尊严，但毕竟地位不同，各司其职，各负其责，无所谓亲，无所谓疏，应当相对独立，彼此尊重。有人说，法官与律师现在是“冤家”。其实不该！诉辩是一对对立的矛盾，原告与被告是一对对立的双方，法官本应中立与独立，但现实生活中却经常是律师与法官“死磕”，既有律师抓住一点不及其余的执着，又有法官定位不准矮化自我的偏差，也是法官忽视律师执业权利的意识作怪。我们更愿意说，法官与律师是“本家”。理应

如此！法官与律师同接受法律专业教育，共通过司法考试门槛，都从事适用法律职业，均运用法治思维执业，皆维护宪法法律尊严，并因此构建法律职业共同体，属法律职业的本家，同属“法律人”。对此，大家普遍认识一致，但知易行难，任重道远。

有人说，法官犯错误是律师“拉我下水”：几乎每一个倒下的法官身边，都有一个伴其左右的律师。该倒下的法官在其忏悔录中往往声泪俱下地控诉那个“拉他下水”的律师的种种不是，痛心疾首于交友不慎、修养不够、学习不足等。有人说，律师犯错误是法官“逼良为娼”：律师手中没有任何公权力，执业不易，赚钱也难，只有依附权力、依靠关系，方能胜诉，才可有名，于是谋利，而投其所好，确属迫于无奈，无异“被逼为娼”。我们更愿意说，法官与律师应当“交而不易”：法官与律师工作交往不可避免，基于同学、出于朋友、因为相识，法官与律师工作外的交流也客观存在，应当是君子之交淡如水，无可图之利，避人情往来，要有底线，即虽有交往、有交流，但也有交锋，却不交易。

有人说，法官与律师间应构筑“隔离带”。其实，就像防盗门只能防君子不防小人一般，隔离住的是有形，隔不住的是无形，形式很丰满，实质却骨感，从根本上解决不了问题。有人说，法官与律师间应建设“防火墙”。其实，正门设立“防火墙”以阻隔，便必然有边门，甚至有后门，于是产生歪门邪道，良好的愿意不切实际，反而事与愿违，得不偿失。我们更愿意说，法官与律师间“良性互动”。上海市委副书记、上海市高级人民法院前院长应勇去年曾经在《上海律师》杂志上撰文，便说：“组织层面多交往，个人层面少来往；公开层面多交往，私下层面少来往；工作层面多交往，生活层面少来往。”正可谓，互动是必须的，而且一定要良性。

三、人民法院在推进构建和谐的法官与律师关系方面已经做出且正在做出不懈努力

最高人民法院前院长王胜俊在2008年11月27日曾专门邀请中华全国律师协会来最高人民法院座谈，在座谈会上他特别指出：认真贯彻执行律师法律制度，依法维护律师执业权利，为律师创造良好的执业环境，是人民法院的重要职责。

最高人民法院院长周强强调：要紧紧依靠学术界和律师界携手建设司法。律师和法院对立，法律根本不可能健全。

浙江省高级人民法院院长齐奇曾任上海市高级人民法院党组副书记、副院长，他在上海工作时为推进构建法官与律师和谐关系做了大量工作，多次前往上海市律师协会调研。我们注意到他2009年3月在走访浙江省律师协会时有次发言，特别说道：法官和律师是法律职业共同体，通过我们的审判工作切实

保障律师依法执业。评估每个法官的司法能力、水平、职业道德、公信度如何？律师是最有发言权的人之一。律师们心里亮得很，他们心里最清楚这个法官怎么样，那个法官怎么样。

2013 年党的十八届三中全会决定则讲得非常明确：“完善律师执业权利保障机制和违法违规执业惩戒制度，加强职业道德建设，发挥律师在依法维护公民和法人合法权益方面的重要作用。”可见，只有充分保障律师执业权利，方能充分发挥律师作用。在此过程中，人民法院义不容辞，理应依法维护与保障之。

四、构建和谐的法官与律师间良性互动关系的建议

法官与律师，和谐则共荣，对立则两败；和谐应是共鸣的“主旋律”，“死磕”最多为偶尔发生的“跑调走音”。追求和谐，构建互动，实现良性，是法官与律师共同的工作目标。

一是互动的职业规范。作为一种职业与行业，法官与律师都有自己的职业操守、自己的职业规范。如果说两者相交最为重者，应该一是德，二是能。正可谓德才兼备、德艺双馨、德技俱佳。早在 2006 年有律所就做过问卷调查，关于“最欣赏的律师优点”，在被访法官中，有 46% 的法官选择“恪守职业道德”，而选择“法律专业娴熟”与“业务精深”的比例也达 41%；关于“最欣赏

的法官优点”，在被访律师中，有 42% 的律师选择“业务精深”，有 33% 的律师选择“刚直不阿”。因此，律师与法官的职业规范是相通的，因而也可以是互动的，不仅在制定与修订中互动，而且更在实施与操作中互动。职业规范的相通性与互动性，更为两者间的互动机制建立与完善提供了规则基础，也会使得这种互动更加规范、更加持续。正是志同道合，志不同道不合，怎相谋，如何动。

二是互动的规则制定。人民法院在制定司法解释或其他各种形式的审判规则时，应当制度性地安排律师全过程与全方位的参与。律师不仅是法院规则的被动遵守者，而且更应该是规则的参与制定者，从而成为规则的真正理解者、主动遵守者以及对当事人遵守规则的教育者与引导者。正可谓偏听则暗，兼听则明。律师也代表一些民意，表达百姓的诉求。即使攻其一点也自有其来自实践的理由支撑，虽不全面，但一定很独到，从而使得规则更完整、更完备、更完善。同样，律师行业的规则制定也需要法官的制度性参与，从宏观层面、从中间立场、从判例角度，避免偏颇，减少缺憾，使得律师行业规则更具有高度和前瞻性。

三是互动的资料交流。人民法院应当打破法院与法官的“神秘”，开放性地安排律协与律师参与法院材料共享。阳光是最好的防腐剂，路灯是最好的警察。公开，是解决一切问题的基础；唯有公开，方能实现公平与公正。在遵守保密法的前提下，法院公开资料，应包括林林总总的内部规则、内部资料，更包括案件的判决书甚至指导性案例的案卷。同理，律师行业的职业道德规范、业务资料及研究成果等，也同样向法院开放。这样的资料互动，将增加法官与律师的互信，提高律师的执业水平与专业能力，提升法官的办案水平与研究能力，真正实现法律职业共同体内的共享。

四是互动的业务培训。律师协会培训中最受律师欢迎的自然是法官的讲课，以案释法，实践性强，可操作性强，互动性强。同样，律师给法官讲课自然也非常独到、独特，常有一语惊人之作。不能互为师生，谈何职业共同？加强各级律师学院与法官学院的业务培训互动，自然具有很强的现实性、必要性与可行性。

五是互动的提示警示。法官与律师应当“对视”，这种“对视”其实是相互监督、相互提示、相互警示。我们应当做好“律师眼中的法官”与“法官眼中的律师”这两篇大文章。笔者在2008年担任上海市律师协会会长时，上海市第二中级人民法院就专门给上海市律师协会出了一份司法建议书，就“近年来受理的律师服务纠纷案逐年上升”“审理中发现一些亟待重视和解决的问题”作了专项统计分析，向上海市律师协会“通报有关情况”“提出司法建议”。该院时任院长沈志先亲自登门上海市律师协会，送上司法建议，并征询律师们对法院与法官的意见与建议，反响很大，效果极好，一时传为佳话。

六是互动的任职安排。法官辞职做律师显然不在此互动之列，不过也可考虑法院工作人员甚至是法官去律师协会挂职，增强对律师行业的了解，强化法院与律师协会的互动。在这个互动中更重要的是，推进建立从优秀律师中选拔法官的机制建设。2010年中共中央办公厅、国务院办公厅转发的《关于进一步加强和改进律师工作的意见》就特别提出，加大从律师中选拔法官、检察官力度。从优秀律师中选拔法官不仅具备律师方面的基础，而且也符合法院方面的需求。令人欣喜的是，此前出台的上海司法改革试点工作方案便包括从优秀律师中选拔或调任法官，无疑这是本次改革的最大亮点之一。建议法院与律师协会制定推荐优秀律师担任法官的办法，其中，要明确对优秀律师进行界定和认定的标准、条件、程序等，使得优秀律师担任法官有制度性的安排，并形成可复制、可推广的经验及模式。

七是互动的权利保障。从律师的角度，要充分尊重并配合人民法院和法官独立行使审判权，以事实为根据、以法律为准绳，提出维护当事人合法权益的代理或辩护意见；而对于个别法官违反法律侵害律师执业权益的行为，应当以正当的程序和形式反映诉求，救济权利。从法官的角度，依法维护律师执业权利，是人民法院的重要职责。目前在维护律师执业权利方面，刑辩律师尤重，法庭活动尤重。在这个过程中，我们不能回避目前时有发生、社会普遍关注、律师尤为重视的一些敏感问题，如法庭上律师拍照、录音、录像、发微博。最高人民法院有相关司法解释规定，在法庭审理过程中，诉讼参与人、旁听人员不得通过发送博客、微博等方式传播庭审情况，但经法院许可的新闻记者除外。其实在这里，避免“舆论审判”与监督司法应有一个动态的平衡，近几年一些国家司法新动向值得我们注意。如英国，其1981年的“藐视法庭法令”禁止法庭上摄像、拍照和录音，但2010年12月20日，英格兰和威尔士首席大法官伊格尔爵士公布了一个指导意见，称人们可以向法官申请在法庭上通过“不突兀的、安静的”手持设备，以“实时文字讯息”的方式发布微博，法官必须考虑这一申请是否会“干扰司法行政”，并根据每个案子的具体情况决定是否批准。英国媒体则称，这是一个划时代的决定。打开天窗说亮话，心底无私天地宽。公开是挑战，更是机遇，是法官树立司法权威的机遇，是律师展现执业才华的机遇。

八是互动的认知认可。相识，相知，相敬，相守，这是一个渐进的过程。培根说过：“法官与律师的关系不可太密，否则就难免有不公正之嫌。”过密易同流合污，过疏会反目成仇，互动有底线，互动有规矩，而相互认知、彼此认可是基础，可谓随心所欲而不逾矩。法官应畅谈“我的法官梦”，律师应唱响“我的律师梦”；法官与律师还应交流“我心中的律师”与“我心中的法官”，从而在互动中提高，在交流中共进，建设法治国家，维护公平正义。

（这是作者发表在2015年第1期《中国法律评论》上的文章，

原标题为《构建律师与法官之间的良性互动关系》，有删改）

㈡

司法体制改革

21

“专业化、国际化、智能化”世界一流金融法院，未来可期

首先热烈祝贺上海金融法院成立5周年！

基于自己的职业和专业，我和上海金融法院也算结下了不解之缘。

在2010年1月上海市政协十一届三次会议上，时任上海证监局局长张宁同志和我本人，以及时任国联安基金管理有限公司督察长谢荣兴等委员，提出了《关于进一步加强我市金融审判工作并适时建立金融法院的建议》这样一则政协提案。

2015年1月上海市政协十二届三次会议期间，由

我本人执笔、张宁等11位市政协委员参与联署，再次提交了《关于在上海设立金融法院的建议》的提案。

在2018年3月全国政协十三届一次会议上，我和上海东方财富董事长其实、上海外国语大学教授黄绮提交了《关于设立上海金融法院》的提案。

2018年3月28日，习近平总书记主持中央全面深化改革委员会第一次会议，其中就有审议通过设立上海金融法院方案的内容。可以说，经过8年政协委员们的不懈呼吁，特别是在从上海市高级人民法院到最高人民法院、从上海市委市政协到中央各部门的共同努力下，上海金融法院终告成立。

建院5年，我们大家始终关注着上海金融法院的每一步发展。

结合习近平总书记2018年在首届中国国际进口博览会上宣布“在上海证券交易所设立科创板并试点注册制”[1]，在2019年3月全国政协十三届二次会议上，我们提出《关于进一步加强金融法院建设，为科创板与注册制提供优质司法保障》的提案，建议对有关科创板注册制上市公司案件实行集中管辖。

在2021年3月全国政协十三届四次会议上，我们又提交了《关于加强金融法院建设，推进案件审判“三合一”》的提案，建议推进上海金融法院探索全面管辖金融民事、行政、刑事案件，

1 《共建创新包容的开放型世界经济——在首届中国国际进口博览会开幕式上的主旨演讲》，载中国共产党新闻网“习近平系列重要讲话数据库”2018年11月5日，http：//jhsjk.people.cn/article/30382600。

实现金融案件审判“三合一”机制建设。

2021年1月上海市政协十三届四次会议期间，我们2015年提交的提案即第十二届上海市政协第三次会议第876号提案《关于在上海设立金融法院的建议》获“优秀提案特别奖”。而此前2019年、2020年，我本人关于设立上海金融法院以及有关金融案件实施集中管辖的提案，连续两年获全国政协“好提案”奖。

我们欣慰并欣喜地看到，5年来上海金融法院成果卓著、成绩斐然、成就辉煌。可谓：服务大局显身手，创设规则立潮头，创新机制出精品，司法改革闯新路，队伍建设兴人才。正是：既“立功”，又“立言”，更“立德”。因此，引人赞叹、令人振奋、催人奋进。

上海金融法院5年成长之历程、成功之实践，是首家金融法院的创业史，是专门金融审判的创新史，是专业法官队伍的创造史。

站在新的历史起点上，期待上海金融法院承前启后、继往开来，勠力前行、再创佳绩，推进金融专门法院高质量发展行稳致远。

一是经典案例出不穷。

案例是司法活动的结果、结局、结晶，是法官心血的体现、智慧的表达、理念的反映。经典案例诉说的是法治故事、体现的是司法规律、彰显的是治理趋势。金融司法更是如此，为金融服务实体经济、防范金融领域风险、深化金融体制改革保驾护航，推波助澜，就必须通过一个又一个审判活动、透过一则又一则经典案例，来发挥金融法院审判职能，以提高审判质效、提升司法公信，更好服务保障国家金融战略实施和经济社会健康稳定运行。

二是通行规则行其道。

在上海国际金融中心新一轮发展背景下、于上海“五个中心”建设协调发展格局中，上海金融法院审判的案子，个案里不乏大案或者要案、新案乃至首案，通过科学研究、精心提炼、系统总结，形成规律性理念、达成趋势性认识，一方面成为法官传承的教案、社会法宣的文案，更重要的可以成为推进立法完善的法案。立法机构的法律法规、最高人民法院的司法解释以及国际审判仲裁规则应该更多地看到“上金条款”“金法法案”“上海规则”，以标本立标杆，以标杆树标准，这既是推进法治中国建设的“国之大治”，也是提升国际金融交易规则话语权的题中之义。

三是精英法官才辈出。

法院的主体是法官，一流法院的标志是精英法官。于专业角度，博大精深自在其中；于品格角度，敢于担当当数核心。一槌敲下，涉及生死存亡；一纸判决，贯穿天理人情；一席话语，关乎案结心结。敢于担当是品格，善于担当是智慧。在错综复杂、横岭侧峰、波诡云谲的局面中，去粗存精、慧眼识真，一语中的、一针见血；在规定不明、释法不清，甚至无法可依的情况下，抓住金融本质、回归经济常识，手起槌落、案结事决，努力做邹碧华式的公正为民好法官、敢于担当好干部。

四是国际窗口展形象。

营商环境的基础是法治环境，法治环境的基石是司法环境。窥上海金融法院金融审判窗口之一斑，可知上海乃至中国法治环境直至营商环境之全豹。上海金融法院担负着向世界讲好中国法院故事、中国法治故事、中国金融故事之重任。上海金融法院是国际交流的大使，上海金融法官为中国故事的讲者，乃义不容辞，更当仁不让。国际一流法官、世界一流法院，正是国际金融中心、国际经贸中心的必备和标配。

起笔是国际眼光，落笔为时代标杆，走笔成未来大计。“满眼生机转化钧，天工人巧日争新。”上海金融法院立志服务国家战略大局之千秋伟业，5 周年实属刚刚起步却又精彩开局，或者说实属完美起步、却又刚刚开局。“路漫漫其修远兮”，“任重而道远”。“专业化、国际化、智能化”世界一流金融法院，未来可期!

（这是作者 2023 年 7 月 18 日在上海金融法院
“金融专门法院高质量发展”座谈会上的发言）

22

为司法效率插上科技与制度的翅膀

一

众所周知，营商环境是指商事主体从事商业活动的各种境况和条件，是一个国家或地区有效开展商事交流、合作以及参与竞争的依托，体现了该国或地区的经济软实力。

2013 年党的十八届三中全会通过的《中共中央关于全面深化改革若干重大问题的决定》强调，建设法治化营商环境。习近平总书记曾指出：“法治化环境最能聚人聚财、最有利于发展。”[1]可见，法治环境是营商环境的重要组成部分。同时，司法环境又是法治环境的底线，司法效率则是这一底线的高度。早在21世纪伊始，时任最高人民法院院长的肖扬同志就提出：“公正与效率是新世纪人民法院工作的主题，为实现这一主题必须做好审判工作、队伍建设、法院改革三件大事。”[2]

商事主体在进行商业活动时，以高效和安全为价值目标，尤其是商业效率，堪称商事交易的核心要素。上海市长宁区是公认的上海商业最活跃的区域之一，位于其中的国家级开发区虹桥经济技术开发区又是上海最早、最成熟的现代化商务区之一。近年来伴随着互联网对生活的全方位渗入，涉网类民商事纠纷与案件多发频生。这些矛盾与案件具有明显特点，如个体、小额、人众、面广，又如即时、快速、多发、简单。如果继续以传统诉讼方式解决的话，带来的将是成本高、耗时长等问题。这些纠纷案件虽小，却照样挤占本来就非常有限的司法资源，无疑将激化法院“案多人少”的现实矛盾。

因此，对人民法院而言，要想通过法治环境建设吸引和促进商事交易的繁荣发展，就需要在处理商事纠纷时，能够具备并提供高效便捷的审理机制，以提升司法效率这一利器来优化

1 《习近平李克强张德江俞正声刘云山王岐山张高丽分别参加全国人大会议一些代表团审议》，载《人民日报》2016年3月8日，第1版。

2 肖扬：《公正与效率：新世纪人民法院的主题》，载《人民司法》2001年第1期。

营商环境。

提升司法效率可以从科技支撑与制度保障两方面来考虑，为司法效率插上科技与制度的翅膀。首先，“科学技术是第一生产力”，利用科学技术，特别是互联网大数据人工智能科技为支撑，革新并赋能于传统的司法审判方式，是提升司法效率的题中要义。其次，通过司法改革，利用制度设计，来保障互联网审判机制的规范与有效运行，为稳定提升司法效率和司法能力提供遵循、保驾护航。可见，互联网审判是小视角，司法效率与司法改革是大天地。

二

从国际经验来看，早在 2002 年，美国密歇根州即成立了美国第一个网络信息化环境下的法院，其拥有完全在互联网技术基础上运作的审判庭，更值得注意的是，该法院主要解决的恰恰就是高新技术公司之间的营商争议。由此可见，商事争议的解决与互联网技术的运用从发展之初就有着不解之缘。

从国内实践来看，2017 年 8 月 18 日，全国首家互联网法院——杭州互联网法院正式揭牌成立。一年后，北京互联网法院、广州互联网法院又相继成立，利用互联网技术的审判实践不断落地深入。上海市长宁区人民法院于 2018 年 1 月 2 日率先成立首家互联网审判庭，集中受理涉互联网民商事案件，围绕打造一支专任审判团队、开发一个专属在线平台、整合一套专门诉讼规则、推出一批精专案例、编辑一本专著的“五个专”工作目标，着力构建互联网纠纷集中审理的“长宁模式”，全面推进法治化营商环境建设，努力提升法治长宁核心竞争力。

最高人民法院曾明确指出：“互联网法院并非简单的‘互联网＋审判’，而是综合运用互联网新兴技术，推动审判流程再造和诉讼规则重塑，是对传统审判方式的一次革命性重构。”总结而言，利用互联网技术，审判方式可以实现以下革新：

一是实现包括庭审在内的全流程在线审理。案件从起诉、受理、送达，到调解、证据交换、庭前准备、庭审、宣判、送达等全部过程，都在线完成，当事人足不出户即可完成诉讼。

二是实现在线的信息和数据核实。依托诉讼平台数据导入机制，法院能够在线提取涉案信息、核实当事人身份，为当事人举证和法院调查、认证提供安全便捷的形式和渠道。

三是实现电子送达的广泛适用。法院可以利用互联网技术，通过中国审判流程信息公开网、诉讼平台、电子邮件、即时通讯账号等多种方式进行送达。

四是利用信息技术实现电子案卷的智能生成。法院可以充分利用语音识别技术实现笔录生成的电子化、同步化和智能化，还可以利用统一诉讼平台随案同步生成电子卷宗，进一步提升审判工作的自动化水平。

目前，互联网技术对司法领域的革新发展可谓成效显著。《人民法院报》报道的数据显示，杭州互联网法院从 2017 年 8 月 18 日正式挂牌到 2018 年 8 月 17 日的一年间，共受理涉互联网案件 12074 件、审结 10391 件；案件 100% 在线开庭审理，庭审平均用时 28 分钟，平均审理期限 38 天，相较于传统审理模式分别节约用时约 3/5 和 1/2；一审服判息诉率高达 99.1%。与此同时，上海市长宁区人民法院的探索亦卓有建树。2018 年 1 月到 9 月共受理涉互联网纠纷案件 1042 件，审结 864 件，其中判决结案 67 件，调解、撤诉结案 777 件，平均结案天数 27.98 天。

显然，利用互联网技术构建的审判新方式极大地压缩了案件审理的时间成本，提高了当事人参加诉讼的效率和便捷性，与此同时，案件的审理质量仍然保持在相当高的水平。应当说，商事交易所追求的效率目标正借由互联网技术的支撑在司法领域不断实现，互联网技术支撑下的司法审判亦充分回应了当今时代商事交易对于司法活动的新需求和新期待。

三

最高人民法院于2018年9月6日发布《关于互联网法院审理案件若干问题的规定》，确立了互联网审判的基本规则和基本制度，在完善线上证据规则、夯实审判基础，规范线上诉讼平台、注重数据安全等方面颇有亮点。

互联网技术对传统审判方式的革新，是“智慧法院”建设的核心内容。“智慧法院”中的“智慧”二字，不应纯粹地理解为技术，应该是基于理念、通过机制最终形成的一种能力。“智慧法院”建设离不开新技术的使用，但其核心目标应该是效率和公正，通过“提高效率、加强管理、有利监督、提升互动、提供便利、实现共享”的一系列制度建设，实现公平正义。

要完善加强管理的制度。互联网审判系统除了有利于“审案”，即有助于法官审判案件、让法官解放劳动力、专心办案外，还要有助于“管案”，即有助于法院管理案件，包括提高法律适用的统一性、通过对案件裁判偏离值的分析来验证案件审理的公正性等。

要强化有利监督的制度。可谓公开是良药、留痕利监督。同时应提升互动，司法活动主体多元，应提升诉讼参与方的互动，如充分发挥律师作为诉讼参与方、智慧共建者、数据共享人的作用，并更好地保障律师执业权利，而且互动本身也是监督，如此更有助于司法公正。

要加强提供便利的制度。为诉讼参与方提供参与诉讼的便利，尤其是对诉讼活动职业参与方的律师。“让信息多跑路，让律师少上门。”同时，提升互联网审判的“预案”功能，即有助于老百姓尤其是律师预判案件，提高其可预见性，减少其误判，有利于调解结案，案结事了。

要优化实现共享的制度。互联网审判探索的成果应体现开放性，让诉讼参与方、专家学者等共同分享、争相推广。上海市长宁区人民法院充分发挥集中审判的优势，在鲜活的审判实践中选择新类型、疑难复杂案件，造精品、推典型，发挥司法的教育引导功能，实现了“审理一案、规范一片”的目的。

对法院而言，互联网审判其实本身就是一个制度供给。这不纯粹是一个技术的应用，更是一种以需求为导向的制度和机制的提供，为此更应充分考虑诉讼参与方、法官、法院，以及政府、社会、市场等各方面的需求。要适应需求、满足需求，更重要的是要引领需求。正如习近平总书记所说，坚持“摸着石头过河”和顶层设计相结合，坚持问题导向和目标导向相统一，坚持试点先行和全面推进相促进。[1]

1 《习近平在庆祝改革开放40周年大会上的讲话（2018年12月18日）》，载《人民日报》2018年12月19日，第2版。

四

“水光潋滟晴方好，山色空蒙雨亦奇。”应该说，互联网审判这场精彩大戏才刚刚拉开大幕。“空山新雨后，天气晚来秋。”为司法效率插上科技和制度的翅膀，期待互联网审判在新的一年里创造令人刮目相看的新的更大奇迹！

（这是作者 2019 年 1 月 3 日在上海市长宁区人民法院“创新与探索：优化营商环境视阈下的互联网审判”研讨会上的发言）

23

审判流程公开：让阳光普照审判全过程

党的十八届三中全会通过的《中共中央关于全面深化改革若干重大问题的决定》指出："推进审判公开。"党的十八届四中全会通过的《中共中央关于全面推进依法治国若干重大问题的决定》进一步指出："构建开放、动态、透明、便民的阳光司法机制，推进审判公开……依法及时公开执法司法依据、程序、流程、结果和生效法律文书，杜绝暗箱操作。"

最高人民法院院长周强指出："深化司法公开，努力让人民群众感受到公平正义。健全审判流程、庭审活动、裁判文书、执行信息四大公开平台，进一步拓展司法公开的广度和深度，让人民群众看得见、感受到公平正义。完善审判流程公开，实现全国法院全覆盖、各类案件全覆盖，当事人可随时查询案件进展。”他进一步强调：“公开的范围越大、程度越深，可能公众提出的问题就越多。要利用倒逼机制，推进司法公开，促进司法公正。”

公开倒逼公正、公开促进公正，公开是公正的标配、公开是公正的必备，这就是我们常说的“看得见的正义”。2016 年 8 月 30 日，我代表全国律协参加了最高人民法院院长周强主持的“人民法院裁判文书公开工作座谈会”并作了“人民法院裁判文书公开之六议”的发言。2017 年 8 月 23 日，《人民日报》就中国裁判文书网总访问突破 100 亿次对我进行了采访，我记得这天的数据是：该网公开文书累计超过 3247 万篇，日均访问量 1729 万人次，单日最高访问量 500 万人次，超过 17.5 亿访问量来自海外，范围包括 210 个国家和地区。中国裁判文书网已成为当之无愧的、全球最大的裁判文书公开平台！

人民法院在互联网上公开生效裁判文书之举效果显著，有目共睹，点赞多多。如果说这是审判结果公开的话，而审判过程或者说形成审判结果的过程公开更有意义。让“阳光”照遍审判的全过程，落实司法公开，促进司法公正，提升司法公信，这也是强化推进以审判为中心的诉讼制度改革的重要举措与切实抓手。日前，最高人民法院发布《关于人民法院通过互联网公开审判流程信息的规定》（以下简称《规定》），可谓恰逢其时、恰到好处。**此为其一，为何公开？**

其二，对谁公开？审判流程信息是审判活动中的各个程序节点本身的信息及该节点形成的相关法律文书及信息，对其公开是保障当事人尤其是律师对审判工作知情权、参与权和监督权的重要体现。人民法院审判刑事、民事、行政、国家赔偿案件的流程信息，应当通过互联网向参加诉讼的当事人及其法定代理人、诉讼代理人、辩护人公开。这次《规定》的公开范围更广，特别明确："人民法院审判具有重大社会影响案件的流程信息，可以通过互联网或者其他方式向公众公开。"

其三，公开力度？审判流程信息属于司法信息的一部分，尤其在公开的对象一般限于当事人及其代理人和辩护人的情况下，遵守最大限度原则，应该明确不予公开的范围，即采用"负面清单"制度，对此，《规定》将不通过互联网公开的审判流程信息限缩在了"涉及国家秘密，以及法律、司法解释规定"的范围内，这样设计明确、具体，有可操作性，确保应当公开的审判流程信息全部公开。

其四，公开什么？除了人民法院应予正常公开的审判流程信息，应特别针对实践中当事人及其代理人、辩护人不易收到、最难获取的"重点"信息。例如，有关收案、立案、结案的信息；

有关审判组织信息；有关审判程序、审理期限、送达、上诉、抗诉、移送等信息。《规定》对以上内容进行了明确，可谓直达“重点”。

另外，律师们普遍反映，财产保全信息不知情就是一个常态、一个“痛点”。在目前的司法实践中，有些案件已经正式开庭进行实体审理，但立案时受理的财产保全，裁定未出、保全未做，连保全承办人亦未定，当事人无从了解保全信息。即使采取保全措施，有的法院除非当事人询问，法院往往不主动告知保全结果，当事人无从判断在何时申请续封，严重影响法院的后续工作。也有些案件因保全、执行标的物在外地，法院委托保全、执行后，案件就石沉大海，当事人无从了解案件被委托到何地法院、进度如何。还有些案件已经审结，财产保全也已解除，但为保全提供担保的财产（如房产）的查封却一直不解除。因此，《规定》有针对性地规定了保全、先予执行等流程信息的公开，可谓直击“痛点”。

还有就是笔录公开，律师们说复印笔录也是一大“难点”。对此，《规定》明确：“庭审、质证、证据交换、庭前会议、调查取证、勘验、询问、宣判等诉讼活动的笔录，应当通过互联网向当事人及其法定代理人、诉讼代理人、辩护人公开”，可谓直解“难点”。

其五，如何便利？审判流程信息公开应成为智慧法院建设的重要内容，充分利用大数据互联网人工智能，提高效率、便民利民。人民法院应当积极建设电子送达系统，为当事人及其诉讼代理人、辩护人接收诉讼文书提供便利。对于电子送达，既要防控安全风险，又要强化送达便利，可以采用分级标准。如借鉴德国民事诉讼法中的要求，送达传票时普通电子签名即可，送达裁判文书应当要有加重的电子签名。应该说，在充分研究与借鉴的基础上，《规定》明确了网络送达方式及生成送达回证、归入电子卷宗等要求。

“工欲善其事，必先利其器。”互联网技术是审判流程信息公开“事”之“器”，而审判流程信息公开工作本身又是司法公开甚至司法公正“事”之“器”。最高人民法院院长周强庄重且自信地承诺：要把中国的法院建设成世界上“最透明”的法院。让我们法律人，勠力同心、共建共享！

（这是作者2018年3月16日发表在微信公众号“最高人民法院”上的文章）

24

律师调解：引领、规范与保障

律师参与调解，是维护当事人合法权益、维护法律正确实施、维护社会公平正义的应尽职责，是作为社会主义法治工作队伍重要组成部分和社会主义法律服务队伍主力军的神圣使命。

最高人民法院、司法部《关于开展律师调解试点工作的意见》（以下简称《意见》），对律师参与调解、健全律师调解制度，提出了要求，提供了遵循，明确了路径，指明了方向。

一、依法性与合议性的衔接

《意见》明确指出要“坚持依法调解”的基本原则。律师调解工作应当依法进行，不得违反法律法规的禁止性规定，不得损害国家利益、社会公共利益和当事人及其他利害关系人的合法权益。在调解过程中，应当充分尊重当事人的意思表示，理解并确认当事人的合议。例如，调解程序终结当事人未达成调解协议的，如进入诉讼程序，除涉及国家利益、社会公共利益和他人合法权益的外，当事人无须对调解过程中已确认的无争议事实举证。

二、自愿性与强制性的对接

《意见》明确提出要“坚持平等自愿”的基本原则。律师开展调解工作，应当充分尊重各方当事人的意愿，尊重当事人对解决纠纷程序的选择权，保障其诉讼权利。而对于达成的和解协议，则应赋予其强制性的效力。例如，经律师调解工作室或律师调解中心调解达成的具有民事合同性质的协议，当事人可以向所在地基层人民法院申请确认其效力，人民法院应当依法确认调解协议效力。

三、中立性与规范性的坚守

《意见》要求律师调解应当保持中立，不得有偏向任何一方当事人的言行，维护调解结果的客观性、公正性和可接受性。尤为重要的是，应当推进调解规范性建设，强调保密原则，除当事人一致同意或法律另有规定的外，调解事项、调解过程、调解协议内容等一律不公开，不得泄露当事人的个人隐私或商业秘密。还应强调回避规定，律师调解员具有规定的回避情形的，当事人要求回避的，律师调解员应当回避；当事人没有要求回避的，律师调解员应当及时告知当事人并主动回避。

四、公益性与服务性的兼顾

律师参与调解工作，更多的是体现其社会责任，不以营利和盈利为目的，突出公益性、凸显奉献性。从管理与支持角度出发，则应建立科学的经费保障机制。例如，在律师事务所设立的调解工作室受理当事人直接申请调解纠纷的，可以按照有偿和低价的原则向双方当事人收取调解费，一方当事人同意全部负担的除外。再如，律师调解员调解法律援助案件的经费，由法律援助机构通过政府采购服务渠道予以解决。

五、常规性与创新性的结合

在人民法院设立律师调解工作室、在公共法律服务中心（站）设立律师调解工作室，是目前我国大调解格局中比较成熟的做法与举措。同时，《意见》明确了在律师协会设立律师调解中心、在律师事务所设立调解工作室这样的创新性举措。另外，在实践中有的律师事务所设立了“调解所”，独立对外开展调解工作，也取得了良好的社会效益，也可以支持试点，取得可复制可推广的经验和模式。

律师参与调解制度，是中国特色多元化纠纷解决体系的重要组成部分，不可或缺，不可替代。我们律师理应提高认识，提升格局，在《意见》的引领、规范与保障下，不负众望，再创佳绩！

（这是作者 2017 年 8 月 18 日发表在中国网上的文章，有删改）

25
一个律师眼中的司法改革

公正司法是维护社会公平正义的最后一道防线。全面推进依法治国，必须坚持司法公正。而司法改革的终极目标，正是司法公正，从而让人民群众在每一个司法案件中都感受到公平正义。

律师，是司法活动的参与者，是司法改革的见证者，更是司法改革成果的共享者。从律师的视角看司法改革，司法改革工作可谓蹄疾步稳，成果斐然，也可谓“深水”处处，“攻坚”不易，理应集思广益，坚韧前行。

亮点。从律师中选拔法官检察官，正是司法改革的一大亮点。笔者早在 2012 年上海“两会”期间，就提交一份“推进建立从优秀律师中选拔法官的机制建设”的提案，建议法院与律师协会共同制定推荐律师担任法官的细则。2015 年 4 月，上海市高级人民法院启动从律师中选拔法官的工作，一石激起千层浪。这一制度的创设，不仅打通了律师当法官当检察官的通路，更重要的是体现了共建法治工作队伍的认识与践行。

重点。司法责任制是司法改革的“牛鼻子”。让审理者裁判，由裁判者负责，建立突出法官检察官主体地位的办案责任制，对提高司法质量效率和公信力具有决定性影响，可谓司法改革的重中之重。

焦点。司法责任制的内容聚焦于以审判为中心的诉讼制度改革上。通过法庭审判的程序公正实现案件裁判的实体公正，保证庭审在查明事实、认定证据、保护诉权、公正裁判中发挥决定性作用，这是对司法行为的规律性认识，更必须在司法活动中得以贯彻。

难点。或许是员额制，因为其涉及“人”。这是法官检察官队伍最关心、最直接、最现实的利益问题，从“当法官”变成“不入额”，这不仅是身份的变化，更是人生的变幻，此类工作不可能不难。最高人民法院周强院长在 2017 年“两会”的最高人民法院工作报告中就指出：有法院在员额制改革中搞平均主义或论资排辈。而且在实践中，也有的法院庭长入额后，有委托办案、挂名办案、选择性办案等走形式、做样子的情形发生；

当然其承担大量管理工作，故办案数量与比例核定标准也不易；对此，业内业外也普遍关注。2017 年 4 月 18 日，最高人民法院出台《关于加强各级人民法院院长庭长办理案件工作的意见（试行）》，可见这一事项的难度、硬度和重要性。7 月 3 日，最高人民法院刚刚入额的首批 367 名法官举行宣誓活动，意味着最高人民法院法官入额工作的顺利完成，为全国法院法官员额制改革添上最浓墨重彩的一笔。

痛点。从律师角度理解，自然是律师执业权利的维护。从面上看，律师执业庭前的"老三难"即会见难、阅卷难、调查取证难有所改观，律师执业庭中的"新三难"即发问难、质证难、辩论难得以重视，律师执业始终的"不老不新又三难"即知情难、申请难、申诉难更受关注。对此，最高人民法院、最高人民检察院、公安部、国家安全部、司法部于 2015 年 9 月 16 日发布了《关于依法保障律师执业权利的规定》。2017 年 4 月 21 日，律师工作联席会议第一次会议在司法部召开。时任中央政法委副秘书长侍俊出席会议并讲话，司法部副部长、联席会议召集人熊选国主持会议。中央防范处理邪教办、最高人民法院、最高人民检察院、外交部、公安部、国家安全部、司法部、财政部、商务部、国家税务总局、中华全国律师协会等 11 个联席会议成员单位相关负责同志参加会议。

切入点。司法改革有一个切入点，那就是司法公开。借力倒逼，顺势而为，乘胜推进，可谓事半功倍，好评如潮。这也是全国“两会”上最高人民法院、最高人民检察院得票、得分屡创新高的重要原因之一。2016 年 8 月 31 日，最高人民法院发布了《关于人民法院在互联网公布裁判文书的规定》，目前也正在制定通过互联网公开审判流程信息的规定。人民法院着力打造审判流程、庭审活动、裁判文书、执行信息四大公开平台，使司法审判过程越来越透明，老百姓参与司法越来越便捷。截至 2017 年 7 月 11 日 10：30，裁判文书网公布了 3113 万多份裁判文书，访问量突破 93.73 亿人次，覆盖 220 多个国家和地区，成为全球最有影响力的裁判文书网。

由以上分析可见，司法改革**重点明确、焦点突出、亮点频频、痛点精准、切入点恰到好处**。不可否认的是，司法改革已经进入“攻坚区”“深水区”。2017 年 3 月 29 日召开的中央司法体制改革领导小组会议指出：当前，司法体制改革的大幕已经拉开，各项改革正积极推进，一些改革成效已经显现，但与预定目标还有差距，遇到的问题比预想的要复杂。随着改革的全面铺开、不断深入，各种问题也将不断暴露。专家表示，党的十八大以来的司法体制改革不是对现有体制的小修小补，而是目标明确、措施得力、有序推进的大变革。2017 年，深化司法体制改革迎来决战之年。积小胜为大胜，由点成线，连线为面，结线织网，从而形成一个体系，增强改革的系统性与协调性，正是当务之急。

笔者认为，应将司法改革置于全面推进依法治国的大背景中通盘考虑，应把律师体制改革放在司法改革的大变革中统筹推进，应把司法改革过程中形成的规律性认识通过修法固化成果并引领深化。

第一，增强协调性。

以案人矛盾即案多人少为例。上海市高级人民法院领导说过一组数字，2014 年、2015 年、2016 年上海法官人均年办案数为 138 件、187 件、206 件，据该院测算，在正常工作时间与条件下，一位法官年均办案的极限数为 134 件。另据报载，江苏 6000 名法官 2016 年办理 180 万件案子，人均 300 件，更创新高。而宁夏法官 2016 年人均结案 180 件，一名法官最多达 400 件；贵州法官同期人均结案也达到了 157 件。可以这样说，全国每一名入额法官，都在超负荷地工作着。应对法院案多人少的问题，需要综合施策。

例如，推进仲裁制度改革。党的十八届四中全会决定提出：完善仲裁制度，提高仲裁公信力。一方面法院要支持仲裁，如在财产保全、裁决执行、申请撤裁等方面，提高裁决的权威性与效力；另一方面推进《仲裁法》的修改，强化专业化而去行政化。

再如，培育商事调解组织。据“无讼”调研，全国法院民商事案件中合同纠纷达 60%。商事纠纷由商事组织调停，正是题中应有之义。当然这里也需要法院与商事调解组织对接，建立一整套委托调解制度。

又如，推进律师行业设立民商事调解机构。最高人民法院《关于人民法院进一步深化多元化纠纷解决机制改革的意见》中指出“探索建立律师调解工作室”。我们认为，甚至可以探索律师或律师事务所设立调解事务所，上海市闵行区的新闵律师事务所在这方面有创新，值得借鉴。在此过程中，赋予调解协议的效力需要法院甚至立法上予以重视并规范。在司法改革背景下，建立律师专业调解制度，律师作为中立第三方对双方当事人的矛盾纠纷主持调解，是完善多元化纠纷解决体系改革的新措施，也是律师自身职业发展的必然趋势。中华全国律师协会目前正在积极推进此项工作，打造专业、高效的律师调解服务平台，进一步拓展律师法律服务空间，必将为促进司法公正、维护社会和谐稳定发挥积极作用。

复如，推进智慧法院建设。从贵州省高级人民法院的实践来看，法院大数据审判系统其目的有三：一是“审案”，即有助于法官审判案子，用孙潮院长的话说就是“让法官解放劳动力”，“专心办案”；二是“管案”，即有助于法院管理案件，包括通过对案件裁判偏离值的分析来判断案件审理的公正性；三是“预案”，即有助于老百姓尤其是律师预判案子，提高可预见性，从而减少误判。建设智慧法院的目标是效率与公正，出发点是以人为本。智慧法院应该拥有以下功能：一是加强管理。还是一句老话，“制度加科技”，方可管住、管好。二是有力监督。可谓公开是良药、留痕利监督。三是提升互动。司法活动主体多元，应提升诉讼参与方的互动，而且互动本身也是监督，如此方有助于司法公正。四是提供便利。为诉讼参与方提供参与诉讼的便利，尤其是为诉讼活动职业参与方的律师。“让信息多跑路，让律师少上门。”五是实现共享。智慧法院建设的成果，应贯通公检法信息平台，并让诉讼参与方、专家学者、社会各界、行政机关等共同分享。六是提高效率。当然首先是提高法官、法院的工作效率。法官工作效率提高，提升的是司法效率，有助于司法公正。

第二，提升系统性。

以审判为中心的诉讼制度改革，既然是以审判为中心，那么整个诉讼便是一个有机的系统，有所谓建筑上的“四梁八柱”“勾心斗角”“千砖万瓦”。“前端”关注公安机关侦查行为，“后端”则重视生效裁判文书上网，而“全过程”又离不开律师的参与等，正是各司其职，不可替代，“一个也不能少”。

1. 强调律师作用。领导和专家在谈到及论述以审判为中心的诉讼制度改革时，总是有一句话，“公检法三机关相互配合、相互制约”。其实还应紧跟一句话：“充分发挥律师的辩护作用。”

2. 完善公安机关刑事执法制度。公安机关常被赋予“政法机关”的属性，而其作为行政执法机关还要遵守如政府信息公开的要求，更为重要的是，其作为刑事执法机关更具有启动刑事诉讼过程的功能。于是，这场以审判为中心的诉讼制度改革离不开公安机关的参与。例如，在公安机关“警务公开”工作中，在注重打击犯罪的同时，应注重人权保障。为此，应该关注律师执业权利的维护。如前文所述的会见难、阅卷难、取证难等九难，就公安机关职责范围，涉及对律师知情权、会见权、申请权等执业权利的维护与保障。例如，有关会见权，近一年多来，公安机关为改善律师会见做了不少工作，但“会见难”依然在某些地区某种程度上存在，甚至还出现了具有一定职业性的“号贩子”。公安机关应当建立和完善律师会见室，规范工作流程，方便律师办理会见事务。探索建立网络信息系统和律师服务平台，提高案件办理效率。看守所应当设立会见预约平台，采取网上预约、电话预约等方式为辩护律师会见提供便利，但不得以未预约会见为由拒绝安排辩护律师会见。看守所应当及时传递辩护律师同犯罪嫌疑人的往来信件。律师们也提出，可以研究并实行以邮件方式来实现“通信权”，技术上应该没有问题，关键是监管理念的转变。

3. 构建科学的检警关系。如审查起诉制度的完善。审查起诉是刑事诉讼承前启后的关键阶段，要完善补充侦查制度，建立人民检察院退回补充侦查引导和说理机制，规范补充侦查行为。

4. 保障审查逮捕阶段律师的辩护权。上海市黄浦区人民检察院的一份调研报告就指出："随着我国法治建设的不断深入，推进审查逮捕程序诉讼化已成为刑事诉讼改革的必然趋势。其中，提高律师在审查逮捕环节的参与度，保障犯罪嫌疑人辩护权落实到位，是推动审查逮捕程序向诉讼化方向发展的必然要求。虽然我国现行法律确立侦查阶段律师行使辩护权的法律地位，但由于缺少具体的运行制度和保障措施，造成目前律师参与审查逮捕程序的比例仍处于低位，法律援助难以介入，即使是最基本的法律帮助也难以有效提供，一定程度地影响了犯罪嫌疑人诉讼权益的保护。"因此，维护审查逮捕阶段律师的辩护权，是维护律师执业权利的重要内容，是人民检察院行使检察职能的必要部分，是司法机关维护人权的直接体现，是顺应以审判为中心的诉讼制度改革的客观要求，是发挥律师"三个维护"职能的集中表达。

5. 强化认罪认罚制度中的律师参与。2016 年 9 月，全国人民代表大会常务委员会授权最高人民法院、最高人民检察院在北京等 18 个城市开展了认罪认罚从宽制度试点工作，并将刑事速裁程序试点纳入其中。从试点反馈情况来看，实践中普遍存在律师参与程度有待提高、律师职能发挥还不充分以及办案人员对律师作用存在一定的认识偏差等问题。因此，切实保障律师辩护权是完善认罪认罚从宽制度亟须解决的问题。目前的规定是，值班律师的责任是为自愿认罪认罚而没有辩护人的犯罪嫌疑人、被告人“提供法律咨询、程序选择、申请变更强制措施等法律帮助”。律师们反映，科学界定“值班律师”的性质，并实现“值班律师”与犯罪嫌疑人、被告人的“辩护人”的衔接，才能真正发挥律师的功能。

6. 推进案件繁简分流。我国当前诉讼结构和审判资源配置并不匹配。专家指出，诉讼结构上存在“二八定律”，即 80% 是简单案件，20% 是疑难复杂案件。对于 80% 的简单案件，不能用 80% 的审判资源应对，否则就会导致资源的闲置和浪费；而 20% 的疑难复杂案件则需要投入更多的审判资源。最高人民法院已经出台实现“简案快审、繁案精审”指导意见，应进一步予以推进并切实执行。例如，绝大部分简单的刑事案件，被告人认罪认罚的，就可以适用简易程序，快审速判，提高效率。

7. 完善庭前会议制度。最高人民法院《关于全面推进以审判为中心的刑事诉讼制度改革的实施意见》中已具体规定了庭前会议的程序、内容、参与人等事项。从实践中来看，许多刑事诉讼律师反映，要进一步完善这一制度，尤其是庭前会议如何实现公开等问题，值得研究出台制度性安排。

8. 提高律师辩护率。有专家说，我国目前刑事案件的辩护率为 30%，但可能现实的情况远没有这个比例高。辩护率的提高有赖于两点：一是当事人愿意“请”，“有用”才行；二是律师愿意“干”，必须有“为”。除了保障律师的执业权利，还有就是要加强刑辩律师队伍建设，建立专业化、职业化的刑辩律师队伍，提升刑辩律师法律地位与专业属性。当然，立法上可以进一步完善，有专家就建议，判处有期徒刑10年以上的，应明确必须有辩护人参与。

9. 提升证人出庭比例。据专家统计，目前我国法院庭审证人出庭比例不足5%。证人出庭，体现审判的直接言词原则。应建立证人出庭保护机制、补助制度以及便利出庭安排。另外，全国政协委员施杰律师在2017年全国“两会”上建议：规定证人出庭的条件，按照普通证人、被害人、鉴定人、有专门知识的人和侦查人员等将证人进行分类，根据证人所属类别制定出不同的出庭标准和依据；推行视频作证，细化证人不出庭的处罚措施；细化立法中未予规定的出庭作证调查程序。

10. 增加当庭宣判比例。当庭宣判是庭审实质化的最重要体现之一，是证据出示在法庭、案件事实查明在法庭、控辩意见发表在法庭、裁判结果形成在法庭的自然与必然结果，也是司法效率的集中反映。最高人民法院《关于全面推进以审判为中心的刑事诉讼制度改革的实施意见》规定，适用速裁程序审理的案件，应当当庭宣判；适用简易程序审理的案件，一般应当当庭宣判；适用普通程序审理的案件，逐步提高当庭宣判率。

当然，有专家指出，要科学把握当庭宣判的案件范围，不能为了片面追求当庭宣判率而不加区分地对所有案件一律当庭宣判。要进一步规范定期宣判制度，对于案情重大复杂，无法当庭宣判的情形，要争取尽快宣判，避免因人为因素影响案件及时审结。

11. 推行审判流程信息公开。法院在互联网上公开生效裁判文书之举效果非常好，如果说这是审判结果的公开，则审判过程或者说形成审判结果的过程公开更有意义。让“阳光”照遍审判的全过程，这也是强化以审判为中心的重要举措与抓手。审判流程信息可以理解为审判活动中的各个程序结点本身的信息及该结点形成的相关法律文书及信息，对其公开是保障当事人尤其是律师对审判工作知情权、参与权和监督权的重要体现。律师们认为，应适用“最大限度公开”原则。广义的司法公开，是指除法律有明确规定的信息外，与审判有关的所有信息都应公开。我国《宪法》对公开审判作了原则性规定，即人民法院审理案件，除法律规定的特别情况外，一律公开进行。《人民法院组织法》《刑事诉讼法》则对不公开审理的案件作了具体规定，即人民法院审理案件，除涉及国家秘密或者个人隐私的案件、当事人申请不公开审理的涉及商业秘密案件、审判时被告人不满 18 周岁的案件以外，一律公开进行。《刑事诉讼法》还规定，经未成年被告人及其法定代理人同意，未成年被告人所在学校和未成年人保护组织可以派代表到场。换言之，除法律规定的前述三类以及未成年人案件的信息不予公开外，其他案件信息应以公开为原则。例如，律师们普遍反映，财产保全信息不知情就是一个常态。再如，复印笔录也是一大难题，应该明确：人民法院应当于诉讼相关活动结束后，及时向当事人及其诉讼代理人、辩护人公开在庭审、证据交换、庭前会议、询问、调查取证、勘验等诉讼活动中产生的笔录。

12. 加强法律文书的释法说理。特别是要充分引用律师的意见，并有针对性地回应。在司法实践中，有的判决书在事实查明和证据认定部分缺乏对律师意见的回应，有的判决书在裁判理由方面也缺乏对律师意见的说理回应。究其原因，是过于追求裁判的结果而忽略裁判文书的形成过程和说理过程，在一定程度上就导致裁判在事实认定上的不公开和在说理上的简约化。此外，裁判文书中有关律师的程序性事项也有缺失。

第三，实现法定化。

截至目前的司法改革可以说是探索了实践，积累了经验，形成不少可复制可推广的模式。据悉，目前《法官法》《检察官法》《人民法院组织法》《人民检察院组织法》《律师法》都在修订中，上述成果与模式值得以法律的形式予以巩固。

例如，《法官法》的修订。

在立法原则、对法官权利的规定、对法官义务的规定上进一步完善，并将法官的职业保障明确且具体地写入《法官法》。当然，本次修法除对具体条款进行修改与完善外，还应关注章节的内在逻辑与规范的体系完整。在针对静态的法官“主体”的规定基础上，在动态的法官“行为”方面亦应明确。可以考虑增设类似“法官的审判行为”一章，将“审理者裁判、裁判者负责”精神、“主审法官”的权责、释法说理要求、庭审及裁判文书公开职责等相关内容加以明确规定。

再如，《律师法》的修订。

除将保障律师的执业权利作为本次修法的重中之重之外，笔者认为，应进一步丰富律师执业权利的内涵、发挥律师执业权利的功能，更大限度地彰显并发挥律师在维护司法公正中的作用。例如，最近一次的全国政法工作会议上就指出：总结上海、四川等地实行律师调查令等做法，加大对律师依法权利保障力度。

早在 1998 年 12 月，上海市长宁区人民法院即开始试点推行律师向法院申请民事证据调查令制度。2000 年 4 月 14 日，上海市高级人民法院发布沪高法〔2000〕217 号《关于在上海法院经济审判中试行调查令的通知》，决定在上海法院经济审判中全面试行律师调查令，试行期为一年，并同时制定了《上海法院调查令实施规则（试行）》和《调查令样式》。2001 年 6 月 13 日，上海市高级人民法院发布了沪高法〔2001〕260 号《关于在上海法院民事诉讼中正式实施调查令的通知》与沪高法〔2001〕261号《关于上海法院在民事诉讼中正式实施调查令的函》，正式宣布从2001年6月13日起在上海市各级法院民事诉讼中正式实施调查令制度，并同时制定了《上海法院调查令实施规则》。在推行调查令制度的道路上，上海市迈出了“历史性”的第一步，旨在进一步强化当事人在民事诉讼中的举证责任，提高当事人依法举证的能力，确保人民法院在民事诉讼中居中裁判作用的发挥。《法治日报》也曾报道，重庆市高级人民法院自2016年7月试运行律师调查令制度以来，相关法院因律师申请共发出调查令909份，对律师收集证据产生了积极作用，绝大多数机关积极配合持有调查令的律师调查证据。

总结各地探索，可以将这一行之有效的制度提升到立法的层面，在修订《律师法》过程中予以规范，并相应在《民事诉讼法》中予以反映。

第一，明确律师调查令的法律地位。律师调查令目前尚处在地方层面自行探索的阶段，在国家法律层面缺乏明确的规定。虽然各地推行律师调查令取得了一些积极的成果，但由于各自规定不一样，难免会出现相互冲突之处，不利于该项制度的规范运行。故此，立法部门应将律师调查令制度纳入国家层面立法工作中，适时修改《律师法》及相关法律，在全国建立起统一的、规范的律师调查令制度。

第二，规范律师调查令运行程序。律师调查令的运行程序可分为：（1）申请。当事人及其代理律师在向被调查人调查收集证据遭到拒绝时，可以书面方式向法院提出调查申请。（2）审核与签发。人民法院接到申请后，应对申请人资格、申请的理由、所需调取的证据与本案的关系、被调查人是否掌握该证据材料以及有无提供或协助义务等进行审核，综合判定上述因素后决定是否签发调查令。（3）取证。调查令签发后，持令人调查取证，并严格按照调查令载明的内容进行调查取证，不能超越调查令记载的内容、范围进行调查取证。

第三，建立惩戒机制。律师调查令作为一项由法院签发给律师的法律文书，代表的是法院的形象和权威，如果在运行过程中不能得到被调查人的配合或者被持令律师滥用，无疑会侵害当事人的合法权益且有损法院形象，损害司法公信力，因此，有必要建立惩戒机制。比如，对于被调查人不配合调查的，应受到一定的惩罚；对于代理律师滥用律师调查令的，应建立“黑名单”库。另外，法院也有必要制定统一的律师调查令样式，增强调查令的权威性。

律师是社会主义法治工作队伍的重要成员，是司法工作不可或缺的参与一方。对于司法体制改革，律师不应是看客，也不应只是司法规则的被动遵守者，而应该成为司法改革的主动参与者、司法规则的参与制定方。中央领导同志历来重视司法体制改革中律师队伍的作用发挥，中央政法委在 2016 年 1 月邀请 12 名律师走进中央政法委机关，为司法体制改革工作出谋划策。中央政法委 2017 年 3 月就司法体制改革工作的阶段性总结及接下来的“攻坚”又邀请多名律师建言献策。2017 年 7 月 10 日，4 名律师参加了中央政法委召开的全国司法体制改革推进会的现场会议。律师战斗在司法活动第一线，也可谓“春江水暖鸭先知”。律师的参与将为司法体制改革的科学决策和顺利进行发挥不可替代的作用。

（这是作者发表在 2017 年第 8 期《中国律师》上的文章，有删改）

26

关注司改，建言修法

——《法官法》修订的思考与建议

目前，司法体制改革正展开“攻坚战”，进入“深水区”，《法官法》《检察官法》的修订也正在紧锣密鼓地进行。作为一名执业律师，笔者认为，律师行业应当关注并参与司法体制改革，重视且建言修法。以《法官法》的修订为例，就像《律师法》不仅是一部关乎律师的法律一样，《法官法》也不仅与法官相关，而且关乎法律职业共同体，关乎司法体制改革，关乎司法公平正义。

《法官法》的修订，当然要遵循宪法精神，而且要与正在同时修订的《人民法院组织法》协调，更重要的是，要固化当前司法改革的成果，并引领下一步的司法改革工作的深化。

在立法原则上，应当突出保障法官依法履行职责，并强调加强对法官的管理；在明确保障司法公正的同时，还应关切目前的人民群众颇为期待的司法效率问题。**保障履职、加强管理，司法公正、司法效率，如同车之两轮、鸟之双翼**，共同成为保障人民法院依法独立公正行使审判权的核心因素。

在对法官权利的规定上，要对目前司法体制改革中出现的新情况、新问题以及人民法院普遍存在的案多人少矛盾有所应对与解决。例如，《法官法》规定了法官拥有“履行法官职责应当具有的职权和工作条件”的权利，但现在法官们需要的不仅是一般的物质方面的工作条件，而且是包括专业辅助人员在内的审判团队。以上海为例，2014 年、2015 年、2016 年法官人均年办案数为 138 件、187 件、206 件，全国排第一。据上海市高级人民法院测算，在正常工作时间与条件下，一位法官年均办案的极限数为 134 件，而当为其再配备两名助理人员，则其可提升至 200 件。在此背景下，“审判团队”“辅助人员”的提供与保障，也应当是入额法官的重要权利。

在对**法官义务**的规定上，《法官法》规定了审判案件必须以事实为依据，以法律为准绳，秉公办案，不得徇私枉法。以传统的理解，“以事实为依据，以法律为准绳”更多针对的是法官在“实体”方面的要求，但当前社会更为关注的是，除“实体”的公正外，“程序”的合法同样重要，甚至更加重要。于是，在此强调法官办案中“程序合法”的义务要求，也可谓题中应有之义。另外，现行《法官法》还规定了法官在“维护国家利益、公共利益”时，要求其“维护自然人、法人和其他组织的合法权益”（此处为2001年修正的《法官法》，本文成文后，《法官法》经2017年9月修正、2019年4月修订）。在此，应当明确“维护当事人的合法权益”更为确切，法官在行使审判权力时对应的是作为诉讼参与人的“当事人”，而无论其为自然人、法人还是其他组织；否则，法官职权内不仅不能，且会引发社会公众对法官关心“案外”的遐想。

关于**从律师、法学专家中公开选拔法官**的政策安排，这是司法体制改革中的一大亮点，也是社会各界的一大关注点。对于这一改革成果，应在法律中予以肯定、固化，使之成为法律制度。在立法上，可以规定从符合条件的律师中公开选拔法官，并明确省级人民法院规定所符合的条件和所选拔的程序，在此过程中应该特别规定司法行政机关和律师协会对所选拔的对象拥有发言权。

关于**法官遴选委员会**，也是本次司法体制改革的重要成果，特别是在该委员会的组成上，具有社会化和专业化的特色，即有法学专家委员、律师委员等。这一社会化与专业化的构成特色应该入法，故可以明确规定遴选委员会的组成人员应当包括法学专家和执业律师等社会有关代表。

关于**法院院长、副院长、审委会委员等“法院领导”**，其任免权限与相关程序在现行《法官法》中有所规定。其实这些内容应该体现在《人民法院组织法》中，而《法官法》中倒应明确“法院领导”作为法官的办案义务，这也是司法改革实施员额制过程中“法院领导”入额引发法官们及社会各界人士的重点关注问题。例如，2017 年上海市高级人民法院工作报告中就特别回应：“院、庭长办案成为常态，全年院、庭长办案 14.14 万件，同比上升 20.4%，特别是承担审理了一批重大疑难复杂案件，发挥了引领作用。”

关于**法官的任职回避**，也是社会各界尤其是法律服务行业普遍关注的问题。对此最高人民法院专门发布过《关于对配偶子女从事律师职业的法院领导干部和审判执行岗位法官实行任职回避的规定》。如何更科学、更合理、更公平地规范上述问题，完全可以在本次《法官法》修订中予以明确。正常的理解，涉及的对象应该是“配偶、子女、父母”，而且是合伙律师事务所的合伙人或个人律师事务所的设立人，而不应是一般律师；有关的区域范围上，应该是法官的任职法院辖区，而不应范围不加限制；相关的案件范围应该是“作为案件当事人的代理人或辩护人”的诉讼案件，而不应包括非诉讼业务，等等。

将**法官的职业保障**明确且具体地写入《法官法》，应该是本次修法的重点。2016 年 7 月，中共中央办公厅、国务院办公厅印发《保护司法人员依法履行法定职责规定》，明确了：“法官、检察官依法办理案件不受行政机关、社会团体和个人的干涉，有权拒绝任何单位或者个人违反法定职责或者法定程序、有碍司法公正的要求。对任何单位或者个人干预司法活动、插手具体案件处理的情况，司法人员应当全面、如实记录。有关机关应当根据相关规定对干预司法活动和插手具体案件处理的相关责任人予以通报直至追究责任。”“任何单位或者个人不得要求法官、检察官从事超出法定职责范围的事务。人民法院、人民检察院有权拒绝任何单位或者个人安排法官、检察官从事超出法定职责范围事务的要求。”“法官、检察官依法履行法定职责受法律保护。非因法定事由，非经法定程序，不得将法官、检察官调离、免职、辞退或者作出降级、撤职等处分。”“法官、检察官非因故意违反法律、法规或者有重大过失导致错案并造成严重后果的，不承担错案责任。”以上相关规定，都可以写入《法官法》，予以明确。

没有救济的权利无疑是一纸空文。因此，法官的权利救济机制应当更加规范化、法定化。例如，法官权利受到侵害时，人民法院应当会同检察机关、公安机关等予以“组织维权”，而法官本身亦应拿起法律武器进行“个人维权”。另外，法官在被追究责任过程中，应该拥有申辩权、举证权、申请听证权、聘请律师权以及申请复议、提起申诉、提出控告等权利。而且相关的处分机构、听证机构、复议机构、接受并处理申诉机构、接受并处理控告机构等，都应具有相当的专业性、一定的社会性、必备的权威性。

当然，本次修法除了对具体条款进行修改与完善外，还应关注章节的内在逻辑与规范的体系完整。例如，现行《法官法》共 17 章，包括义务和权利、法官的条件、任免、任职回避、考核、培训、奖励、惩戒、工资保险福利、辞退辞职、退休、申诉控告等，总体而言是针对静态的法官“主体”的规定，但动态的法官“行为”在法律上是否应该界定、如何界定（包括如何与《人民法院组织法》协调）等，值得进一步斟酌。因此，可以考虑增设类似“法官的审判行为”一章，将“审理者裁判、裁判者负责”精神、“主审法官”的权责、“主审法官会议”（“专业法官会议”）运作、释法说理要求、庭审及裁判文书公开职责等相关内容加以明确，在协调《人民法院组织法》相关规定的前提下，系统反映法官行使审判权或审判权力运行机制的相关核心内容，使得对法官的保障更全面、对法官的管理更系统。

有句话说，“相信法律，从相信律师做起”。更重要的还有，“信仰法治，从信仰法官做起”。有一部好的《法官法》，这正是信仰法官的开始！这是法官的期待，也是法律人的期待，更是人民群众的期待。

（这是作者2017年3月21日在最高人民法院
关于《法官法》修改座谈会上的发言）

27
律师心目中的“智慧法院”

一

近一年多来，“智慧法院”是一个热词。首先值得我们研究的是什么叫作“智慧”。

搜索网络即可知：智慧，是生物所具有的基于神经器官（物质基础）的一种高级的综合能力，包括感知、知识、记忆、理解、联想、情感、逻辑、辨别、计算、分析、判断、文化、中庸、包容、决定。智慧让人可以深刻地理解人、事、物、社会、宇宙、过去、现在、将来，拥有思考、分析、探求真理的能力。智慧是由智力系统、知识系统、方法与技能系统、非智力系统、观念与思想系统、审美与评价系统等多个子系统构成的复杂系统。

由此可见，“智慧法院”，不只是关乎先进技术，而是基于创新理念、通过某种机制与制度，形成的一种综合化的、系统性的能力。

最高人民法院对“智慧法院”并未进行定义，但有许多描述性的语言表达。2016 年 3 月全国“两会”期间，最高人民法院院长周强在《最高人民法院工作报告》中指出：“加快建设‘智慧法院’。”“信息化是人民法院一场深刻的变革，要通过信息化实现审判执行全程留痕，规范司法行为，力争到 2017 年年底建成全面覆盖、移动互联、透明便民、安全可靠的智能化信息系统。完善司法公开三大平台和数据集中管理平台，加强大数据分析，统一裁判尺度，促进类案同判和量刑规范化。针对审判数据反映的问题，及时提出司法建议，促进社会治理。推进诉讼档案电子化、诉讼文书电子送达，解决调卷难、送达难等问题。”在 2016 年 11 月第三届世界互联网大会智慧法院暨网络法治论坛上，周强院长又说：“智慧法院建设将进一步提升司法效率，促进司法公正，推动网络法治，造福世界人民！”

从贵州省高级人民法院的实践来看，法院大数据审判系统目的有三：一是“审案”，即有助于法官审判案子，用孙潮院长的话说就是“让法官解放劳动力”，“专心办案”。二是“管案”，即有助于法院管理案件，包括通过对案件裁判偏离值的分析来判断案件审理的公正性。三是“预判案”，即有助于老百姓尤其是律师预判案子，提高可预见性，减少误判。

建设智慧法院的目标在于效率与公正，出发点是以人为本。智慧法院应该拥有以下功能：

一是加强管理。还是一句老话，“制度 + 科技”，方可管住、管好。二是有力监督。公开是良药、留痕利监督。三是提升互动。司法活动主体多元，应提升诉讼参与方的互动，而且互动本身也是监督，如此方有助于司法公正。四是提供便利。为诉讼参与方提供参与诉讼的便利，尤其是为诉讼活动职业参与方的律师。“让信息多跑路，让律师少上门。”五是实现共享。智慧法院建设的成果，不应由法院一家独享，而是要与诉讼参与方、专家学者等，共同分享。六是提高效率。当然首先是提高法官、法院的工作效率。上海市高级人民法院崔亚东院长就说过，上海法官人均办案，2014 年 138 件、2015 年 187 件、2016 年 206 件。在正常工作时间与条件下，一位法官年均审案极限是 134 件。通过智慧法院建设提高法官工作效率，当然是有利的、可行的。法官工作效率提高，提升的是司法效率，有助于司法公正。

可以这样说，今天智慧法院建设处在一个最好的时期。一是时代红利。“互联网 +”、“人工智能 +”，为建设智慧法院提供了一个难得的风口。二是改革契机。没有一个变革，比今天的司法体制改革这样来得如此迅猛，而这个扑面而来的司法体制改革为建设智慧法院提供了契机。正如专家所言，信息化和司法体制改革，如车之两轮，鸟之两翼，对推进法院工作可谓千载难逢。三是制度供给。对法院而言，智慧法院建设不纯粹是一个技术的安排，更是一种制度和机制的提供，必须以需求为导向，充分考虑法院、法官、政府、社会、诉讼参与方等各方面的需求，要适应需求、满足需求，更重要的是要引领需求。

二

在此，我想重点说一说律师的需求。律师作为诉讼参与方，应该为智慧共建者、数据共享人。2015 年 11 月，我专门对上海 50 名诉讼律师通过微信方式作了一个问卷调查。我问“你们心目中的智慧法院是一个什么样子”或者“智慧法院建设中如何体现律师参与诉讼的要求”。律师们说得非常好：

“我觉得，智慧法院关键是要在便利法院便利法官的同时，真正便利当事人、便利律师；数据法院关键是服务法院、服务法官的同时，如何服务社会、服务律师！”

“数据法院的目标之一应是透明法院。”

“智慧法院、数据法院建设可以而且应该充分发挥律师、律所、律协的参与作用，否则可能是孤芳自赏！”

“大数据、智慧等是手段，不是目的；大数据的价值基础是一个个鲜活的公正司法的个案；对律师而言，重要的是提供便捷和使用时的样本。”

“收集数据的目的，主要是指导基层工作人员公平、公正、平稳、有效、规范执法，让法院判决稳定、公开地指引社会行为。希望数据法院的建设能减少相互矛盾判决、畸重畸轻判决。更希望随着智慧法院建设的推进，能让律师参与其中，与法官成为真正的法律共同体，让他们有相似的法律思考基础，真正减少冲突，让判决成为律师的信仰，让判决真正成为公正、公平的最后一道防线。”

“希望数据法院、智慧法院的建设，能让法院的审判工作更高效、更阳光、更公正，让技术驱动法制变革，带给法律人和全体公民更多实惠。”

“改进律师进法院的验证系统，更快捷更方便；改进律师代理远程立案系统，及时立及时查；改进代理律师远程案件查档阅卷系统，数据化无纸化；改进案件审理期间代理律师与承办法官沟通送达系统，能沟通能反馈；改进执行程序中代理律师与承办法官的沟通与送达系统，能联系能反馈。”

“希望真的能够实现在自家（办公室）就能立案；能够自动掌握律师已有开庭时间并合理安排本案的开庭时间；能够实现远程开庭。”

“其实对律师来说，程序过程中，找到法官十分重要，而这个其实通过数字化是很容易实现的，但也有赖于使用者的重视，因此，监督机制也不可少。数字化表面看是技术的革新，但根本上，还是观念和习惯的革新。”

“智慧法院、数据法院着力点在于司法公开、司法权威、司法科学。从律师角度而言，智慧法院、数据法院宜进一步加强法律共同体中律师参与度的深化。具体而言，在内容层面扩大公开范围，首先应向律师公开法院内部掌握的裁判尺度，包括但不限于各种会议纪要、裁判精神等，同时，进一步公开和统一各级法院对相同和同类问题的法律适用标准；其次数据系统应向律师公开，方便律师快速查阅相应裁判文书和司法数据，不宜将律师排除在数据享用主体之外；最后对于法官就具体问题形成的案例分析、法律问题分析等文章，应允许律师学习；在价值层面上，律师不应作为裁判的相对方，而是参与方，利用已有裁判案例、数据等定夺案件，应当慎重、充分听取律师的不同意见，尤其是在法院针对同类问题进行研讨时，应最大限度地邀请律师参与讨论，并在作出具有指导性的结论前，宜充分考虑律师的意见；在智库人员建设方面，应提高律师人员的比例，不宜搞成法院与法学院的俱乐部。”

三

无疑，上海的智慧法院建设是走在全国司法战线前列的。“希望让律师的执业环境越来越好！”这句话是2014年12月9日11点45分，上海市高级人民法院邹碧华副院长微信朋友圈的留言。正是这天，上海法院律师服务平台上线试运行。

“通过使用，律师们惊喜地发现，平台提供了从案件材料递交、缴纳诉讼费到获取案号的‘一条龙’服务，实现了真正意义上的网上立案。此外，申请诉讼保全、调查令，甚至证据质证、调解等事务也都可以通过平台来完成。为确保各项程序在可视化下进行，平台还专门设置了网上评价功能，法官与律师可以进行双向评价，以实现相互监督。”“这个服务平台让律师感到了执业的幸福感，而这种幸福感，也会通过我们，传递给每一位案件当事人。这个平台，看似提高了律师的工作效率，其实是保障了律师的执业权利，从而最终维护了当事人的诉讼权利。”上述内容，是我作为“邹碧华先进事迹报告团”成员在有关报告中提到的，描述了上海智慧法院建设的现状。

我一直在想，智慧法院建设，从律师的角度而言，与其说是为律师提供便利，不如说是保障律师执业权利。

2015年9月16日，最高人民法院、最高人民检察院等发布《关于依法保障律师执业权利的规定》，对律师执业权作了具体描述。“人民法院、人民检察院、公安机关、国家安全机关、司法行政机关应当尊重律师，健全律师执业权利保障制度，依照《刑事诉讼法》、《民事诉讼法》、《行政诉讼法》及《律师法》的规定，在各自职责范围内依法保障律师知情权、申请权、申诉权，以及会见、阅卷、收集证据和发问、质证、辩论等方面的执业权利，不得阻碍律师依法履行辩护、代理职责，不得侵害律师合法权利。”正因如此，智慧法院建设应该以尊重、维护、保障律师的执业权利为出发点和归宿。

以律师参与诉讼的流程为样本分析，我们可以层层递进地看到至少有以下相关节点，需要在智慧法院建设中予以关注并解决。

（1）网上立案（如上海，目前确实有网上立案，但律师们普遍反映，立案相对较慢，常常没有回复的期限，有时虽然网上提交了材料但仍要线下递交。更便捷、更效率，应该成为网上立案的目标）。（2）联系法官。（3）实时知情（以上两点与律师知情权的保障有关。应通过这样的系统，在案子的每个时间节点，从程序角度，让律师充分知情。律师们常常举这样的例子：“能不能像顺丰快递一样，一旦下单，是否发货、物流在哪个环节，甚至上没上飞机、快递小哥的联系方式等，都能一目了然？”）。（4）文书提交。（5）网上阅卷。（6）关联推送，即关联案件的推送（输入当事人的名字，上海所有的法院对涉及该当事人的案件便一清二楚）。（7）案件排期。（8）远程开庭。（9）笔录共享（庭审笔录同时由律师共享）。（10）合议公开（公开合议庭的合议过程，解读法官自由心证的确定过程，增强裁判文书的说理性）。（11）文件公开（内部审判文件的公开，如法院相关审判会议纪要、审判精神等）。（12）文书公开（不仅是裁判文书的公开，同时可以通过裁判文书把控辩双方的意见充分地予以表达。甚至可以把起诉书、答辩状、代理意见，即控辩双方的相关文书，都予以公开）。（13）网上送达。（14）执行公开（现在上海法院有“执行案件大数据管理系统”，属于内网，可以考虑在一定的权限内向律师公开）。（15）异地互联（如异地保全、异地取证、异地执行等，予以打通、实现互联）。（16）上下联通（如上诉案子的材料移交，实现每个时间节点的实时知情，以提高效率、保障透明）。（17）网上评价（律师对审判人员及审判工作的评价、评判）。（18）全程监督（通过上述所有的互动、联通、留迹的过程，其实实现了律师对审判工作全程的、即时的监督）。

在整个过程中，每个案件应该有一个电子档案，实现一案一档，一案一码。律师凭密码参与、共享，既保障了公开透明，又体现了信息一定程度的保密。

四

2016 年上海“两会”前，时任上海市高级人民法院院长崔亚东专门到上海市政协交流工作，其中有关数据法院、智慧法院建设的描述，使智慧法院建设的内涵更加全面和精准了。他说："推进'数据法院''智慧法院'建设，提升法院现代化水平。""大力实施大数据战略，推进具有标准化、数字化、实时化、价值化特征的'数据法院''智慧法院'建设，通过对司法大数据的深度挖掘和应用，发挥好信息化服务司法审判、服务司法改革、服务法院管理、服从群众诉讼、服务司法决策的重要作用，促进审判体系和审判能力现代化。"

2015 年年底，上海市第一中级人民法院举办"大数据、人工智能与智慧法院建设"研讨会，院长陈立斌介绍说：上海市第一中级人民法院目前基本实现了法院信息化建设的"四全""六化"，即执法办案"全程留痕、全程可视、全程监督、全程公开"；法官办案智能化、司法公开常态化、司法为民便捷化、司法决策科学化、法院管理可视化、司法监督系统化。

2016 年 7 月，中共中央办公厅、国务院办公厅印发了《国家信息化发展战略纲要》，将建设智慧法院列入"国家信息化发展战略"。现在是建设智慧法院最好的时机。"春色满园关不住，一枝红杏出墙来"，通过法律人的共同智慧，打造更加智慧的智慧法院。

（这是作者发表在 2017 年第 5 期《中国律师》上的文章，有删改）

28
人民法院裁判文书公开之六议

党的十八届三中全会通过的《中共中央关于全面深化改革若干重大问题的决定》指出：“推进审判公开……增强法律文书说理性，推动公开法院生效裁判文书。”党的十八届四中全会通过的《中共中央关于全面推进依法治国若干重大问题的决定》进一步指出：“构建开放、动态、透明、便民的阳光司法机制，推进审判公开……依法及时公开执法司法依据、程序、流程、结果和生效法律文书，杜绝暗箱操作。加强法律文书释法说理，建立生效法律文书统一上网和公开查询制度。”

一、为何公开

为什么要公开人民法院裁判文书？非常明确，这是司法公开、审判公开的核心内容，是落实党的十八届三中、四中全会决定的重要举措。

首先，**公开倒逼专业。**裁判文书是人民法院审判活动、裁判理由、裁判依据和裁判结果的最重要载体，是法官价值取向、法律素养、文字功底的集中反映。陶渊明有言：“奇文共欣赏，疑义相与析。”众目睽睽之下，作者岂敢草率了事，于法官而言，也必然活动规范、理由充分、依据充足、结果正当，从而追求精致，体现专业。

其次，**公开发挥监督。**我国《宪法》规定：“人民法院审理案件，除法律规定的特别情况外，一律公开进行。”从这一角度，公开是法院的义务、知情是公民的权利。裁判文书公开，保障了公民的知情权，进而公民可以行使参与权、表达权，更重要的是可以行使监督权。“打开天窗”，才能“说亮话”；“暗箱操作”，如何来监督？

再次，**公开推进廉洁。**阳光是最好的防腐剂，路灯是最好的警察。“全民目击”之下，裁判者在法律文书上体现的不只是字里行间的专业，更是彻头彻尾的廉洁。《论语》中子曰：“片言可以折狱者，其由也与？”孔子说子路仅靠“片言”便“可以折狱”，其实表达的是子路为人诚实直率，别人不愿欺他罢了。

如果说子路是靠内心的足够强大使人信服，那么今天更多的裁判者除了修炼内心，还要靠公开的制度、环境与外力实现清廉公正。

最后，**公开促进公正**。在公众的监督之下，裁判者既专业又廉洁，作出的裁决不公正都难。通过公开，“让地球人都知道”，法官的自由裁量权在法律的“笼子里”有序运行。周强院长说：“公开的范围越大、程度越深，可能公众提出的问题就越多。要利用倒逼机制，推进司法公开，促进司法公正。”正可谓公开倒逼公正，公开促进公正；也可以说，公开是公正的标配，公开是公正的必备。其实，这就是我们常说的“看得见的正义”。

二、公开什么

党的十八届四中全会决定说，公开“生效法律文书”。对人民法院而言，公开的是“生效的裁判文书”。如果把司法活动比喻为一个“生产过程”，那最终的裁判文书就是一个“产品”。产品，总是要符合标准、保质保量。

在这里值得关注的是，首先是**“生效”**的文书。一般情况下，生效的裁判文书是经过一审、二审两道“工序”的。于是，这份生效的裁判文书应该对一审、二审的审理过程作出详尽的描述，尤其是对上诉的事实与理由是否得到认可的依据和理由进行充分的论证和表达。

其次是**“释法说理”**的文书。党的十八届三中全会决定要“增强法律文书说理性”，党的十八届四中全会决定要“加强法律文书释法说理”。实践中，我们过去常看到的是，裁判文书中“述”多“论”少，而体现裁判者功夫的，更多的是“论”。毕竟，“论”体现的是专业性更强的心理思维活动和创造性的文字表述能力。释法说理体现法律依据、表达思维逻辑，是认定事实与作出结论的纽带与桥梁，是专业性的反映，是理论性的彰显。

再次是反映**“‘控’‘辩’‘审’三方活动”**的文书。以刑事审判为例，“控”“辩”“审”三方缺一不可，控方层层推进、步步为营，辩方“在案件细节上较真”，“在诉讼环节上挑毛病”，“在起诉书和判决书字里行间发现漏洞”，审理者居中查实、综合考证、据实判定，从而实现司法精确、公正。因此，裁判文书要真实、准确、完整地记录这一过程，特别是要充分引用律师的意见，并有针对性地回应。在司法实践中，有的判决书在事实查明和证据认定部分缺乏对律师意见的回应。例如，未对律师提出异议的证据说明认证的依据和理由，忽略了律师举证、质证、认证的过程，存在只注重对证据内容的列举、忽视对律师质证意见的回应情况。有的判决书在裁判理由方面也缺乏对律师意见的说理回应。有的法官会在内部的案件审理报告中详细说明裁判理由，而在裁判文书中抽象概括裁判理由，仅在辩驳意见部分简单回应律师主张，在“本院认为”部分也只对相关认定作出简单说明。究其原因，是由于过于追求裁判的结果而忽略裁判文书的形成过程和说理过程，这在一定程度上导致裁判在事实认定上的不公开和在说理上的简约化。另外，裁判文书中有关律师的程序性事项缺失。比如，律师申请庭前会议的过程及法官决定，律师提出非法证据排除的申请及非法证据排除程序的具体过程和结果，律师提出证人出庭的申请及法官同意或者驳回的理由等。可以说，是否回应、如何回应，不仅是法官专业水平如何的体现，而且是是否尊重并维护律师执业权益的反映。通过公开裁判文书，实现控方意见公开、辩方意见公开，从而增强“控”“辩”“审”三方的互信，提高法官、检察官和律师的执业水平和专业能力，实现法治工作队伍相互促进、共同提高，“比学赶帮超”效应得以显现。

最后，公开的是**“注重维护公民隐私和个人信息安全”**的文书。对此，最高人民法院《关于人民法院在互联网公布裁判文书的规定》第4条明确规定，人民法院作出的裁判文书有下列情形之一的，不在互联网公布：（1）涉及国家秘密的；（2）未成年人犯罪的；（3）以调解方式结案或者确认人民调解协议效力的，但为保护国家利益、社会公共利益、他人合法权益确有必要公开的除外；（4）离婚诉讼或者涉及未成年子女抚养、监护的；（5）人民法院认为不宜在互联网公布的其他情形。

同时在第6条、第7条作了进一步安排。当然，实践中不乏当事人基于中国人固有的“打官司不是什么好事”的心理状态对诉讼事项羞于启齿反对裁判文书公开。其实这样的心态也好，可以促使当事者信守合同，或者干脆选择“多元化纠纷解决机制”，毕竟调解文书、仲裁文书确是不用上网的！从这一角度，裁判文书公开也客观上促进了“多元化纠纷解决机制”的成熟与完善。

三、何时公开

党的十八届三中全会决定对生效法律文书公开用了“及时”二字。最高人民法院《关于人民法院在互联网公布裁判文书的规定》则明确要求：裁判文书生效后7个工作日内必须在互联网公布。

经向我们的诉讼律师们了解，事实上许多判决书在生效后并未及时上网，有的还是“犹抱琵琶半遮面”迟迟未予公开。经打听，盖与法院案多人少、法官日理多案有关。但人民法院一言既出，则应说到做到。因此，应该让法官“案结即公开”成为工作习惯，并在制度上将“上网公开”纳入工作流程。

法官说，判决书“出了”，案便结了；庭长和审判管理办公室说，判决书“归档了”，案便结了。能不能把判决书“上网公开了”，作为法院结案的标准呢？或许这样，用不着7天，便赫然见判决书在网。

四、怎么公开

党的十八届四中全会决定“建立生效法律文书统一上网和公开查询制度”。统一上网的主体是人民法院，公开查询的主体是社会公众。如果从这一角度理解，人民法院将裁判文书统一上网，是为了便于社会公众公开查询，于是，统一上网是工作要求、是手段，公开查询是工作目的、是效果。因此，统一上网应以方便公开查询为目标。

在此语境下，裁判文书不是“一上”了之，而应坚持服务至上、用户导向。海量的裁判文书为建立司法裁判大数据库提供了巨大的空间，但放错地方的资源可能成为垃圾，无法发掘的资源也不能实现利用。常上网查询的律师建议，应进一步优化关键词检索系统，让检索更便捷、让目标更精准，如按照以案由为主要索引、配置以相关关键词的方法进行。而所谓案由，正是案件当事人权利义务的种类，也可以说是案件关联性、可比性最强的要素。因此，应当以需求为导向，进行供给侧结构性改革，进一步提升技术手段，让机器更“聪明”。这样，“上网”的功能和“公开”的作用才能淋漓尽致地发挥出来。最高人民法院周强院长说，“全国3000多个法院的裁判文书将集中传送到统一的网络平台公布，这是一项史无前例的浩大工程”。这一工程是阳光工程、民心工程、法治工程，应该让人民群众能有更便捷可得的“获得感”。

五、如何评论

公众对司法工作的参与权与监督权应包含其对生效裁判的评论权，而裁判文书公开无疑使得这一权利变得更有把手和靶向，尤其是在今天的互联网环境和自媒体时代。党的十八届四中全会决定“司法机关要及时回应社会关切”，放在这里也颇有针对性；而该决定要求的“对不服司法机关生效裁判、决定的申诉，逐步实行由律师代理制度”，显然也为“案结事不了”的问题铺设了一条法治轨道。“回应关切”机制和“律师代理”制度在裁判文书大公开背景下更显重要和必要。

当然，这里的评论针对的是“生效”后的裁判文书，而对于“审前”“判后”“未生效”等情形，是不是应该由人民法院规范一下相关秩序呢？正如党的十八届四中全会决定所言，“规范媒体对案件的报道，防止舆论影响司法公正”。

例如，“审前”的新闻媒体的公开报道，特别是级别较高的新闻媒体的公开报道，如有不当，对公众的误导性较强，甚至让公众产生较大的逆反情形，适得其反，弊大于利甚至有弊无利。

又如，法律专家学者、律师等专业人士对裁判文书的评价，不仅是对已生效的，而且是对未生效的，都应依法、客观、理性、谨慎。全国律协制定的《律师执业行为规范（试行）》中，就有关于律师不得从事，或者协助、诱使他人从事“具有恶劣社会影响的行为”“妨碍国家司法、行政机关依法行使职权的行为”等要求，从“谨慎司法评论”角度，我们正在进一步完善规则。

周强院长说，“要将公众通过平台提出的意见建议作为人民法院加强审判管理的重要依据，最大限度地发挥司法公开三大平台的功能作用”。在此要求下，平台不仅要设置回馈功能，而且要对此回馈以回应。这种互动本身，既是法院延伸服务为民，也是宣传法治精神、树立法院权威。当然，这种回应不应是由办案人员简单地回复，而是应由法院专业部门汇总、梳理公众提出的争议较大的、较为集中的一类问题和典型建议，定期在网上公开回应、坐台答疑。

六、怎样共享

生效裁判文书反映的是“个案”，其中却不乏“大案”和“要案”，专家可以以此为“文案”、教授可以提炼为“教案”，人大代表、政协委员也可从中发掘成提案、议案，而其中萃取的司法规律和法治理念甚至能成为“法案”。正如大数据体现的是数字、数字反映的是规律、规律昭示的是趋势；大数据是财富，是取之不尽、用之不竭的宝藏。

日前在贵州省高级人民法院学习交流，孙潮院长向我们展示了该法院“大数据办案系统”，该系统以大量的生效判决书为基础，汇总、梳理、提取规律性认识，形成可识别、可判定的系统性机制，可以为法官审理案件提供支持、为法院管理案件提供帮助、为社会特别是律师预判案件提供参考，具有相当的创新性与实用性，值得关注并推进，以形成可复制可推广的经验甚至模式。

同时，人民法院可以与高校及研究机构合作，组建裁判文书研究基地，推进法律适用统一、探索司法运行规律、提取法律完善建议。可以与律师协会等机构合作，委托律师协会作为独立第三方对裁判文书进行评估，并以此作为对人民法院工作评估的重要内容之一。可以与司法行政机关、律师协会合作，推出对诉讼律师的评价机制和体系。诉讼律师好不好、强不强，不是自己说了算，而是裁判文书说了算。可以与国家征信机构合作，不仅使背信当事人在更大范围内更大程度上“曝光”，而且将其背信因素予以留痕、存档，为社会诚信体系建设添砖加瓦。邹碧华同志在上海市高级人民法院打造的“律师服务平台”，就有这样一个功能：“关联案件自动推送功能”。该功能将同一当事人在上海法院系统涉及的案件制作一份清单推送给律师，以帮助律师识别恶意诉讼情况。

生效裁判文书公开既是工作，更是事业；既是理念，更是实践；既是人民法院分内职责，更是人民群众法定权益。法律工作者都应有这样的共识并知行合一、共同努力。

（这是作者2016年8月30日在最高人民法院“裁判文书公开座谈会”上的发言，有删改）

29

充分发挥律师在深化多元化纠纷解决机制改革中的作用

2016年6月28日，最高人民法院发布《关于人民法院进一步深化多元化纠纷解决机制改革的意见》（以下简称《多元纠纷解决意见》）。《多元纠纷解决意见》开宗明义指出："深入推进多元化纠纷解决机制改革，是人民法院深化司法改革、实现司法为民公正司法的重要举措。"从律师角度而言，积极参与多元化纠纷解决机制改革正是律师行业深化律师制度改革、服务法治中国建设的重要举措！

一、律师参与多元化纠纷解决机制改革，是由律师的本质属性决定的，职责所在，义不容辞

律师制度是我国社会主义法律制度的重要组成部分。在我国，律师职业不仅具有政治性、人民性，而且具有法律性、社会性，还具有服务性、经济性。

律师参与多元化纠纷解决机制的改革，通过为当事人提供优质法律服务，化解矛盾、解决纠纷，实现经济发展、政治清明、文化昌盛、社会公正、生态良好，是由上述律师的本质属性所决定的，是中国律师的神圣职责，是律师制度本身应有之义。

二、律师参与多元化纠纷解决机制改革，具有天然的职业优势，不可或缺，当仁不让

首先，律师职业具有相当的独立性。《律师法》明确规定：律师“是指依法取得律师执业证书，接受委托或者指定，为当事人提供法律服务的执业人员”；“律师执业必须以事实为根据、以法律为准绳”。用最通俗的话说，律师不是“官”，是“民”、是“社会人士”，是基于委托或指定为当事人提供法律服务的执业人员；用最直白的语言表达，律师没有“上级”，是依据法律独立行使执业权利的“专业人士”。律师只服从事实、唯听命法律，以事实为“上级”，以法律为“神圣”！律师今天

可能在法庭上慷慨陈词，明天又可能在谈判席边唇枪舌剑。律师行使执业权尽是为了自己的当事人合法权利的维护，而他的当事人又是不特定的，他可以依法接受任何一个主体的委托或指定。这种独立性，使得律师在处理纠纷过程中容易置身事外，避免利益冲突，从而利于矛盾解决。

其次，律师职业具有特别的专业性。毋庸置疑，律师是法律专业人士，拥有法律素养，具有专业技能，而其特别之处就在于，律师既给原告方当过代理人，也给被告方提供过服务，不是只知其一不知其二，而是能够因深谙对方所思所想而反戈一击，而且许多律师又有担任仲裁员居中裁判的经历，因此，律师的调停工作既能察一方之言，也能观另一方之色，直奔主题，一语中的，容易使双方心服口服，案结事了。这种特别的专业性，是化繁为简、化干戈为玉帛不可缺少的职业素质，使得律师队伍能够成为调解大军的“先锋队”和“生力军”。

再次，律师职业具有特殊的行业性。《律师法》明确规定，律师协会是律师的自律性组织，律师、律师事务所应当加入所在地的地方律师协会。加入地方律师协会的律师、律师事务所，同时是全国律师协会的会员。由此可见，律师不是散兵游勇，各自为政，而是一个有组织、有纪律的队伍。**律师执业有规矩。**全国律协有“基本法”即《中华全国律师协会章程》，有“民法典”即《律师执业行为规范（试行）》，有“刑法典”即《律师协会会员违规行为处分规则（试行）》，可谓有“法”可依、有“法”必依、执“法”必严、违“法”必究。**律师维权有保障。**《律师法》是维护律师执业权利的基本法，2015 年 9 月最高人民法院、最高人民检察院等专门发布《关于依法保障律师执业权利的规定》，律师协会在维护律师权利方面必须“举旗”。**律师培训有“娘家”。**律师职业是一个永续学习的职业，只有这样才能处理与时俱进的新问题、化解错综复杂的新矛盾，律师协会作为“律师之家”，始终为律师的专业化水平提高提供学习机会和培训平台。

最后，律师职业具有本质的人民性。律师是服务业，是专业服务业，但不能唯利是图、不择手段。中国律师执业具有人民性、公益性。众所周知，新中国成立后，我们党就探索建立人民律师制度。1950 年刘少奇同志便指出，旧的律师制度主要是为资产阶级服务的，旧的律师专以个人的金钱收入为主要目的，我们要建设新的、为大多数人民服务的人民律师制度。人民律师的宗旨是为人民群众服务。邓小平同志早就指出，中国搞现代化建设要有 30 万律师。中国搞现代化的目的在于全面建成小康社会，让人民群众安康幸福。在现代化的进程中，人民群众的法律服务的需求日益增长，“有问题，找律师”成为一种社会常态。随着律师事业的发展，一大批优秀的人民律师涌现出来，正如全国律师工作会议所言：“实践证明，我国律师队伍是一支党和人民可以信赖的队伍。”

三、律师参与多元化纠纷解决机制改革，已经有广阔天地与制度安排，大有可为，大有作为

《多元纠纷解决意见》明确指出要“推动律师调解制度建设”。有专家指出：“律师调解是指律师作为中立第三方的调解员，协助纠纷双方当事人自愿协商达成协议的一种调解活动。在实务中，律师参与调解的方式有两种，一是以一方当事人代理人的身份参与纠纷的调解，二是以调解员的身份主持纠纷的调解。律师作为法律共同体中的重要一员，可以在多元化纠纷解决机制改革中发挥应有作用，能够成为多元纠纷解决机制中的一支力量。”

在律师执业实践中，律师作为客户的法律顾问，在谈判、签约过程中，提供专业法律服务，这是从源头上为减少甚至消灭纠纷扫清隐患；而且律师总是从“最坏之处”来考虑，于是为矛盾发生预约解决方式，而如果约定调解与仲裁，正是在为《多元纠纷解决意见》所述“加强与人民调解组织的对接”“加强与商事调解组织、行业调解组织的对接”“加强与仲裁机构的对接”提供“对接”之口。当然，商场千变万化，客户利益多元，纠纷与矛盾也在所难免。而如果进入诉讼环节，如《多元纠纷解决意见》在“明确平台职责”部分所说，律师作为代理人又可以引导当事人选择非诉讼方式解决纠纷，尽量实现“对立”进法院、“携手”出法庭。可见，律师作为客户或当事人的法

律顾问或代理人，其隐患“清扫机”、摩擦“润滑剂”、走出困境“引路人”、解决矛盾“说服者”的角色是重要的、关键的。

当然，“推进律师调解制度建设”过程中，更重要的是发挥律师作为调解员居中参与调解、化解纠纷的功能与作用。对此，《多元纠纷解决意见》作了明确、具体的制度安排。例如，人民法院加强与司法行政机关、律师协会、律师事务所以及法律援助中心沟通联系，“吸纳律师加入人民法院特邀调解员名册”。在这一制度下,律师作为特邀调解员,具有一定的“公务性”和“准司法性”，对其职业操守与专业素质提出了更高要求，而且应强调并完善律师协会作为行业自律组织对律师调解员的推荐程序。

再如，人民法院加强与司法行政机关、律师协会等沟通联系，“探索建立律师调解工作室”。在这一制度下，应进一步明确建立律师调解工作室的主体，可以为协会、法援中心，最好为律师事务所。而在这一过程中，人民法院的支持与保障又必不可少，因为律师调解工作室要有“案源”，也因为调解协议需要“执行”。

又如，《多元纠纷解决意见》规定，“支持律师加入各类调解组织担任调解员，或者在律师事务所设置律师调解员，充分发挥律师专业化、职业化优势”。在这一制度下，要加强对律师调解员的培养与管理。应由律师协会对律师调解员进行“上岗”及“岗上”培训，其中也可以请“五老人员”（老党员、老干部、老教师、老知识分子、老政法干警）以及心理咨询师与律师调解员交流心得，互学互帮。也应由司法行政机关和律师协会对律师调解员建立档案，跟踪考核，定期评价，加强宣传，树立调解“示范岗”、推出“明星调解员”，并总结提炼可推广可复制的律师调解员工作模式。

另外，《多元纠纷解决意见》还特别提及“建立律师担任调解员的回避制度”，这是律师的职业道德要求所在，也是律师行业执业规范的约束要求。至于《多元纠纷解决意见》所述“推动建立律师接受委托代理时告知当事人选择非诉讼方式解决纠纷的机制”，我的理解是，律师的“告知”应建立在专业性分析基础上，动之以情、晓之以理、释之以法；当然，非诉讼解决方式本身的健全，尤其是其“效率”与“效力”，无疑是当事人最为关心的决定因素。

我们欣喜地看到，律师调解之“花”，方兴未艾、如火如荼。以上海经贸商事调解中心为例，其是一个作为独立第三方的社团法人，2011 年 1 月至 2015 年 12 月，共受理案件 242 件，其中调解成功 170 件，成功率为 70.35%，涉案标的 18 亿余元，其调解的案件尽是融资租赁、期货纠纷、知识产权、自贸区争议等疑难杂症，而调解员基本上是律师。律师、律所、律协，在大调解格局中、在多元解决纠纷机制建设中，再显身手，不再只是代理一方，而是居中调停，担任新角色，承担新使命，值得关注，可供借鉴。

孔子曰："听讼，吾犹人也，必也使无讼乎。""无讼"，是天下大同的美好愿景。今日之中国，无讼不可能，有讼亦不怕。各方努力，多元解决，定会实现人民安居乐业、社会安定有序。

（这是作者2016年7月11日发表在《人民法院报》上的文章，原标题为《让律师在多元化纠纷解决机制中担当新角色》，内容有修改）

30

建立从律师中选拔法官制度，推进法律职业共同体建设

党的十八届三中全会决定提出“建立符合职业特点的司法人员管理制度”，党的十八届四中全会决定则指出要“建立从符合条件的律师、法学专家中招录立法工作者、法官、检察官制度”。此后，在最高人民法院《关于全面深化人民法院改革的意见——人民法院第四个五年改革纲要（2014—2018）》中，进一步明确要“完善将优秀律师、法律学者，以及在立法、检察、执法等部门任职的专业法律人才选任为法官的制度”。

今年6月2日，中共中央办公厅印发《从律师和法学专家中公开选拔立法工作者、法官、检察官办法》，进一步落实党的十八届三中全会、四中全会决定要求，为建立并完善从律师中选拔法官的制度提供了政策性支持与可操作性安排。

从律师中选拔法官，被写入党的重要文件，列为法院改革纲要，作为中共中央办公厅印发政策，自然不是决策者心血来潮、随意拍板，应当说是慎重研究、反复论证，并且尊重司法规律、顺应时代潮流。美国大法官几乎无不经过律师执业门槛（如联邦最高法院首席大法官约翰·罗伯茨便做过10年私人执业律师），我国台湾地区有律师出任法官的专门通路（我国台湾地区司法主管机构可以将资深律师推荐转任为法官）。上海律师商建刚于2015年7月23日经上海市第十四届人大常委会第二十二次会议表决通过正式成为一名三级高级法官，一石激起千层浪，已经成为本次司法改革的一大亮点和热点。

"律师当法官"，在目前语境下正是建设法律职业共同体的题中应有之义。

党的十八届四中全会决定，使用了"法治工作队伍""法治专门队伍""法律服务队伍"的表述，并在"推进法治专门队伍正规化、专业化、职业化"论述中，一口气用了三次"法律职业"，即"完善法律职业准入制度，健全国家统一法律职业资格考试制度，建立法律职业人员统一职前培训制度"。在这里，党的十八届四中全会决定虽然没有直接使用“法律职业人”“法律职业共同体”等词，但其政策本意正是将法官、检察官、律师作为法律职业人，且三者一并构成法律职业共同体。

实践证明，律师作为法律职业人、法律职业共同体的重要组成部分，律师队伍作为“法律服务队伍”“法治工作队伍”的重要力量，在全面推进依法治国进程中，无疑具有不可或缺、无法替代的作用。

在新的历史背景下，构建律师与法官之间良性互动的和谐关系，已经成为法律人的共识。律师与法官不应互相敌视，不该死磕，必须交流，在不同的工作岗位上，共同努力，彼此配合，维护司法公正，让人民群众在每一个司法案例中感受到公平正义。于是，工作上的互动，直至职业上的流动，成为法律职业共同体的应有内涵。

可以说，在全面推进依法治国、深化司法体制改革的今天，“律师当法官”，正是推进法律职业共同体建设的重要内容，是建立律师与法官良性互动关系的重要举措，是尊重并遵循司法规律的重要体现，是推进法治专门队伍正规化、专业化、职业化建设的重要方式。

我们注意到，本次中共中央办公厅印发的办法，并未在题目中给“律师”加上“优秀”“符合条件”的定语，但在第6条中明确规定了“任职基本条件”与符合的“要求”。显然，具备这些条件与要求的律师，不仅是合格的，而且是优秀的，特别稀缺。这些条件与要求，突出“德才兼备”，强调“以德为先”，要求“拥护党的领导，忠于宪法法律”“具有坚定的社会主义法治信仰、良好的职业操守”；同时要求“具有独立办案的能力，执业经验丰富”，还特别提出“通晓境外法律制度并具有成功处理国际法律事务的经验，或者精通某些特殊专业领域的法律实务”，充分表达了目前法官队伍建设对国际化、专业化特殊人才的客观与迫切需求，具有相当的针对性。

选拔律师当法官，律师协会要有话语权。我国《律师法》第 43 条第 1 款明确规定：“律师协会是社会团体法人，是律师的自律性组织。”《律师法》同时还规定，律师“应当加入所在地的地方律师协会”，加入地方律师协会的律师“同时是全国律师协会的会员”。在目前律师管理“两结合”的体制下，除了“入口”与“出口”的行政许可，律师日常的维权、奖惩、培训、考核、纠纷调处等事项均由律师协会负责。可以这样说，最有资格、最有能力、最有权利评价律师的机构是律师协会，这种评价最准确、最真实、最全面。

对此，《从律师和法学专家中公开选拔立法工作者、法官、检察官办法》予以充分考虑，作了明确规定：“参加公开选拔人员工作单位所在地的律师协会或者法学会，应当在充分听取参加公开选拔人员工作单位、从业相关人员意见的基础上，就参加公开选拔人员的政治态度、专业能力、品行操守出具评估意见。”

随着司法体制改革步伐的加快，审判权力运行机制将进一步得以健全，法官职业保障制度也会进一步得到完善，法官的尊荣感将真正树立并得以强化。正如去年 7 月在网上流传的《欢迎我们即将的新战友——商建刚法官》一文中的“我愿意成为你，是律师对法官最大的尊重”，也如《论语》所言“近者悦，远者来”。“律师当法官”可成为执业律师的崇高愿望与理想追求，是法律职业共同体建设的重要举措与核心内容。

（这是作者 2016 年 6 月 29 日接受新华社记者采访的文章内容，有删改）

31

互信、互动

——推进建立法律职业人新型关系的思考

今天会议议题用了“法律职业人”一词，令人深受启发。

应当说，虽然党的十四届四中全会决定中没有直接使用“法律职业人”“法律职业共同体”等词，但我的学习体会是，其政策本意正是将法官、检察官、律师作为法律职业人，且三者一并构成法律职业共同体。从更广义理解，这个共同体还包括法学专家、立法工作者、行政执法工作者以及公证员、基层法律服务工作者、人民调解员。

无论是狭义还是广义，也不管从哪一个角度，律师毋庸置疑是法律职业人，是法律职业共同体的重要组成部分；律师队伍作为“法律服务队伍”，是“法治工作队伍”中不可或缺的重要力量，在全面推进依法治国进程中具有无法替代的作用。

“新型关系”一说，也值得思量。推动建立“新型关系”，说明有“传统关系”抑或“旧的关系”，而且这种“传统关系”抑或“旧的关系”并不合时宜，必须改变。林林总总，或众说纷纭，或见仁见智，不过感觉总是不那么从容，不那么顺畅，不那么和谐。因此，推进建立法律职业人之间的新型关系，就显得相当重要，且非常迫切。我个人理解，这种新型关系应当是以宪法与法律（包括法官法、律师法、诉讼法）为依据，以维护司法公正为目的，以“互信”为前提，以“互动”为内容的，良性的、和谐的关系。互信，才会实现“彼此尊重、平等相待”；互动，正是“相互支持、相互监督”“正当交流、良性互动”的重要内容。

一、互信

按照《现代汉语词典》的解释，“关系”是指“事物之间相互作用、相互影响的状态”。因此，良性而和谐的关系是以相互信任、彼此信服为前提的，即“互信”。而“互信”的基础是“相知”，即相互了解。建立法官与律师的“互信”，我个人觉得，在目前状态下，有两个角度的“相知”颇为关键。

一是对“律师”的认识与理解。

从政治的角度，律师是“法治工作队伍”中的一员，其以拥护中国共产党领导、拥护社会主义法治作为自己从业的基本要求，这是中国律师前进的政治道路，是中国律师事业发展的政治方向。

从法律的角度，我国《律师法》总则中即明确规定，“律师应当维护当事人的合法权益，维护法律正确实施，维护社会公平和正义”，这是律师的法律定位，是律师的法定职责。

从社会的角度，党的十六届六中全会通过的《关于构建社会主义和谐社会若干重大问题的决定》便明确指出，律师事务所作为一种社会组织，具有“提供服务、反映诉求、规范行为”的功能，这是党和政府从构建社会主义和谐社会的角度赋予律师的职责和使命。

从经济的角度，早在“十一五”规划中就明确提出，要大力发展包括法律服务业在内的现代服务业。律师服务的现代服务、专业服务的内在属性是不容忽视的。

虽然“横看成岭侧成峰，远近高低各不同”，但从政治、法律、社会、经济等多角度剖析，律师的内涵与本质是统一的，政治的方向、法律的本质、社会的功能、经济的属性，缺一不可，集完整与丰满于一体。

可以说，对律师的认识与认同，是构建律师与法官间良性和谐关系的理论基础与感情纽带。

当然，对“律师”的上述认识与理解，不仅是对法官队伍而言，也是对律师队伍而言的。法官认识与理解“律师”，律师自己更要认识与理解“律师”。律师当自知、律师当自尊、律师当自强，而唯有自知，方能自尊、自强。

二是对“司法体制改革”的认识与理解。

党的十八大从发展社会主义民主政治、加快建设社会主义法治国家的高度，作出了进一步深化司法体制改革的重要战略部署，目前人民法院司法体制改革正如火如荼地展开。最近一段时间，法官与律师见面，三句话不离“司法体制改革”，法官关心，律师同样关心。

我认为，司法体制改革以确保人民法院依法独立公正行使审判权、不断提高司法公信力为目的，其实客观上也为律师更好地发挥法定职能、真正实现律师制度的设定初衷提供了引领与保障。当然，律师也是人民法院依法独立公正行使审判权的不可替代的依靠力量，是提高司法公信力不可或缺的支撑因素。

从这一角度来看，律师关注并认识司法体制改革，将会更加理解自身的职业价值；法官认识并理解司法体制改革，将会更加注重律师的功能发挥。例如，在关心员额制、法官遴选等问题的同时，律师也好，法官也好，正在关注且将会更加关注以审判为中心的诉讼制度改革。

党的十八届四中全会决定提出："推进以审判为中心的诉讼制度改革，确保侦查、审查起诉的案件事实证据经得起法律的检验。"应当说，在以审判为中心的诉讼体制下，律师在法庭上不仅有一席之地，而且在法律地位上与控方平起平坐，有话语权，有作为。正如孔子所言：名不正，则言不顺；言不顺，则事不成；事不成，则礼乐不兴；礼乐不兴，则刑罚不中；刑罚不中，则民无所措手足。"庭审"不再"走过场"，不再"虚置化"，要依法公开透明，甚至"全民目击"，于是"庭审"必然在查明事实、认定证据、保护诉权、公正裁判中发挥决定性作用。

"时代楷模"邹碧华法官说过一句话，信仰不是用来谈论的，而是用来实践的。同样，尊重律师不是用来谈论的，也不应仅存在于理念层面、文件之中，而是用来实践的，在司法诉讼的每一个环节中！

二、互动

同为法律职业人，法官与律师应该多多交流、交锋，甚至交融，但不可交易。我在十年前担任上海律师协会会长，在我们主办的一次论坛上，便专门邀请时任上海市高级人民法院院长滕一龙同志给律师们讲“法官眼中的律师”，进而推进建立起法官与律师“组织上多往来，私下里慎交往”的互动工作机制。

邹碧华法官骤然去世后，上海的律师乃至全国的律师，都不约而同地对他表达了由衷的哀思与追忆，正是因为他一生都致力于推进法律职业共同体的建设。我一直说，邹碧华法官对律师的尊重，远远超出了对某一位个体律师的关心，其实质是对律师职业的尊重、对律师行业的呵护、对律师制度的敬畏。更重要的是，他是从司法公正的高度去理解并践行法官与律师的互动关系的，他在《法官应当如何对待律师》中写道：“如果不能处理好法官与律师的关系，日积月累，必将动摇法治的根基——信任，司法的公信力将无从谈起。”

律师与法官，和谐则共荣，对立则两败；和谐应是“主旋律”，“死磕”最多为偶尔发生的“跑调走音”。追求和谐，构建良性互动，是律师与法官共同的工作目标与价值追求，在这种良性互动中获取最大共识和最大“公约数”。

我发表在2014年第1期《中国律师》上的《构建法官与律师间良性互动的和谐关系》一文提到，这种互动包括职业规范、规则制定、资料交流、提示警示等。

在此，我想重点谈一下任职安排和权利保障。

关于任职安排。公开报道称：2013年，上海法院辞职的法官超过70名；2014年，这一数字达到86名；而2015年则更多。因为工作关系，我与不少离职法官交流过，其实许多法官在司法体制改革大背景下选择离去，并不完全是针对法院或司法体制改革的万般无奈，更多的是面向社会及法治的另一种选择。从这一角度来看，在全面推进依法治国的进程中，社会上更多机构越发重视法治人才的价值，更加看重法官职业的素质，争相且频频地向在职法官抛出橄榄枝，也属正常。既然大家同属共同体，只不过是在不同的战壕里、从不同的角度、以不同的方式开展法律工作，目标都是共同推进法治建设，那么律师事务所等通过事业、感情、待遇、平台等吸引法官入“伙”，就算不点赞，亦属不差评。只要“流出”有序，“流后”规范（如严格遵守执业回避制度等），就是良性互动。正可谓“流水不腐，户枢不蠹”。

当然，在这个互动中更重要的是，推进建立从优秀律师中选拔法官的机制建设。党的十八届四中全会决定明确提出：“建立从符合条件的律师、法学专家中招录立法工作者、法官、检察官制度。”笔者早在2012年上海“两会”期间，就提交了一份“推进建立从优秀律师中选拔法官的机制建设”的提案，建议法院与律师协会共同制定推荐律师担任法官的细则，其中尤其要明确对符合条件的律师进行界定和认定的标准、条件、程序等，使得律师担任法官有制度性的安排。

此后一段时间，上海律师商建刚放弃年创收千万元的律师工作转型当法官的消息，不断在微信朋友圈刷屏。一时间，媒体喝彩者有之，倒彩者亦有之。我很欣赏一位法官在自媒体上发布的一篇文章，题目是《欢迎我们即将的新战友——商建刚法官》。文中说道：后来者居上，先到者当“奋起”，而不要“愤起”；我愿意成为你，是律师对法官最大的尊重。我个人认为，优秀律师当法官，或许并不是今日司法体制改革的重要内容、重点工作，但在构建法律职业共同体的过程中，具有标志性、标杆性的积极意义，其彰显的正能量、正效应不仅是不容忽视，简直是无可替代。

关于权利保障。从律师的角度，要充分尊重并配合人民法院和法官独立行使审判权，以事实为根据，以法律为准绳，提出维护当事人合法权益的代理或辩护意见；而对于个别法官违反法律侵害律师执业权益的行为，应当以正当的程序和形式反映诉求，救济权利。

从法官的角度，依法维护律师执业权利，是人民法院的重要职责。目前在维护律师执业权利方面，刑辩律师尤重，法庭活动尤重。在这个过程中，我们不能回避目前时有发生、社会普遍关注、律师尤为重视的一些敏感问题。例如，会见难、阅卷难、调查取证难的“老三难”顽疾。再如，庭审权利保障，发问难、质证难、辩护难的“新三难”，如何真正实现“控辩平等、控辩平稳”。

全国律师工作会议提出，积极构建司法人员和律师之间的新型关系，“实事求是地说，构建两者之间新型关系的主动权在政法机关”。政法机关拥有国家赋予的公权力，在国家治理中处于优势地位；而律师的执业权虽出于法律许可并基于当事人合同委托，但毕竟属于“私权”性质，与政法机关的“公权”在效力与强制性上不可相提并论。而且“私权”受到侵害时最终的保障与救济也离不开“公权”。

例如，笔者曾提出司法机关与律师关于“互动的规则制定”的问题。人民法院在制定司法解释或其他各种形式的审判规则时，应当制度性地安排律师全过程与全方位的参与。律师不仅应是规则的被动遵守者，更应是规则的参与制定者，从而成为规则的真正理解者、主动遵守者以及对当事人遵守规则的教育者与引导者。在这一过程中，如果法院不主动“开门”并且“倾听”，或者说对律师的意见建议视而不见、听而不闻，律师无论如何呼吁，甚至呐喊，亦会无济于事。

再如，笔者常提及的关于“互动的文书公开”。党的十八届四中全会决定已明确指出，依法及时公开“生效法律文书”，“建立生效法律文书统一上网和公开查询制度”。生效法律文书上网，是法院自信的表现，有利于强化法官的责任心，可以产生对司法公正的“倒逼”作用。同时，加强法律文书释法说理，也是党的十八届四中全会决定的又一具体要求，而在此过程中，裁判文书应当充分引用律师代理意见，并有针对性地回应，于是通过裁判文书公开，借以实现律师代理意见公开。这样的互动公开，将增加法官与律师的互信，提高律师的执业水平与专业能力，提升法官的办案水平与研究能力，真正实现共同体内的共同促进、相互提高。公开的“法定主体”或者说“有权公开机关”仍是法院，如果法院不主动为之，这一互动便成为无源之水、无本之木。

构建司法人员与律师之间新型关系的主动权在政法机关，但这并不是说律师只能被动等待、无奈接受，而是作为关系的一方、矛盾的一面，也理应发挥重要的甚至关键的作用，从而推进顺畅交流与良性互动。

律师协会作为“律师的自律性组织”，依照《律师法》拥有“保障律师依法执业、维护律师的合法权益”的法定职责，律师协会应当建立侵犯律师执业权利事件快速处置和联动机制，对侵犯律师执业权利的，有义务反映、有权利协调。正如全国律师工作会议强调的：“律师协会作为广大律师的‘娘家’，既要加强日常服务管理，又要在保障律师执业权利方面主动作为，做到哪里的律师执业权利受到侵犯，哪里的律师协会就率先站出来。这样才能赢得广大律师的信任，真正成为律师之家。”

同时，律师协会应当组织广大律师，主动介入、互动参与、建言献策，推进司法体制改革，不当旁观者，要做参与方，不仅要做剧中人，还要努力成为剧作者。其实，中央政法委领导同志对此表态非常明确："要邀请广大律师参与司法体制改革的方案讨论、项目论证，充分听取他们的意见建议。希望广大律师积极建言献策，为完善中国特色社会主义司法制度贡献智慧和力量。"

我们期待，法官与律师交流"我心中的律师"与"我心中的法官"，在互动中提高，在交流中共进，使职业共同体更加专业，法治工作队伍更加强大，从而共同建设法治中国，努力让人民群众在每一个司法案件中感受到公平正义。

（这是作者 2015 年 7 月 8 日在最高人民法院

"推动建立法律职业人新型关系"座谈会上的发言）

32 “律师当法官”，为什么？怎么做？

2015年7月23日，上海律师商建刚，经上海市第十四届人大常委会第二十二次会议表决通过，正式成为一名三级高级法官。

一石激起千层浪。不可否认，“律师当法官”，已经成为本次司法体制改革的一大亮点、一大热点、一大聚焦点！

一

党的十八届三中全会审议通过的《中共中央关于全面深化改革若干重大问题的决定》在“推进法治

中国建设”部分提出要“建立符合职业特点的司法人员管理制度”，并在“全面深化改革，需要有力的组织保证和人才支撑”内容中提出，“打破体制壁垒，扫除身份障碍”“完善党政机关、企事业单位、社会各方面人才顺畅流动的制度体系”。党的十八届四中全会审议通过的《中共中央关于全面推进依法治国若干重大问题的决定》进一步明确指出，“建立从符合条件的律师、法学专家中招录立法工作者、法官、检察官制度”。此后，在最高人民法院《关于全面深化人民法院改革的意见——人民法院第四个五年改革纲要（2014—2018）》中，提出要“完善将优秀律师、法律学者，以及在立法、检察、执法等部门任职的专业法律人才选任为法官的制度”。

早在2012年上海“两会”期间，我就向市政协会议提交了一份“推进从优秀律师中选拔法官的机制建设”的提案，建议人民法院与律师协会共同制定推荐律师担任法官的细则，其中要明确对符合条件的律师进行界定和认定的标准、条件、程序等，使得律师担任法官有制度性的安排，并形成可复制、可推广的经验及模式。

二

历史上律师与法官的关系，可谓由“合”而“分”，而目前我们理应追求由“分”而“合”。

历史上的由“合”而“分”，说的是曾经律师与法官都是国家公职人员，而随着改革的进一步推进，律师逐渐脱离公职身份，成为社会人士。

1979年7月，第五届全国人大第二次会议通过的《刑事诉讼法》《人民法院组织法》明确规定，被告人享有辩护权，可以委托律师辩护。于是，律师再一次登上中国法治舞台，也标志着律师制度得以恢复重建。彼时的《律师暂行条例》明确规定，“律师是国家的法律工作者”“律师执行职务的工作机构是法律顾问处。法律顾问处是事业单位，受国家司法行政机关的组织领导和业务监督”。可以说，那个时代的律师与法官，同属体制内干部，都拿“国家的工资”，从身份上看，具有“合”的同一性，不管是在人民法院，还是在属于事业单位的法律顾问处，都是在“机关”，不分彼此，没有你我，都是“机关干部”。

1988年6月，司法部下发《合作制律师事务所试点方案》(已失效)，合作制律师事务所开始试点。该方案第1条即规定：“合作制律师事务所（以下简称律师事务所）是由律师人员采用合作形式组成为国家机关、社会组织和公民提供法律服务的社会主义性质的事业法人组织。”其第5条规定：“律师事务所应遵循自愿组合的原则，由3名以上专职律师组成。”第12条进一步规定：“律师事务所工作人员不占国家编制。合作人可辞去原公职或经当地有关部门批准在试点期间停薪留职……律师事务所人员一律实行合同制。”第13条也明确了管理体制，即“律师会议是律师事务所实行民主管理的机构，由律师事务所全体专职律师人员组成”。虽然该方案说合作制律师事务所为“事业法人组织”，但从法律角度分析，应当说，合作制律师事务所属于“集体所有”，即律师事务所归全体合作人所有，不应再属于“事业单位”。在此背景下，许多年富力强的律师与原来的“国办所”脱钩，亦属“下海”，组建“合作所”。这时“合作所”的律师已不再是“国家干部”，开始与法官在身份上有了“分”的概念。据查，1988年5月4日在深圳挂牌的段武刘律师事务所是我国第一家合作制律师事务所；7月29日北京经纬律师事务所成立，成为北京首家合作制律师事务所。此后，北京陆通、上海李国机等知名合作制律师事务所相继成立。

邓小平同志南方谈话后，律师制度改革的步伐进一步加快，合伙制律师事务所应运而生。经北京市司法局批准，长安律师事务所成为中国最早的合伙制律师事务所之一，此后，金杜、君合、中伦等合伙制律师事务所纷纷涌现。1996年5月15日，《律师法》颁布。该法明确规定，律师为“依法取得律师执业证书，为社会提供法律服务的执业人员”；“律师可以设立合作律师事务所，以该律师事务所的全部资产对其债务承担责任”；“律师可以设立合伙律师事务所，合伙人对该律师事务所的债务承担无限责任和连带责任”。至此，律师作为“为社会提供法律服务的执业人员”，即“社会工作者”的身份定位在国家立法上有了基本依据，与法官的身份同属性渐行渐远。

随着社会主义市场经济的大潮，在许多人眼中，律师更多的特征是“钱”，法官更多的特征是“权”；律师越发成为“民”，法官更加作为“官”。而律师与法官之间，从关系微妙，到相互看淡，再到讳莫如深，直至难以名状。

三

新的历史背景下，推进建立法律职业共同体，构建律师与法官之间良性互动的和谐关系，已经成为法律人的共识。因此，需要尊重常识，尊重规律，从而追求职业上的由“分”而“合”，即律师与法官不应互相敌视，不该死磕，必须交流互动，双方共同作为法律职业共同体的一员，求得法律职业人的最大“公约数”，在不同的工作岗位上，共同努力，彼此配合，维护司法公正，让人民群众在每一个司法案例中感受到公平正义。于是，工作上的互动，直至职业上的流动，成为法律职业共同体的应有内涵。

在今日全面推进依法治国、深化司法体制改革大背景下，“律师当法官”是推进法律职业共同体建设的重要内容，是建立律师与法官良性互动关系的重要举措，是尊重并遵循司法规律的重要体现。

从律师中选拔法官，值得关注以下几个问题。

一是充分重视律师协会的作用。

我国《律师法》第 43 条第 1 款明确规定：“律师协会是社会团体法人，是律师的自律性组织。”因此，在从律师中选拔法官的过程中，除充分发挥司法行政机关的作用外，应当大力重视并调动律师协会的特殊功能。**首先，**律师协会应当全方位、全过程地参与制定从律师中选拔法官的规则，不是成为规则被征求意见方，而应当成为规则制定方。**其次，**从法院的角度看，的确是向社会公开选任法官，但从执业属性看，律师首先不应是“社会人”，而应是“组织人”，即律师协会的“会员”，因此律师在向人民法院申报时，应有律师协会的推荐函。从实际情况看，省级律师协会作为推荐函出具方较为合适；而且从选聘法官的法院级别看，均为省级法院，正好对应。从推荐函的内容说，应是对申报律师是否符合选任标准从行业协会角度作出的判断。**最后，**申报律师进入初评，在人民法院进一步评定过程中，应由律师协会牵头组织相关律师、过往经办案件所在法院及检察院工作人员、相关当事人及客户召开考察座谈会，以利于人民法院对该律师在业务水平、职业道德等方面有深入的、实际的、全面的了解。

二是合理界定从律师中选拔法官的标准。

上海本次从律师中选拔法官的资格条件设定为：拥护党的领导，政治立场坚定，品行良好，清正廉洁；具有扎实的法学理论功底、较高的专业水平和丰富的法律实践经验；取得 A 类法律职业资格证书或律师资格证书；年龄不超过 45 周岁（1969 年 4 月 16 日以后出生）；具有全日制大学本科以上学历。应当说，上述条件非常明确、具体，具有针对性与可操作性。

涉及从律师中选拔法官的“标准”问题，目前政策文件有两种表述：一是最高人民法院“深改意见”用了“优秀律师”一词；二是党的十八届四中全会决定用“符合条件的律师”来表达。我的想法是，用“符合条件”更为妥当些。“优秀”二字，仁者见仁、智者见智。而“符合条件”，则依照选拔规则界定的标准，可以逐一对照，以求尽量准确。而且通过从律师中选拔法官这样一个规则，对“优秀律师”作出定性，可能会对律师行业长期形成的对“优秀律师”界定的标准产生影响。

于是，我们应当对“符合条件”的“条件”即“标准”进行进一步的界定。选拔律师做法官，该律师要具有法官的基本条件；又因为是从律师中选拔，不管用不用“优秀”二字，实际上选出的律师必须是优秀的。因此，这一标准应当兼顾法官与律师的双重高标准、严要求，特别是在目前阶段，更应体现出标准的严格性，以发挥其对法官与律师均可以产生的引领性。同作为法律职业共同体的成员，律师与法官的最密切交集处当然是法治信仰，以及在此基础上的“德才兼备”“德艺双馨”。

律师与法官都是党的十八届四中全会决定所说的“法治工作队伍”中的重要一员，律师同时是“法律服务队伍”的重要力量，因此党的十八届四中全会决定所说的“拥护中国共产党领导、拥护社会主义法治”必须是首要标准。同时，还应具有“走中国特色社会主义法治道路的自觉性和坚定性”。

选拔标准应明确**“法治信仰”**。法律人，学法、信法、用法、崇法、护法，没有对法治的信仰，一切都是无源之水、无本之木。具有坚定的法治信仰，于是律师也好，法官也好，不仅是一个职业人、一个专业人，更是一个事业人，为司法公正不遗余力，倾心尽力。正如孔子所言：“饭疏食饮水，曲肱而枕之，乐亦在其中矣。不义而富且贵，于我如浮云。”

在法治信仰之基础上，还应强调被选律师的**职业操守**。法律人面临错综复杂的形势、威逼压迫与富贵诱惑，心中只有一个准绳，那就是基于职业操守的对法律的理解。法治信仰也好，职业操守也罢，看似虚无缥缈，其实在法律人的执业实践中完全得以体现。因此，我们应当考察被选律师办过的案子、写过的文章、说过的言论，即察其言、观其行，方可辨别判断。

然后就是**专业要求**。律师是法律专业人士毋庸置疑，人民法院需要的正是“优中选优”“专中拔专”，而且选拔要有地域特征与时代特点。例如，在当今的上海，基于“四个中心”

及“科创中心”建设这一国家战略，更需要金融法律、海商海事、国际贸易、知识产权等专业领域的高端商事、刑事法律人士。可以说，人民法院从律师中选拔法官，不应是“应景”和“作秀”，而应当考虑需求，特别是专业需求，如此方能事半功倍，提升队伍的专业化与战斗力。

三是注重优化选拔工作的程序。

在从律师中选拔法官的具体程序上，应关注公开性与民主性，这样才能真正实现优中选优，把真正符合条件的律师推到法官岗位上。

如前所述，在操作程序中应突出发挥律师协会的自律性功能，将律师协会组织的考察作为选拔的必需程序。同时，作为律师执业机构的律师事务所的意见，显然也在必须听取之列，特别是律师事务所党组织的评定意见，应当作为综合判断律师符合条件与否的必要内容。

在评审律师的专业能力方面，法官遴选委员会应发挥突出作用。遴选委员会应针对律师的执业特点和法官的专业能力需求制定有针对性、可操作性、实用性的评审标准和内容。

例如，在我国台湾地区，基于律师的执业年限有所不同，律师转任法官的方式包括公开甄试转任、自行申请转任、司法主管机构主动推荐转任三种。律师执业 3 年以上且具拟任职务任用资格者，须参加司法主管机构公开甄试转任法官；律师执业6年以上且具拟任职务任用资格者，须参加司法主管机构公开甄试或者自行申请转任法官；律师执业18年以上且具拟任职务任用资格、声誉卓著或在专业领域有具体贡献者，便可以经司法主管机构主动推荐转任法官。对执业律师的品德调查则请律师公会或其他有关机关提供品德操守、业务能力、社会形象等相关数据。上述遴选委员会组成人选的19人中必须有律师代表3人。

再如，在英国，法官遴选委员会对出任的法官制定了十分严格的标准，包括知识能力、个人素质、心智健全、处事公平、权威和沟通技巧、效率、领导和管理技巧等，非常符合法官的职业特点与专业要求。遴选考试是整个法官遴选程序的核心环节，考试以面试为主，包括小组面试、当面谈话、角色扮演、演讲、情景提问等。以上这些做法，都值得我们在司法体制改革实践中充分参考。

四

从律师中选拔法官，既要叫“好”，更要叫“座”。我曾经说，律师出任法官，肯定不是为了“钱”，也不是为了“权”，更不是为了“官”，而是出于法治奉献、维护公平的信念。

为此，应加快司法体制改革的步伐，特别是在以下两个方面。**一是健全审判权力运行机制。**人民法院要遵循司法规律，完善以审判权为核心、以审判监督权和审判管理权为保障的审判权力运行机制，落实审判责任制，做到让审理者裁判，由裁判者负责。律师转型做法官，是要做一个真正意义上的法官，作为审理者来裁判，自然也作为裁判者去负责，通过审判工作，依法独立行使裁判权，推进司法公正，实现法治理想。正如有律师所言，“让法官成为最大的官”（当然，这里的“官”表达的是“法官”应有的权威之意）。这是一种作为，更是一种担当，当然也是一份责任。既然选择，一定无悔。

二是完善法官职业保障制度。应当说，律师职业是一个可以干一辈子的职业。而当律师去做法官，且有志干一辈子法官时，如果还是执行现有的法官退休制度，显然是令人遗憾的。不仅本人遗憾，法院也会遗憾。“大张旗鼓”选来，“年富力强”退休，人才资源大大浪费。因此，法官“去公务员化”改革也包括建立符合法官职业特点的离退休制度，并且迫在眉睫。另外，完善法官的工资制度、在职培训机制，健全法官履行法定职责保护机制、司法权威保障制度，以及完善司法荣誉制度等，无一不需要迫切出台政策、尽快实施立法、切实加强落实的具体内容。

如此，法官的尊荣感将真正树立并得以强化。正如那篇流传甚广的《欢迎我们即将的新战友——商建刚法官》一文中的一句话：“我愿意成为你，是律师对法官最大的尊重。”“律师当法官”可以成为执业律师的崇高愿望与理想追求，并为此不懈奋力与努力终身。

（这是作者2015年8月10日就“从优秀律师中选拔法官”撰写的评论文章）

33
学习邹碧华同志的世界观和方法论

中共中央政治局委员、广东省委书记胡春华在今年 3 月 26 日接见邹碧华先进事迹报告团时说：邹碧华同志的先进事迹，可敬、可亲、可学。

我的理解是，“可敬”为先，敬佩、敬重、敬仰，这是肯定的，亦为必须的，不过也容易敬而远之；于是“可亲”为要，亲切、亲近，没距离，在身边；于是“可学”为重，重在学习、领悟、传承、实践。

正如邹碧华生前常说的，理想不是用来谈论的，是用来实践的。同样，邹碧华精神不仅是用来谈论的，更重要的是用来学习并付诸实践的！

将邹碧华精神融会贯通于法律工作的实践，我的学习体会是，学习邹碧华如何"看世界"，学习邹碧华怎样"改变世界"。用接地气的语言表达就是，学习他"脑中有想法""手上有办法"。其实，也就是学习邹碧华的"世界观"与"方法论"。

一

我本人非常荣幸地成为邹碧华先进事迹报告团的成员，参与了报告团的全国巡回报告全过程。

每一场报告，是现场感染听众的过程，更是率先感动自己的过程。每一场报告，都仿佛那么近距离地倾听他的谈笑风生、感受他的音容笑貌。每一场报告，都从与他生前的物理接触升华为走进他的心灵世界，更加理解他的工作之上的理想与信念追求。于是我说，邹碧华的世界观的实质内核正是理想与信念！

为什么一位法官的离世，会引起如此众多法律人尤其是律师们的共同缅怀；为什么一名干部的殉职，会打动如此众多领导甚至老百姓的内心？我的个人体会是，从邹碧华身上，我们分明深切地感受到了一份情怀，这个时代最需要的，却又最为缺失的，甚至每个人都认为是最重要的，却几乎许多人都怯于追求直至懒于提及、羞于提及的那份情怀，那就是：理想与信念！

活在当下于是就事论事的匆忙之中，物欲横流因此随波逐流的放任之下，坐而论道却又背道而驰的矛盾之处，唯独理想与信念在许多人的心中丧失了应有的位置，迷茫、迷失，淡漠、淡忘，沉寂、沉失。邹碧华的骤然离去，瞬间放电般释放的那种正能量，触动了许多人的心灵深处，让我们看到了自己的“小我”，乃至这个“小世界”“小时代”。

今年4月1日，邹碧华先进事迹报告团来到山西。山西省委书记王儒林在接见报告团时一针见血地指出：“山西之所以发生系统性、塌方式腐败，最根本的原因就是部分领导干部丧失了理想与信念，总开关没有拧紧，忘了本，伤了根，丢了魂，这是极其惨痛的教训。”

理想与信念当然不是天生的，而是养成的！跟随着邹碧华的人生足迹，我逐渐明白滋养与培育他的人生观、价值观的丰润基础。

一是“红色基因”。江西是邹碧华的故乡，我们报告团来到他出生的塘下村，走进他读书的县一中，感受他的生长环境、成长经历。正如江西省委书记强卫所说：“江西是一片光荣的红土地，孕育了以勤奋好学、善于思考、不怕牺牲、追求真理、无私奉献、积极进取、严于律己、清正廉洁为内涵的江西红色基因。邹碧华同志就是红色基因的传承者，是四千五百万赣鄱儿女的骄傲。”老区的红色基因，不仅在邹碧华身上体现，而且在他身上得以传承，更是被他赋予了新时期应有的内涵。为了真理，为了事业，不怕牺牲一切，包括生命。可谓“为有牺牲多壮志，敢教日月换新天”。这种无我的奉献精神，在今天这个强调自我的社会，弥足珍贵，更应传扬。孔子曰，“知之者不如好之者，好之者不如乐之者”。邹碧华这种奉献精神，已远远超越古人所说的“好之”“乐之”的境界。

二是“北大情怀”。在北京大学，邹碧华不仅度过了对人的一生足以产生最大影响的本科四年，而且在此继续深造，攻读硕士、博士学位，可谓对北大情怀耳濡目染，直至入心、沦肌浃髓。这是一种具有使命感、责任感的“家国情怀”。在北大博物馆，我们在北京大学的“博学、审问、慎思、明辨”和西南联大的“刚毅坚卓”的校训牌前驻足，在五四运动时“北大、北大！一切不怕。不怕不怕，北大！北大！”的口号声中流连，在20世纪80年代恰逢邹碧华读书前后北大学生“振兴中华”“小平你好”的横幅下思考，不正是这一切，如疾风暴雨般涌进对知识、对精神如饥似渴追求的青年邹碧华的脑海与心中吗！无疑，在邹碧华内心深处，一定大大地写上了“担当”二字，正如北大校园中厉以宁教授在泰山石上书写的“敢当”！担当，发于内心，见诸行动。不因善小而不为，不因事难而打折，不因障碍就辄止，而且不计时下毁誉，功成不必在我。这是一份责任意识，又是一种价值追求，更是一种神圣的使命感。

三是“上海精神”。习近平同志在上海担任市委书记时，在 2007 年 5 月的上海第五次党代会上提出了“海纳百川、追求卓越、开明睿智、大气谦和”的上海城市精神；俞正声同志在上海担任市委书记时，在 2011 年 11 月的上海市委九届十六次全会上提出了“公正、包容、责任、诚信”的价值取向。邹碧华如同塘下村的一条小溪，汇入赣江，融入鄱阳，最终奔向大海，在上海这座国际化大都市里，浪花飞溅，勇立潮头，在海纳百川的成长环境里，在公正与责任的人生追求中，迅速成长为一名优秀的法官和卓越的院长。邹碧华自己生前便说，赶上一个改革开放的好时代，有一批爱才惜才的法律前辈引领，于是他这样一个没有任何背景的山乡少年，才能一步步走到今天。这是一种感恩，又是一种回报。他感恩这个改革的时代和法治的城市，所以也义无反顾地投身于这个时代、献身于这座城市。

四是“海外因素”。邹碧华在回顾自己的法律生涯时，特别提到“走出国门、开阔眼界”的机会给自己的收获。应当说，在法官队伍中，邹碧华非常有幸地被选派去美国做访问学者。时间或许不长，感受的确深刻。他的爱人唐海琳介绍：“2000 年，根据组织安排，碧华前往美国联邦司法中心担任研究员。这段学习经历让他受到了很大的震撼，回来时自掏运费运回了几大箱的复印资料。”这些书籍与资料，不是用来装饰书架，而是用来品味与借鉴的。例如，在处理法官与律师法庭上矛盾这一问题时，他便回忆起在美国旁听开庭的场景，双方律师吵得不可开交时，法官不喝斥、不拍案，而是招招手，把双方律师叫到面前，示意大家“悠着点”。于细微处见精神，于细节处见真谛，“多闻，择其善者而从之”，邹碧华记于心，见于行。“睁眼看世界”，透过一个个现象、一件件案例，追寻、提炼、总结司法规律性认识，并指导自己的实践，“师夷长技”以自尊、自醒、自强，这本身就是邹碧华的意识和素质，也进一步丰富和完善了他的世界观。

故土意识、感情因素、理论基础、成长环境、海外见闻等，或者说读万卷书、行万里路、遇万般人，共同构筑起邹碧华的精神家园，丰富了他的精神世界，让他充满了理想与信念的正能量。正可谓，“燃灯者”，光亮源自内心，他的心灵光源，来自时代的引领，来自大地的孕育，来自历史的沉淀，于是他以正确的眼光去看世界，有思考、有思路、有思想。

二

“燃灯者”，用内心温度，去温暖他人，照亮他人，引领他人。邹碧华不是“冷眼向洋看世界”，而是树立“活着就是改变世界”的信仰，并一步一步向前进、一点一点向前拱，踏实向前，努力践行，永不停歇，直至骤然倒下。在这个过程中，令我们律师印象深刻的有两件事。

一是在长宁法院担任院长时，在全国法院系统率先推出《法官尊重律师十条意见》，这是邹碧华的创举。从方法论的角度，堪称杰作。

问题导向。2010年年初，时任长宁区人民法院院长的邹碧华，在听取纪检监察工作汇报时得知，有律师反映，一些法官在庭审中时常打断律师发言，甚至呵斥律师，一些判决书对律师代理意见回应较少或回应时遗漏要点。这让邹碧华很是感慨。他认为，律师与法官尽管职责分工不同，但双方作为法律职业共同体成员，化解社会矛盾、维护法律尊严、追求公平正义的目标是一致的，因而有必要在相互尊重的基础上建立良性互动关系。

发现问题，才能解决问题。正如邹碧华所说："不知道有没有问题、不知道哪里有问题、不知道是谁的问题、不知道问题背后的问题以及怎么解决问题，对于一个管理者来说，这些是最大的敌人。"

同理思考。邹碧华演讲中多次谈到"同理心"，他甚至对记者说，"我们需要一个有同理心的社会"。其实，同理心就是站在对方的角度考虑问题，设身处地、推己及人、感同身受。正如孔子所言，"己所不欲，勿施于人""己欲立而立人，己欲达而达人"。作为院长，他关注法官的反应；作为法官，他考虑律师的情绪。发现了律师反映的情况，他当然会换位思考，站在律师的立场上，体会律师的心境，理解律师的感受，解决律师的问题。同理心产生亲和力，体现人情味，充满温度，释放善意，可以化解矛盾，抵消敌意，排斥对抗，激发互信，从而构建职业共同体的情感基础。以同理心所思所为，正是以心换心，用心相交。如同古人所云："以利相交，利尽则散；以势相交，势去则倾；以权相交，权失则弃；以情相交，情断则伤；唯以心相交，方能成其久远。"

定向应对。出于同理心，以上述问题为导向，邹碧华亲自起草并主导推出了《法官尊重律师十条意见》。《法官尊重律师十条意见》包括：庭审中法官不得随意打断律师发言；法官不应当着当事人的面指责、批评律师，更不得向当事人发表贬损律师的言论，甚至连为律师预留车位、提供休息区、提供复印设施等细节都写入了文件。既有对问题的针对性，又有在措施上的可操作性，可谓应对自如，应对有效。

良性互动。律师有所呼，法院有所应，而法院的回应更是一石激起千层浪，律师界给予更为积极的反响。长宁区律师工作委员会向全区律师发出了律师尊重法官的倡议书。上海律师学院在为新执业律师授课时，将做好庭前准备工作，在法庭发言时注意控制情绪，给予法官充分尊重，避免冲突等内容，均列入其中。从抱怨到理解，从对抗到合作，从而互信、互动，在这个共建法律职业共同体的过程中，法院是矛盾的主要方面，义不容辞且当仁不让。“君子坦荡荡，小人长戚戚”，邹碧华做到了，而且做得那么自然，那么自如，因为他顺势而为，又抓住了主要矛盾，难题当然迎刃而解。

源于信念。2012年，邹碧华在博客中写下一篇题为《法官应当如何对待律师》的文章，反思法官的角色意识，阐述法律职业共同体建设对中国法治的重要性。他写道：“如果不能正确处理好法官与律师的关系，日积月累，必将动摇法治的根基——信任，司法的公信力将无从谈起。”在他去世两周前的全国律师协会民事委员会年会上的演讲中，他进一步谈道：“律师对法官的尊重程度，表明一个国家法治的发达程度；而法官对律师的尊重程度，则表明这个社会的公正程度。”正是有这样的世界观，方有如此的方法论。法治理想与信念，引领并支撑着邹碧华的所思所想、所作所为。纵观其一生，将他所做的任何一件事放在理想与信念的旗帜下，都那么自然，那么符合逻辑，真实、真切、真诚。正是，“知者不惑，仁者不忧，勇者不惧”。

二是在担任上海市高级人民法院副院长时，在全国法院系统率先推出律师服务平台，这又是邹碧华的创举。从方法论的角度，又是杰作。

先是顶层设计。“希望让律师的执业环境越来越好。”这是邹碧华在去世前一天发出的最后一条微信朋友圈的留言，时间永远定格在 2014 年 12 月 9 日 11 时 45 分。这是他对当天试运行的上海法院“律师服务平台”写下的寄语。这句寄语不正是他的心愿、理念、理想吗？而在此两周之前，他在以《司法改革背景下构建法律共同体的几点思考》为题的演讲中，将“律师服务平台”的雏形率先展示在我们眼前。平台展现了律师的执业环境，平台体现了法院的制度设计，平台更彰显了邹碧华的价值理念。这一设计不仅给律师执业提供了便利，而且也表达了人民法院生产合格的“司法产品”，即让人民群众在每一个司法案件中感受到追求公平正义过程中对律师不可或缺的功能的珍视与保障。基于这样的设计出发点，才会有体现设计初衷的功能齐全并不断获得完善的这一服务平台。

重在需求导向。有律师说，邹碧华是最好的“法院产品经理”。例如，他的团队统计了 7.6 万次电话内容，发现近九成的电话都是联系法官、查询进展、咨询类的电话，于是，法院专门设计了一个电话接听系统，有电话接听、电话留言、电话查询等不同的界面，还有电话统计管理。这样可以让律师很快找到法官，充分提升了参与感。再如，庭审排期，法官和律师都有排期冲突的体会，一般情况法官不会准许更改日期，律师忙，法官的开庭也是一个接一个。而系统中的庭审排期避让功能，大大提升了律师和法官的联系效率与办案效率。了解需求、考虑需求、尊重需求，方能对症下药，这是工作方法，也是工作作风。

注重过程控制。通过使用，律师们惊喜地发现，服务平台提供了从案件材料递交、交纳诉讼费到获取案号的“一条龙”服务，实现了真正意义上的网上立案。此外，申请诉讼保全、调查令，甚至证据质证、调解等事项也可以通过平台来完成。为确保各项程序在可视化下进行，平台还专门设置了网上评价功能，法官与律师可以进行双向评价，以实现相互监督。邹碧华对此解读得非常深刻：“通过信息化的手段，立案、接待、调查、合议、讨论，到拍卖、发还，所有的都实现权力运行可视化。”比如财产保全，“我们搞信息化，律师把申请放在互联网上面进行，回车键一敲，日期就自动生成了。这样，全上海所有的诉讼保全就都生成了一张图表，超期情况怎么样，完成情况怎么样，时间最长是什么案件、最短是什么案件，都可以看见。这意味着我们把法院的管理权交给大家了，事实上就变成法律职业共同体共同管理的法院”。过程控制、全程留痕，是工作效率问题，也是相互监督，更是以公开促公正。

实现复制推广。邹碧华主持推出的律师服务平台，具有开放性，具有复制推广价值，足以产生连锁反应。而且，在邹碧华看来，这一开放性是平等的，适用于整个律师行业。在上述演讲中，他就“推介”道：“目前的平台，只对上海律师开放，接下来准备跟北京的律协谈一下，在北京那边把身份认证资料拿过来，我们为北京的律师每个人创建一个账户。”而在会后他见到内蒙古律师协会会长巴布时，主动对巴布说：“可以将内蒙古律师的身份认证资料传到上海，我们把名单纳入‘律师服务平台’，这样内蒙古律师在上海办案就更方便了。”3 月 2 日，山东省高级人民法院也正式开通律师服务平台，成为全国第二家。4 月 1 日，上海市高级人民法院的律师服务平台又率先向全国律师行业开放。可复制、可推广，既是邹碧华的创新方法，也是他的工作目标，更是他工作价值的体现。

最终还是源于信念。人民法院律师服务平台的设置，为律师执业提供了便利，提高了律师的工作效率，更保障了律师的执业权利，从而优化了律师的执业环境，而这所有一切，最终维护的是当事人的诉讼权利。另外，通过这种技术平台，又以此技术平台可以体现的机制设计，实现了法官与律师的正常工作互动与良性的相互监督。因此我说，看似是服务的便利，实际既是执业的保障，又是彼此的监督，一举多得，事半功倍。这一物理平台、技术系统、机制制度的安排，体现出邹碧华对律师的尊重，远远超出了对某一位个体律师的关心，其实质是对律师职业的尊重、对律师行业的呵护、对律师制度的敬畏。我觉得，无论是作为法官还是法院的管理者，他总能站在整体的高度，为构建法律职业共同体做不懈的努力。因为他的信念就在于，各种法治力量都是为公众输送公平正义的平等一环，唯有珍视这种价值纽带，才能凝聚起法律职业共同体之间的最大共识，才能赢得人民群众对法治的真诚信仰。

“春蚕到死丝方尽，蜡炬成灰泪始干。”邹碧华是改革者，更是创新者；是批判者，更是建设者；是思想者，更是践行者；是行者，更是布道者。他客观、冷静地看世界；更热烈、投入地改变世界。他敢为，更善为；敢于担当，更善于成事；无我，更无畏；有脑，更有方。“士不可以不弘毅，任重而道远。仁以为己任，不亦重乎？死而后已，不亦远乎？”同样作为法律人，我们要努力学习邹碧华的世界观与方法论，正如最高人民法院周强院长所说，“以邹碧华同志为镜子、为榜样、为标杆”，内化于心，外化于行，培养法律职业人的共同价值观，求得法律职业共同体的最大“公约数”，在全面推进依法治国的征途中，奋力前行。

（这是作者2015年7月22日在最高人民法院
“邹碧华精神”研讨会上的发言，并于2015年7月23日
发表在东方律师网、微信公众号“中国律师”上，有删改）

34

充分发挥调解与诉讼衔接机制在处理自贸区商事纠纷中的功能

在中国（上海）自贸区成立一周年之际，上海市第一中级人民法院与上海经贸商事调解中心合作签约，开展自贸区商事调解，这无疑是推进自贸区法治建设的又一重要举措。可以肯定的是，调解与诉讼解决衔接机制建设将在自贸区商事法律纠纷中发挥重要的功能。

自贸区商事有其特点，自贸区商事纠纷有其特征，自贸区商事纠纷的调解解决有其特效，自贸区商事纠纷的调解与诉讼解决衔接机制有其特色。自贸区商事的特点固然很多，但其自治性、效率化、开放性更为突出。从贸易角度叫自由，从法律基础是自治，自贸区充分的贸易自由来源于且体现为交易主体充分的意思自治。李克强总理说，对市场而言，法无禁止则能为；对政府来说，法无授权不能为。[1]在此理念下，自贸区商事的最大亮点便是自治性。而无论是自由还是自治，核心目的都是便捷高效，促成交易，实现盈利，繁荣经济，所以效率化乃至价值最大化不仅是商事行为的特点，更是商事行为的追求目的。而自贸区商事的开放性，既体现在其国际化，又表达为境内与境外、关内与关外、区内与区外的多重互动，使其在主体、交易行为、法律风险、监管等一系列方面充满复杂性与不确定。

正因为如此，自贸区商事纠纷呈现出主体上的多元化、内容上的多品种、专业上的高端性、时间上的新颖性、空间上的示范性等诸多特征。浦东新区法院的统计数字告诉我们，在自贸区开张半年之际，其自贸区法庭受理的纠纷包括投资贸易类 164 个、金融类 14 个、知识产权类 11 个、房地产类 9 个。可以预见，随着改革开放的进一步推进，更加新颖性、专业性、示范性的“首例”将在自贸区不断涌现。例如，居民自由贸易账户及非居民自由贸易账户跨境融资与担保、企业及符合条件的个人跨境直

1　参见《李克强：在国务院第二次廉政工作会议上的讲话》，载中国政府网，http：//www.gov.cn/guowuyuan/2014-02/24/content_2620261.htm。

接投资、区内国际金融资产交易、境外投资者参与境内期货交易、符合条件的单位与个人双向投资境内外证券期货等纠纷。这只是金融类商事纠纷之一隅，不过便可窥自贸区商事纠纷特征之全貌!

正在修正的《证券法》明确要完善多元化纠纷解决机制，规定了诉讼、和解、调解、仲裁等纠纷解决方式；正在起草的《期货法》透露出更加明确的信息，即要探索建立期货市场调解、仲裁、公益诉讼等纠纷解决机制，充分发挥行业协会在矛盾纠纷调处方面的优势，逐步提高期货市场自治、自律程度。

可见，“调解”是立法机关制定商事法律时运用自如的两个字，调解制度正是司法机关化解商事矛盾的有力武器，毕竟这一方式具有其特殊功效。充分听取当事人调不调、如何调的意见，本身便体现了对其意思自治的尊重，与其形成交易过程中的自由与自治可谓一脉相承。调解本身的不拘泥于形式与召之即来、来之能谈的程序化安排，以及直奔主题、直达底线的交流方式等，均反映其便捷、高效、有力，与商事行为本身的效率与效益不谋而合。自贸区商事主体的专业性、国际化、高端化，使其身边左为律师、右为会计师，其判断不仅趋利，而且更加理智，注重商业价值、交易惯例、司法判例、法律政策等综合判断，特别是在调解员为律师、会计师等专业人士的情况下，有信任、易沟通、便互动，争取双赢、调出和谐、解去纷争最符合商事主体“要争财不必然争气”的营利性价值追求。而自贸区商事及其纠纷本身的新颖性，在我国法律不那么完善的情况下，作出非黑即白、斩钉截铁的刚性判决尚难以把握之时，调解的柔性更容易使得化干戈为玉帛，案结事了，甚至案结事成、案结事好。当事人携剑而来，携手而归，这一场面是大家乐见其成的。

可见，在化解商事矛盾中，没有调解是万万不能的，但调解也不是万能的。没有司法的引领与保障，调解很可能便是无源之水、无本之木。其权威性无从谈起，则其基于没有当事人的选择而失去生存的基础。同时，司法对调解的引领与指导在于，在拥有极高法商、智商、情商、商（钱）商的调解员讲法、讲理、讲情、讲商时，法院与法官以无形之手使其必须关注的一个底线便是，对商事交易秩序的尊重，对交易规则特别是诚信价值的维护。当然，如何做到调解与诉讼程序的无缝对接、如何充分尊重当事人的调解选择权、如何快速高效进行财产保全、如何依法对调解协议进行审查与司法确认等，均在于人民法院。

唯有有机地衔接，才能真正阐发调解与诉讼相辅相成的独特魅力，才能充分发挥其固有的特色。习近平总书记说，自贸区建设不仅“要大胆闯、大胆试、自主改”，还要“尽快形成一批可复制、可推广的新制度”。[1]而自贸区商事纠纷的调解与诉讼解决机制，已经种下“试”与“闯”的种子，一定会结出“复制”与“推广”的果实。

（这是作者 2014 年 10 月 25 日在上海市第一中级人民法院与上海经贸商事调解中心“建立自贸区多元纠纷解决机制研讨会”上的发言）

1 《习近平：推进上海自贸区建设　加强和创新特大城市社会治理》，载《人民日报》2014 年 3 月 6 日，第 1 版。

35

尊重司法规律，推进司法改革

上海司法体制改革正在有序进行，人们的共识是司法体制改革要充分尊重司法规律。司法体制改革涉及“人”“权”“财”。“人”，主要是“员额制”问题以及司法人员分类管理体系及职业保障制度；“权”，就是司法责任制，让审理者裁判，由裁判者负责；“财”，指建立省以下法院的财物统一管理体制，在上海就是区县司法机关作为市级预算单位，落实收支两条线。上述“人”“权”“财”三方面有机统一，形成体系，内含规律。其中，“人”自然是第一位的，改革须以“人”为本。“人”的定位与定性尤为重要，如定位准、定性明，则其职责、选任、保障、监督一脉相承、一以贯之，许多问题便可迎刃而解。

司法体制改革首先是观念的改变，要实现价值观的引领。这里要明确一个常识，或者说一个规律性认识，那便是“法官不是官”，即法官不是我们一般意义上所谓的行政官员，于是方有改革的“去行政化”，方须建立一支精英化、专业化、专职化的法官队伍。在法官的结构与配置上，当然是有规律的。我们可以研究一下“大数据”，分析一下“大数据”背后的故事与规律。大家总是感叹“案多人少”，普遍感慨“法官的时间都去哪儿了”。不过也有学者认为，“案多人少”是一个伪命题。

据统计，目前我国有 13 亿人口，地方各级人民法院受理案件 1200 多万件；日本法院每年受理 380 多万件案件，而其人口只有 1.3 亿；美国联邦法院受理案件 164 万件（占全国案件的 5%），其人口也只有 3 亿。由此可见，相对于我国的人口而言，我国的案件数并不算多！

再看一下我国的法官数。我国法官有 20 万人左右，每万人拥有法官 1.45 名；美国约有 880 名联邦法官与 2.7 万名州法官，每万人拥有法官 0.86 名；日本不过 3000 名法官，万人法官数字为 0.23。由此可见，我们的法官似乎也不算少！

关键在于，法官的结构不科学、配置不合理。这一点是司法界所共知的事实，也是本次司法体制改革的根源之一，自然也是司法体制改革内容的重点与关键。

目前，上海推出的“员额制”确定了在队伍总数中法官占33%、司法辅助人员占52%以及行政管理人员占15%的结构。这一结构的设定无疑是实事求是，符合上海法官队伍客观现状的。对此，实务界普遍叫好，学界谨慎乐观。不过还是让我们统计与分析一下“大数据”，或许能够给我们带来进一步的思考。在日本，全国只有200多名法官兼任法院的行政工作；在我国台湾地区，兼任法院行政工作的法官只有不到20人，均在10%左右；在上海，如前所述，行政管理人员占比为15%，显然高出至少5个百分点。这是法官与行政人员之比较。再看法官与司法辅助人员之比。在美国，法官与司法辅助人员的比例约为1∶9.8；在意大利与法国，此比例分别为1∶3.7、1∶2.9；在我国台湾地区，这一比例约为1∶2.4。目前，上海法官与司法辅助人员分别占队伍总数的33%与52%，则其之比约为1∶1.58，显然是法官多了，司法辅助人员少了！

司法作为一种法律制度，作为一门社会科学，许多规律性的内容应该是比较一致的，或者说有一定的趋同性。特别是，我们探讨的是上海的司法体制改革、上海的员额制，不是我国同批次试点改革的另外5个省市，上海的城市定位是现代化国际大都市，法治化是题中应有之义，所以我们要立意更高，须与法治化程度更高的国际城市对标，方能事半功倍。因此我们说，法官要更精英、司法辅助人员要更优化、行政管理人员要更精干。法官越精英，才更专业、更职业，才更有尊荣、有权威，自然也容易核定其更高薪。

另外，在法官身上还有一个最大的常识——法官是审案者、断案者、判案者，这是其定性、其职责。通过改革，要充分发挥其应有的法律功能。须知，让人们在每一个案件中都能感受到司法公正，才是最大的政治功能与社会价值的体现。而且，通过聚焦与强化法律功能，法官方能全力以赴，集中办案，其队伍自然不在于多，贵在于精。正是因为法官的定性与职责，让审理者裁判、由裁判者负责便是法官的本质属性。法官必须是审理者，同时必须是裁判者，自然也是责任人，而不是院长、庭长、审判委员会，要形成一种常态，即院长对个案的负责主要基于其以法官的身份参与审理与裁判。在这里，通过改革，要大力推行大法官参与审判，当然，在目前的《法官法》背景下，大法官尽是院长等领导，于是人们普遍关注的是院长们如何参与审判。

自 2002 年 3 月首次评定晋升大法官以来，我国共产生了 3 位首席大法官、110 多位大法官，但据统计，只有 11 位大法官亲自主持 16 个（次）案件的庭审。法官忙，大法官更忙。大法官在忙什么呢？北大法学院一位副教授曾对某位任最高人民法院副院长的大法官 547 天任期内的公开活动作出统计，基本上都是行政管理工作，包括国家法官学院培训班开学典礼、观看最高人民法院离退休干部美术展等，唯独没有其亲自主持庭审的记录。大法官首先是大法官，其次才是院长、副院长等，大法官开庭审判，是法官职业化的最基本要求，自然这也是法律界对本次司法体制改革的重要期待。

说完法官再说说律师。

律师制度设计的本意是维护私权、制约公权，如果律师放弃与控方的抗辩则其存在没有任何价值，这也是一个司法常识，是一个规律性的认识。公安、检方必须充分认识、充分容忍律师的针锋相对，而法官必须充分支持、充分保障律师行使执业权利；法官、检察官与律师应共建法律职业共同体，建立良性和谐的互动关系。

本次上海司法体制改革中的亮点之一是从优秀律师等专业人士中选任法官。作为市政协委员，我早在 2012 年 1 月便提出了“推进从优秀律师中选拔法官的机制建设”的提案。此次司法体制改革的内容，似乎是对这一提案的最好回应。

我曾经说，优秀律师出任法官，肯定不是为了“钱”，也不是为了“权”，更不是为了“官”，而是出于法治奉献、维护公平的信念。不过目前这一改革措施好像“叫好不叫座”，似乎有点出人意料。据我的了解，并不是律师们对出任法官“不想”“不愿”“不能”，而是“不敢”，因为对其出任前景不那么明、程序不那么清、定位不那么明确。从这一角度说，司法体制改革应当充分吸收法律职业共同体各方共同参加，其中，律师不应只是旁观者、被选者，应成为参与者、共建者、共享者。

在此过程中，建立法官遴选委员会是个重要的改革举措。从其他国家和地区的经验来看，既有双轨制的法官遴任制度，也有一元化的法官遴任制度。例如，在英国，几乎所有的法官均须经过一元化的法官遴选委员会选任；在我国台湾地区，法官以职业考训后分配任用为主，以法官、检察官相互调任及优秀律师学者转任为辅，而从社会法律精英中延揽人士，则通过法官遴选委员会。

遴选优秀律师出任法官，自然不是本次司法体制改革最主要、最重要的内容，但毕竟可以牵一发而动全身，足以一石激起千层浪，起到一种流水不腐的“鲶鱼效应”，值得关注、值得点赞、值得期待。

（这是作者 2014 年 8 月 21 日在上海市政协
推进司法体制改革座谈会上的发言）

㊂

法治国家建设

36
以法治引领护航科普产业发展

我国《科学技术普及法》规定，科普是公益事业，同时明确国家支持社会力量兴办科普事业按市场机制运行。

我们在《科学技术普及法》修改调研中了解到，上海对接建设具有全球影响力的科创中心战略，构建科普社会化、市场化、国际化工作格局，以地方法规明确“支持、培育和推动科普产业发展”，作出了探索，提供了借鉴。

长宁以“数字长宁”为基础，形成了“数字科普”“国际科普”“产业科普”三大品牌。虹口、徐汇建立科普产业孵化基地，培育了一批科普创业企业。宝山打造科普公园，以创业园区聚集科普企业，探索科普与科技产业、文旅体育融合发展模式。目前，上海已涌现出一批科普产业先行者，如哔哩哔哩、喜马拉雅、混知文化、波客城市；上海航天技术研究院成立科技传播公司，自我造血并反哺科创。

上海的启示在于，推动科普从政府主导向政府引导、多元主体参与的社会化动员机制和市场化运作模式转变，实现公益性科普事业与经营性科普产业同步发展。

任何一个产业，都会强调企业主体、市场导向、效益目标，注重专业服务、质量管理、品牌运营，科普也不例外。目前，我国科普企业具有一定规模业态的有科普展教、科普出版、科普影视、科普教育、科普网络信息以及科普网络游戏、视频动漫。

当然，基于科普本身的公益属性，又需要国家支持、政府引导、社会重视，从而使市场在资源配置中起决定性作用的同时，更好地发挥政府作用，推动有效市场和有为政府更好结合。

为此建议，在《科学技术普及法》修改中，完善促进科普产业发展制度规定，在总则中明确“国家鼓励、支持和保障科普产业发展”，同时将目前修改草案第四章“科普活动”中第30条“鼓励兴办科普企业”“发展科普产业”的相关内容予以扩展，就“科普产业”作出专题、多条规定：

国家出台科普产业规划。政府建立科普年度采购清单制度，对科普产品和服务实行政府购买。国家对科普产业实施税收优惠，企业的科普研发费用在计算应纳税所得额时予以加计扣除。政府设立科普产业引导基金，建立科普创业园区，孵化、扶持科普企业。政府和司法机关加强对科普企业创新、创造、创意的版权、商标、专利、技术秘密以及商业秘密的保护。国家科技行政管理部门指导成立科普产业协会，科普产业协会负责制定行业标准，建立认证制度，实施自律管理，推进产学研用联盟。国家支持科普企业引进国外优秀科普成果，开展国际科普产业交流合作。

（这是作者 2023 年 6 月 9 日在全国政协双周协商座谈会上的发言，其主要内容刊登在 2023 年 6 月 14 日的《人民政协报》）

37
“两会”现场：为法治中国建设鼓与呼

一

五年前的2018年，我开始担任第十三届全国政协委员。五年后，按照汪洋主席“政协委员要提交合格答卷”的要求，我向全国政协汇报了自己的履职成果“清单”：

获“全国政协委员优秀履职奖”。2022年3月7日下午，2021年度“全国政协委员优秀履职奖”表彰会议在全国政协会议期间举行，汪洋主席亲自为获奖者颁奖。作为获奖人之一，我登上主席台领奖。

连续两年获全国政协“好提案”奖。2019年、2020年，我牵头提交的关于设立上海金融法院的提案以及有关金融案件实施集中管辖的提案，连续两年获全国政协“好提案”奖。

两度担任全国政协读书群“群主”，并连续三年获全国政协“读书积极分子”。全国政协于2020年7月开设学习民法典（上、下）读书群，我担任了为期各三个月、共计半年的读书群“群主”。2021年11月，由读书群导读组编著的《学好用好民法典》（上、下册）由中国文史出版社出版。

在全国政协会议上做“大会发言”。2021年3月8日上午，第十三届全国政协第四次会议举行大会发言，我第一个走上主席台，作了《以推动民法典有效实施凝聚法治共识》的主题发言。

在全国政协会议上走“委员通道”。2019年3月9日，在第十三届全国政协第二次会议上，我走上“委员通道”，讲述“中国律师的故事”，就“律师怎样才能更好地发挥作用”回答了《法治日报》全媒体记者的提问。

连续两年参加全国政协“双周协商座谈会”并发言。2019年5月、2020年6月，我连续两年参加由汪洋主席亲自主持的全国政协双周协商座谈会，分别对“《著作权法》的修改”“《行政复议法》的修改”发言提出建议。

五年来共提交46个提案。自2018年至2022年，我共向全国政协提交46个提案，内容涉及法治建设、社会治理、经济发展、共同富裕、疫情防控，聚焦法律制度完善、律师权益保障。

参加国务院大督查。经政协全国委员会办公厅统一选派，今年8月22日至9月2日，我以全国政协委员身份参加国务院第一督查组工作，对山西省进行实地督查。10月11日，国务院办公厅督查室发来感谢信："工作中，您坚持原则，实事求是，担当作为，严于律己，展现了优良的作风形象。"

二

成绩只是说明过往，未来必须奋跃而上。"等闲识得东风面，万紫千红总是春。"今年"两会"拉开大幕，2977名全国人大代表、2172名全国政协委员，满怀人民期待，肩负人民重托，齐聚人民大会堂共商国是，一场全过程人民民主的宏大叙事正式展开。

党的二十大报告指出，发展全过程人民民主，是中国式现代化的本质要求。作为律师委员，我始终关注并研究着身边发生的"发展全过程人民民主、保障人民当家作主"（党的二十大报告语）的一个个生动实践。

"来自广东的毛红波、内蒙古的王春红等建议加强对利用野生动物进行公众展示展演活动的规范管理，经综合研究增加此规定……"2022年12月，全国人大常委会法工委发言人在通报社会公众对法律草案的意见时，首次以“具名”方式对吸收采纳意见情况作了反馈，这让原本只是例行的通报变得有些与众不同。“扩大人民有序参与立法，是践行全过程人民民主的鲜活实践。”发言人如此解读。

在今年全国政协会议上，我就提出这样一个建议：健全法律法规规章草案公开征求意见和公众意见采纳情况反馈制度。应对《立法法》（2015 年修正）第 37 条有关“法律草案及其起草、修改的说明等向社会公布，征求意见”的内容，作出更加全面、具体的规定。

的确，发展全过程人民民主需要加强法制建设，特别是在人民群众感受最直接、关联最密切、落脚最实在的关键点、重要处，健全制度、完善立法，加快形成并进而完善“发展全过程人民民主”的法律体系。

上述有关《立法法》第 37 条的建议，是我本次“关于进一步加强‘发展全过程人民民主’相关法律体系建设的提案”的内容之一，我还谈到：在完善“吸纳民意、汇聚民智”相关法律制度方面，应制定基层立法联系点法律规定。在上海虹桥街道的基层立法联系点，习近平总书记首次提出了全过程人民民主的重要论断。应细化立法，让老百姓真正成为民主立法的“主角”。在推进“积极发展基层民主”法律规范建设方面，应完善基层直接民主制度，健全企业民主管理制度。在健全司法民主法律体系方面，应立法明确民事检察听证制度，进一步完善人民陪审员制度，加快制定统一的调解法……

三

今年全国政协会议期间，习近平总书记在看望委员时，强调要发挥民营企业作用、保护民营企业权益、推进民营企业高质量发展，谆谆教诲，娓娓道来，语重心长。习近平总书记一直说中国经济的“坚强韧性”，而民营企业正是增强其坚韧度的不可或缺、无法替代的重要因素，需要政府呵护和保障。习近平总书记也总说中国经济的“发展动力”，而民营经济正是推进我国经济高质量发展的强大加速器，需要政府引领和鼓励。习近平总书记还常说中国经济的“巨大潜力”，而民营企业家蕴含着的创业能力、创造实力、创新精力不可限量，需要政府规范和服务。我想，这应该就是习近平总书记多次讲话强调重视发展民营经济的背景所在。

当然，在现实中还有这样的情形：在观念上，对待民营企业“疏”则太远、“亲”却不够。有的干部把民营企业家视为“问题老板”“麻烦老总”，没有真正认识我国《宪法》和《民法典》规定的我国社会主义基本经济制度的核心要义，也没有真正理解党的二十大报告对“两个毫不动摇”强调的重要性。在实践中，有关民营企业的规定，政策性较强，权威性偏弱，约束力也较软。

不少企业家反映，规则风向常变，政策执行时紧时松，“新官不理旧账”的情况客观存在。在司法环节，民营企业的维权较难。国有企业出了问题，还有政府相关部门或有关组织应急处置，“换人企业存”，而对民营企业家而言，就会存在“抓人企业倒”的情况。

2022年中央经济工作会议强调：切实落实“两个毫不动摇”，要从制度和法律上把对国企民企平等对待的要求落下来，从政策和舆论上鼓励支持民营经济和民营企业发展壮大。[1]其中一个很重要的方面，就是要把推进制定民营企业基本法落在实处，为此我专门提了一个提案，建议制定“民营企业法”，将《宪法》《民法典》以及党的二十大报告的上述规定具体化；将竞争中性、要素获取、准入许可、经营运行、政府采购和招投标等相关制度以法律形式明确；把侵犯民营企业和企业家行为的责任追究机制从法律上实实在在地落实下来。

四

“两院”工作报告，一如既往地最值得律师代表和委员们关注。“两会”期间，会场内外，会上会下，委员们对周强院长的最高人民法院工作报告和张军检察长的最高人民检察院工作报告好评如潮。我提炼了12个字：“突破”与“领先”，“最

1　参见曲永义：《切实落实“两个毫不动摇”》，载《红旗文稿》2022年第24期。

高”与“最低”，“金句”与“规律”。

突破与领先。突破是纵向说，领先是横向比。最高人民法院过去5年的工作成果斐然，有几个突破与领先是非常亮眼的。“我国知识产权专业化审判体系基本形成”“基本建成中国特色环境资源审判组织体系”“开放、动态、透明、便民的阳光司法机制已经形成”，这是人民法院工作的历史性成绩。“智慧法院成为中国司法在国际上的鲜明亮色”“中国互联网司法从技术领先迈向规则引领”“中国司法体制改革……在国际上产生广泛影响”，这是中国司法日益提升的国际影响力。我作为一名法律工作者，应当说是司法活动的见证者、亲历者，一定程度的参与者、改革成果的共享者，读到这些成就，还是非常激动，也是非常骄傲的。

最高与最低。张军检察长的工作报告说：“2022年受理审查起诉杀人、放火、爆炸、绑架、抢劫、盗窃犯罪为近二十年来最低，人民群众收获实实在在的安全感。”客观且平实的话语中，蕴含着人民检察院维护安全稳定的神圣担当，这是“中国之治”“东方不乱”的彰显。不知不觉间，人民群众的安全感、幸福感已随风潜入夜。“诉前羁押率从2018年的54.9%降至2022年的26.7%，为有司法统计以来最低。”两个最高，则是“不捕率从22.1%升至43.4%，不诉率从7.7%升至26.3%，均为有司法统计以来最高”。数据背后，是全面贯彻宽严相济刑事政策的明显效果，严惩严重犯罪决不动摇，较轻犯罪少捕慎诉慎押，标志着我国人权保障再上新台阶、社会治理进入新局面。

金句与规律。“两院”报告一如既往地金句频出、警句再现，自然，人民大会堂也是掌声不断。金句，体现的是法治理念；警句，表达的是司法规律。欣赏品味之中，发人深省、引人深思。“决不允许网络空间沦为法外之地”“坚决防止将经济纠纷当作犯罪处理”，铿锵有力！“竭力为市场主体拼经济创造‘暖环境’”“让老人晚年幸福自由受到尊重，让子女常回家看看成为自觉”，充满温情！“坚持国法天理人情相统一”“让司法活动在阳光下运行，让公平正义以看得见的方式实现”，承诺庄严！“公正是质量与效率的统一”“检察官既是犯罪追诉者也是无辜保护者”，掷地有声！“惩治促矫治，企业获新生”“让乡愁有寄托，家国驻心怀”，春风化雨！“是黑恶犯罪一个不放过，不是黑恶犯罪一个不凑数”“纠错不能止于国家赔偿，追责必须落到责任主体”，振聋发聩！

最后加一个期待：司法体制改革应进一步深化。周强院长在报告中指出，“司法体制综合配套改革存在不平衡不到位问题，审判权力运行制约监督机制还存在短板”；张军检察长也提到“统筹推进司法体制综合配套改革不够”。因此，应深化司法体制改革，加快建设公正高效权威的社会主义司法制度，坚持顶层设计与实践探索相统一，集成经验，总结教训，提炼规律，完善制度，健全立法，从而加快推进司法公正，建成法治中国。

五

关注律师执业权益保障，当然是律师代表和委员们的重中之重。

周强院长在最高人民法院工作报告中指出，“加强被告人辩护权和律师执业权利保障，畅通律师协会维护律师执业权利渠道，推进律师辩护全覆盖，全面落实死刑复核案件法律援助制度”。报告特别提到了“44.8 万名律师、基层法律服务工作者注册使用律师服务平台，在线办理申请立案、阅卷、调查收集证据等事项 884 万件次”，并在今后工作建议中强调，要“保障律师执业权利，确保严格公正司法”。[1]

张军检察长的最高人民检察院工作报告，强调“亲清检律关系共促司法公正”：2020 年与司法部、全国律师协会建立年度会商机制，地方检察机关同步推进；近期联合发布 10 条意见，尊重、保障律师依法执业。全面推开律师互联网阅卷，试点律师异地阅卷，查阅案卷更便捷。与司法部等出台意见，规范检

1　参见《（两会受权发布）最高人民法院工作报告》，载新华网，http：//www.news.cn/2023-03/17/c_1129439924.htm。

律交往行为，“亲”不逾矩、“清”不远疏。[1]同时，报告还特别谈到积极推动检察官与律师同堂培训，促进统一执法司法理念。

应当说，在人民法院和检察院的依法保障、努力推进下，维护律师执业权利的机制越发完整、更加系统。保障权利、服务执业、发挥功能，“三位一体”，一脉相承，彼此融合。

除了依法维护律师执业权利，人民法院推进智慧法院建设，设立律师服务平台，为律师执业提供服务，便利律师执业，提高工作效率。检察院全面推开律师互联网阅卷，让律师少跑腿，让信息多跑路。

更重要的是，人民法院和检察院充分发挥律师在维护当事人合法权益、维护法律正确实施过程中不可或缺的功能。例如，人民法院推进律师辩护全覆盖，全面落实死刑复核案件法律援助制度，构建多元化纠纷解决机制，建成中国特色“一站式”多元纠纷解决和诉讼服务体系。

人民检察院 2020 年起探索涉案企业合规改革试点，对依法可不捕、不诉的涉案企业责成作出合规承诺，切实整改。在此过程中，律师发挥了不可替代的作用。同时，检察机关做强民事检察监督，对认为确有错误的民事裁判提出抗诉，其中律师

1 参见《（两会受权发布）最高人民检察院工作报告》，载新华网，http：//www.news.cn/2023-03/17/c_1129439978.htm。

也发挥了重要作用。另外，检察机关拓展公益诉讼，以能动检察守护公共利益，律师协同配合，功不可没。

习近平总书记指出："律师队伍是依法治国的一支重要力量。"[1] 我在小组讨论时，在大会提案中，均建议：人民法院、检察院、司法部以及相关立法机关、司法机关共同努力，尽快修订《律师法》，进一步优化律师执业权利保障。在总则中以专条明确律师依法享有会见权、阅卷权、调查取证权、知情权、申请权、申诉权、质证权、发问权、辩论辩护权等执业权利，以及律师执业中的人身权；规定人民法院、人民检察院和公安机关各司其职、相互制约、相互配合，并充分发挥律师的代理及辩护作用，促进司法公正，让人民群众在每一个司法案件中感受到公平正义。

（这是作者发表在 2023 年第 4 期《中国律师》上的文章，有修改）

1　习近平：《加快建设社会主义法治国家》，载《求是》2015 年第 1 期。

38

民营企业高质量发展与资本市场注册制改革

一

2023 年 3 月 6 日，习近平总书记看望参加全国政协十四届一次会议的民建、工商联界委员，并作了重要讲话。我的理解是，本次重要讲话的核心主题是民营经济发展。

1. 重要力量：“民营经济是我们党长期执政、团结带领全国人民实现‘两个一百年’奋斗目标和中华民族伟大复兴中国梦的重要力量。”“无论是国有企业还是民营企业，都是促进共同富裕的重要力量。”

2. 重要作用："要积极发挥民营企业在稳就业、促增收中的重要作用。"

3. 支持指导："始终把民营企业和民营企业家当作自己人……在民营企业遇到困难的时候给予支持，在民营企业遇到困惑的时候给予指导。"

4. 排忧解难："要把构建亲清政商关系落到实处，为民营企业和民营企业家排忧解难。""要加强思想政治引领，引导民营企业和民营企业家正确理解党中央关于'两个毫不动摇''两个健康'的方针政策，消除顾虑，放下包袱，大胆发展。"

5. 依法维护："要优化民营企业发展环境，破除制约民营企业公平参与市场竞争的制度障碍，依法维护民营企业产权和企业家权益，从制度和法律上把对国企民企平等对待的要求落下来，鼓励和支持民营经济和民营企业发展壮大，提振市场预期和信心。"

6. 更高要求："民营企业要践行新发展理念，深刻把握民营经济发展存在的不足和面临的挑战，转变发展方式、调整产业结构、转换增长动力，坚守主业、做强实业，自觉走高质量发展路子。"

7. 社会责任："民营企业家要增强家国情怀，自觉践行以人民为中心的发展思想，增强先富带后富、促进共同富裕的责任感和使命感。”“民营企业要在企业内部积极构建和谐劳动关系。”“民营企业和民营企业家要筑牢依法合规经营底线。”“做到富而有责、富而有义、富而有爱。”[1]

关于民营经济发展，今年政府工作报告也指出：

“促进多种所有制经济共同发展。坚持和完善社会主义基本经济制度，坚持‘两个毫不动摇’。”“促进民营企业健康发展，破除各种隐性壁垒，一视同仁给予政策支持，提振民间投资信心。完善产权保护制度，保护企业家合法权益，弘扬企业家精神。”

我们回顾一下，2022 年、2021 年、2020 年、2019 年、2018 年连续五年，政府工作报告中均有促进多种所有制经济共同发展，坚持和完善社会主义基本经济制度，坚持“两个毫不动摇”的表述。充分说明，党和国家关于民营经济发展的政策是连续的，一脉相承、一以贯之。

例如，2022 年政府工作报告：要正确认识和把握资本的特性和行为规律，支持和引导资本规范健康发展。依法平等保护企业产权、自主经营权和企业家合法权益，营造各类所有制企业竞相发展的良好环境……

再如，2021 年政府工作报告：毫不动摇巩固和发展公有制经济，毫不动摇鼓励、支持、引导非公有制经济发展。各类市

1 参见《习近平在看望参加政协会议的民建工商联界委员时强调 正确引导民营经济健康发展高质量发展》，载中国共产党新闻网“习近平系列重要讲话数据库”2023 年 3 月 7 日，http：//jhsjk.people.cn/article/32638352。

场主体都是国家现代化的建设者，要一视同仁、平等对待。弘扬企业家精神……

又如，2020 年政府工作报告：优化民营经济发展环境。保障民营企业平等获取生产要素和政策支持，清理废除与企业性质挂钩的不合理规定。限期清偿政府机构拖欠民营和中小企业款项。构建亲清政商关系……

还有 2019 年政府工作报告：坚持“两个毫不动摇”，鼓励、支持、引导非公有制经济发展。按照竞争中性原则，在要素获取、准入许可、经营运行、政府采购和招投标等方面，对各类所有制企业平等对待……

另外，2018 年政府工作报告：坚持“两个毫不动摇”，坚持权利平等、机会平等、规则平等。构建亲清新型政商关系，健全企业家参与涉企政策制定机制。激发和保护企业家精神……

我们关注到，习近平总书记在今年讲话中特别重申了“从制度和法律上把对国企民企平等对待的要求落下来”。[1] 应当说，这一论断和要求具有严密而系统的法律逻辑、政治逻辑、现实逻辑。

我国《宪法》规定：“国家在社会主义初级阶段，坚持公有制为主体、多种所有制经济共同发展的基本经济制度。”“在

1　参见《习近平在看望参加政协会议的民建工商联界委员时强调　正确引导民营经济健康发展高质量发展》，载中国共产党新闻网“习近平系列重要讲话数据库”2023 年 3 月 7 日，http：//jhsjk.people.cn/article/32638352。

法律规定范围内的个体经济、私营经济等非公有制经济，是社会主义市场经济的重要组成部分。国家保护个体经济、私营经济等非公有制经济的合法的权利和利益。国家鼓励、支持和引导非公有制经济的发展，并对非公有制经济依法实行监督和管理。”

作为国家的根本法，《宪法》为“从制度和法律上把对国企民企平等对待的要求落下来”提供了**最权威法律依据**。

我国《民法典》明确：“国家坚持和完善公有制为主体、多种所有制经济共同发展，按劳分配为主体、多种分配方式并存，社会主义市场经济体制等社会主义基本经济制度。国家巩固和发展公有制经济，鼓励、支持和引导非公有制经济的发展。国家实行社会主义市场经济，保障一切市场主体的平等法律地位和发展权利。”

作为一部固根本、稳预期、利长远的基础性法律，《民法典》为“从制度和法律上把对国企民企平等对待的要求落下来”提供了**最基本法律遵循**。

《中国共产党章程》要求：“必须坚持和完善公有制为主体、多种所有制经济共同发展，按劳分配为主体、多种分配方式并存，社会主义市场经济体制等基本经济制度，鼓励一部分地区和一部分人先富起来，逐步实现全体人民共同富裕，在生产发展和社会财富增长的基础上不断满足人民日益增长的美好生活需要，促进人的全面发展。”“中国共产党领导人民发展社会主义市场经济。毫不动摇地巩固和发展公有制经济，毫不动摇地鼓励、支持、引导非公有制经济发展。”

作为管党治党的总章程、总规矩，《中国共产党章程》为“从制度和法律上把对国企民企平等对待的要求落下来”提供了**最根本政治引领**。

党的二十大报告强调：“坚持和完善社会主义基本经济制度，毫不动摇巩固和发展公有制经济，毫不动摇鼓励、支持、引导非公有制经济发展。”“优化民营企业发展环境，依法保护民营企业产权和企业家权益，促进民营经济发展壮大。”

作为党治国理政的纲领性文件，党的二十大报告为“从制度和法律上把对国企民企平等对待的要求落下来”提供了**最高级政治保障**。

我国经济社会发展事实告诉我们：民营企业贡献了50%以上的税收、60%以上的GDP、70%以上的技术创新、80%以上的劳动就业、90%以上的企业数量。这些数据为“从制度和法律上把对国企民企平等对待的要求落下来”提供了**最现实的发展支撑**。

为此，在今年全国政协会议上，我提交了一个“关于切实推进‘从制度和法律上把对国企民企平等对待的要求落下来’

的提案”，建议：

一是，把保障民营企业家人身权益落在实处。

对民营企业家涉嫌刑事犯罪的，检察机关在审查批捕时应保障其辩护律师的知情权，充分听取律师意见。对于律师提出的羁押必要性审查申请，检察机关应认真听取。对已经逮捕的涉嫌犯罪民营企业家，有不需要继续羁押情形发生的，应依法建议释放或者变更强制措施。

依法规范使用指定居所监视居住的强制措施。对此措施，不应违法多次使用、变更管辖连续使用、超过法定期限延长使用；应严格适用条件，依法通知被监视居住人的家属，保障律师的知情权、会见权以及被监视居住人的通信权，不得将此异化为变相羁押。

完善涉案企业合规改革试点并全面推开。坚持依法保障企业权益与促进守法合规经营并重，完善合规必要性审查，优化第三方机制管委会及专业人员库，加强对合规计划的制订及执行审查把关，健全第三方监督评估机制，制定类案合规办案指引，规范检察与行政、审判机关对接协调机制，实现治罪与治理并重，促进系统治理、诉源治理。

二是，把责任追究机制落在实处。

对于办案机关侵害民营企业及企业家合法权益的，检察机关应该充分发挥法律监督职能，依法严肃追究相关机关和人员的责任。

建议全国人大常委会自身或安排相关省级人大常委会在2023年开展一次有关民营企业司法环境的专项检查，监督司法机关保障民营企业权益司法政策的落实情况，重点抽查社会影响大、群众反响强的民企刑案、人身羁押、财产查封，以及再审申请、合规制度试点等内容。

三是，把推进制定民营企业基本法落在实处。

建议推进制定“民营企业法”。将《宪法》和《民法典》以及党的二十大报告的上述规定具体化、落实化；将竞争中性、要素获取、准入许可、经营运行、政府采购和招投标等相关制度上升至专门立法高度；把侵犯民营企业和企业家不法行为的责任追究予以法律化。从而真正发挥法治在落实“两个毫不动摇”中的基础作用。

二

说到资本市场改革，让我们梳理并学习党的二十大报告和近几年政府工作报告的相关内容。

党的二十大报告强调：“健全资本市场功能，提高直接融资比重。”

2023年、2022年、2021年、2020年、2019年、2018年政府工作报告分别指出：

推进股票发行注册制改革，完善资本市场基础制度，加强金融稳定法治建设（2023年）。完善民营企业债券融资支持机制，全面实行股票发行注册制，促进资本市场平稳健康发展（2022年）。稳步推进注册制改革，完善常态化退市机制，加强债券市场建设，更好发挥多层次资本市场作用，拓展市场主体融资渠道（2021年）。改革创业板并试点注册制（2020年）。改革完善资本市场基础制度，促进多层次资本市场健康稳定发展，提高直接融资特别是股权融资比重（2019年）。深化多层次资本市场改革，推动债券、期货市场发展（2018年）。

我们特别关注习近平总书记2018年11月5日在首届进博会上主旨演讲中的宣告："在上海证券交易所设立科创板并试点注册制。"[1]

应当说，我国资本市场发展尤其是注册制改革蹄疾步稳，成效卓著。在此背景下，民营经济利用资本市场发展契机正好，时不我待。

于是我们分析，注册制背景下，到底为什么民营企业要上市？企业上市到底审不审？上市公司到底应具备什么素质？民

1 《习近平：共建创新包容的开放型世界经济——在首届中国国际进口博览会开幕式上的主旨演讲》，载中国共产党新闻网"习近平系列重要讲话数据库"2018年11月5日，http：//jhsjk.people.cn/article/30382600。

营企业到底还应遵守什么样的金融底线？

在这里，我们从企业的本质属性是什么说起。我国《民法典》第76条第1款规定："以取得利润并分配给股东等出资人为目的成立的法人，为营利法人。"可见，作为营利法人，企业是必须要营利的，即取得利润、分配利润。当然，这并不排除其应当承担社会责任，所以《民法典》第86条规定："营利法人从事经营活动，应当遵守商业道德，维护交易安全，接受政府和社会的监督，承担社会责任。"

所以，民营企业上市，就其作为一个营利法人而言，是其健康发展、规范发展、高质量发展、可持续发展的必要选择、必由之路。

可谓：融资发展，如虎添翼；法人治理，行稳致远；信息披露，规范运行；股权激励，同舟共济；企业信用，增值赋能；人才战略，近悦远来。

我国《证券法》规定，证券发行上市应"符合条件""报经注册"。应当说，注册制下，企业上市不是审不审的问题，关键是审什么？谁来审？怎么审？

注册制下，首先规定了"板块定位"。主板：突出"大盘蓝筹"特色，重点支持业务模式成熟、经营业绩稳定、规模较大、具有行业代表性的优质企业。科创板：面向世界科技前沿、面向经济主战场、面向国家重大需求。优先支持符合国家战略，拥有关键核心技术，科技创新能力突出，主要依靠核心技术开展生产经营，具有稳定的商业模式，市场认可度高，社会形象良好，具有较强成长性的企业。创业板：深入贯彻创新驱动发展战略，适应发展更多依靠创新、创造、创意的大趋势，主要服务成长型创新创业企业，支持传统产业与新技术、新产业、新业态、新模式深度融合。

同时，规定了发行条件，如持续经营、会计规范、业务完整、企业合规。但无论如何，民营企业上市应把握上市公司具备的基本素质。积多年为企业上市提供法律服务的经验，我将其概括为“三性”“四能力”，即规范性、独立性、持续性，独立经营能力、独立盈利能力、持续经营能力、持续盈利能力。

对于规范性，要连续性地看：设立、增资、转让、交易、运营、存续……也要多面化地看：工商、税务、土地、环保、外资、海关、国资、财务、劳动、安全、市场、数据、知识产权……还要延伸式地看：控股股东、高级管理人员、下属机构……

对于独立性，要关注其独立经营能力、独立盈利能力。

对于持续性，则关注其持续经营能力、持续盈利能力。

民营企业到底还应遵守什么样的金融底线？我觉得几位领导说得十分到位：

做生意是要有本钱的，借钱是要还的，投资是要承担风险的，做坏事是要付出代价的。[1]

——刘鹤

金融的本质：为有钱人理财，为缺钱人融资；信用、杠杆、风险的关系，设计一个信用可靠、风险较小、不容易坏账的杠杆比；为实体经济服务。[2]

——黄奇帆

高收益意味着高风险，收益率超过6%就要打问号，超过8%就很危险。10%以上就要准备损失全部本金。一旦发现承诺高回报理财产品就要相互提醒、积极举报。[3]

——郭树清

而中国证监会关于注册制的“两个不表明”，则把注册制的底线充分表明了：对发行人首次公开发行股票申请予以注册，不表明中国证监会和交易所对该股票的投资价值或者投资者的

1 参见《刘鹤副总理的四句大白话》，载《文摘报》2018年5月22日，第1版。刘鹤，中央财经委员会办公室主任、国务院安全生产委员会主任，原国务院副总理。

2 参见《金融的本质》，载《文摘报》2018年8月23日，第2版。黄奇帆，中国金融四十人论坛学术顾问，曾任全国人大财政经济委员会副主任委员、中国国际经济交流中心副理事长。

3 参见《郭树清谈非法集资风险：收益率超6%需谨慎》，载人民网2018年6月14日，http：//money.people.com.cn/n1/2018/0614/c42877-30059109.html。

收益作出实质性判断或者保证；不表明中国证监会和交易所对注册申请文件的真实性、准确性、完整性作出保证。

最后，期待民营企业充分认识资本市场功能，特别是注册制下资本市场改革发展给民营企业健康发展、高质量发展带来的机遇，充分理解上市公司本质属性和金融底线，充分利用资本市场做强做大，为中国经济高质量发展贡献不可或缺、不可替代的力量！

（这是作者2023年4月14日在由上海证券报·中国证券网、浙商证券联合主办的“春风唤雨　聚势而生——第61届中国资本市场高级研讨会暨上证春季所长论坛”上发言的主要内容）

39

擘画全面依法治国新蓝图
书写法治中国建设新篇章

习近平总书记在党的二十大报告中指出："坚持全面依法治国，推进法治中国建设。"[1]法治，在党的全国代表大会的报告中得以更加浓墨重彩。

"坚持全面依法治国，推进法治中国建设"作为全文内容之七，以大标题列示，与"四、加快构建新发展格局，着力推动高质量发展""五、实施科教兴国战略，强化现代化建设人才支撑""六、发展全过

1 《高举中国特色社会主义伟大旗帜　为全面建设社会主义现代化国家而团结奋斗——在中国共产党第二十次全国代表大会上的报告（2022年10月16日）》，载《人民日报》2022年10月26日，第1版。

程人民民主，保障人民当家作主”“八、推进文化自信自强，铸就社会主义文化新辉煌”“九、增进民生福祉，提高人民生活品质”“十、推动绿色发展，促进人与自然和谐共生”“十一、推进国家安全体系和能力现代化，坚决维护国家安全和社会稳定”“十二、实现建军一百年奋斗目标，开创国防和军队现代化新局面”“十三、坚持和完善‘一国两制’，推进祖国统一”“十四、促进世界和平与发展，推动构建人类命运共同体”“十五、坚定不移全面从严治党，深入推进新时代党的建设新的伟大工程”相提并论。

与党的十九大报告相比，在结构与篇幅上，党的二十大报告关于全面依法治国的论述更加突出。

回顾党的十九大报告，“坚持全面依法治国”作为第 6 条，与其他 13 条即“坚持党对一切工作的领导”“坚持以人民为中心”“坚持全面深化改革”“坚持新发展理念”“坚持人民当家作主”“坚持社会主义核心价值体系”“坚持在发展中保障和改善民生”“坚持人与自然和谐共生”“坚持总体国家安全观”“坚持党对人民军队的绝对领导”“坚持‘一国两制’和推进祖国统一”“坚持推动构建人类命运共同体”“坚持全面从严治党”，共同“构成新时代中国特色社会主义思想和基本方略”。

而在党的十九大报告的工作部署中，“深化依法治国实践”

作为“六、健全人民当家作主制度体系，发展社会主义民主政治”中的第（四）项，具体表述为：“全面依法治国是国家治理的一场深刻革命，必须坚持厉行法治，推进科学立法、严格执法、公正司法、全民守法。成立中央全面依法治国领导小组，加强对法治中国建设的统一领导。加强宪法实施和监督，推进合宪性审查工作，维护宪法权威。推进科学立法、民主立法、依法立法，以良法促进发展、保障善治。建设法治政府，推进依法行政，严格规范公正文明执法。深化司法体制综合配套改革，全面落实司法责任制，努力让人民群众在每一个司法案件中感受到公平正义。加大全民普法力度，建设社会主义法治文化，树立宪法法律至上、法律面前人人平等的法治理念。各级党组织和全体党员要带头尊法学法守法用法，任何组织和个人都不得有超越宪法法律的特权，绝不允许以言代法、以权压法、逐利违法、徇私枉法。”在文字数量上，“深化依法治国实践”上述内容近330个字，而本次党的二十大报告中“坚持全面依法治国，推进法治中国建设”的篇幅明显要长得多，近1130个字。

党的二十大报告中全面依法治国突出的背后，是过往实践上的高度重视与骄人成绩。在历史的长河中，铭刻着许多具有重要标志意义的“第一次”。党中央组建中央全面依法治国委员会，这是我们党历史上第一次设立这样的机构；通过《民法典》，这是新中国成立以来第一部以“法典”命名的法律；召开中央全面依法治国工作会议，这是第一次以党中央工作会议形式研究部署全面依法治国……在习近平法治思想的科学指引下，五年来，法治中国建设开创了新局面。

党的二十大报告关于“坚持全面依法治国，推进法治中国建设”的论述，深刻阐述、系统反映了习近平法治思想的核心要义、精华内容。例如，坚持走中国特色社会主义法治道路；坚持依宪治国、依宪执政；在法治轨道上全面建设社会主义现代化国家；建设中国特色社会主义法治体系；坚持依法治国、依法执政、依法行政共同推进，坚持法治国家、法治政府、法治社会一体建设；全面推进科学立法、严格执法、公正司法、全民守法（坚持党对全面依法治国的领导、坚持以人民为中心，在报告此前部分所表述的“中国式现代化的本质要求”中已有鲜明体现）。

应当说，建设中国特色社会主义法治体系、建设社会主义法治国家，是全面依法治国的总目标。建设中国特色社会主义法治体系，也是全面依法治国的总抓手。坚持依法治国、依法执政、依法行政共同推进，坚持法治国家、法治政府、法治社会一体建设，是全面依法治国的工作布局。

值得关注的是，党的二十大报告特别强调了法治的核心价值和全面依法治国的重大意义。习近平总书记指出，全面依法治国是国家治理的一场深刻革命，关系党执政兴国，关系人民幸福安康，关系党和国家长治久安。习近平总书记进一步指出，必须更好发挥法治固根本、稳预期、利长远的保障作用，在法治轨道上全面建设社会主义现代化国家。[1]

在谈到“加快建设法治社会”时，习近平总书记强调要“弘扬社会主义法治精神，传承中华优秀传统法律文化”，意味深远，语重心长。以《民法典》为例，其既系统整合了新中国成立70多年来长期实践形成的民事法律规范，又借鉴了人类法治文明建设有益成果，更汲取了中华民族5000多年优秀法律文化，所以习近平总书记评价这是“一部具有鲜明中国特色、实践特色、时代特色的民法典”[2]。

习近平总书记所言“引导全体人民做社会主义法治的忠实崇尚者、自觉遵守者、坚定捍卫者”“努力使尊法学法守法用法在全社会蔚然成风”，对全民普法提出了新要求、制定了高标准。法治社会建设的基础是基层，尤其是社区、乡村；法治社会建设的未来是学校，特别是小学生、中学生。新时期普法应与乡村振兴相对接，把普法作为乡村振兴的必备内容、社会治理的必要形式。同时，持续推进法律特别是《民法典》进学校，尤其是进中学，让学生在人生观、世界观、荣辱观形成阶段，就融入民法意识、养成法律观念。

1 《高举中国特色社会主义伟大旗帜　为全面建设社会主义现代化国家而团结奋斗——在中国共产党第二十次全国代表大会上的报告（2022年10月16日）》，载《人民日报》2022年10月26日，第1版。

2 习近平：《充分认识颁布实施民法典重大意义 依法更好保障人民合法权益》，载《求是》2020年第12期。

我们注意到，党的二十大报告“法治篇”有个新提法、新亮点，那就是“全面推进国家各方面工作法治化”“在法治轨道上全面建设社会主义现代化国家”。既是“全面”，又是“各方面”，体现法治的全覆盖、全方位、全时空，无处不在、无时不有、无人不用；同时，彰显法治的全规范、全保障、全引领，法治的功能随风潜入夜，法治的价值润物细无声。而“轨道”二字，内涵丰满。轨者，法度也。管子曰：“田有轨，人有轨，……县有轨，国有轨。”轨道，在现代意义上又专指供火车、电车等现代化交通工具行驶的路线。可以说，法治轨道，就是一个方向的引导、一则标准的衡量、一种速度的保证、一生平安的承载，不偏航、不越界，不触底线、不碰红线，从而全面建设并建成社会主义现代化国家。

可以说，党的二十大报告“法治篇”的重要论述，高屋建瓴、视野宏阔、内涵丰富、思想深刻，闪耀着马克思主义真理的光芒，是指导新时代全面依法治国的纲领性文献，为加快建设中国特色社会主义法治体系、建设社会主义法治国家指明了前进方向，提供了根本遵循。

二十届中共中央政治局10月25日下午就学习贯彻党的二十大精神进行第一次集体学习，习近平总书记在主持学习时强调，“全党要在全面学习、全面把握、全面落实上下功夫，坚定不移把党的二十大提出的目标任务落到实处”。[1]

1 《全面学习把握落实党的二十大精神 奋力夺取全面建设社会主义现代化国家新胜利》，载《人民日报》2022年10月27日，第1版。

落实到我们自己。党的二十大报告指出，“建设覆盖城乡的现代公共法律服务体系”。应当说，律师队伍是社会主义法治工作队伍的重要组成部分，是法律服务队伍的核心执业主体，是建设覆盖城乡的现代公共法律服务体系不可或缺、无法替代的力量。习近平总书记要求：“引导法律服务工作者坚持正确政治方向，依法依规诚信执业，认真履行社会责任。”[1] 习近平总书记也多次强调要发挥律师职能作用，指出要深化公共法律服务体系建设，尽快建成覆盖全业务、全时空的法律服务网络；要发展壮大涉外法律服务队伍、健全涉外法律服务方式、提高涉外法律服务质量。

“晴空一鹤排云上，便引诗情到碧霄。”广大律师应认真学习、深刻理解、坚决贯彻党的二十大精神，不忘初心、牢记使命，固根基、扬优势、补短板、强弱项，打造队伍，做强服务，发展事业，为人民群众提供优质高效法律服务，不断开创法治中国建设新局面。

（这是作者 2022 年 10 月 28 日在全国律师行业党委学习二十大精神专题会议上的发言）

1　习近平：《坚定不移走中国特色社会主义法治道路　为全面建设社会主义现代化国家提供有力法治保障》，载《求是》2021 年第 5 期。

40 非凡十年·委员说变化

1.请您从律师的角度谈一谈，十年来，以宪法为核心的中国特色社会主义法律体系取得了哪些新的突破？和十年前相比，在哪些方面更加完善？这十年的立法工作有什么特点？

一

十年来，我国法治建设完全可以用“与时俱进谱华章，日新月异开新篇”这句话来表达。

自党的十八大以来，党中央明确提出全面依法治国，并将其纳入“四个全面”战略布局予以有力推进。党的十八届四中全会专门作出《关于全面推进依法治国若干重大问题的决定》。党的十九大召开后，党中央组建中央全面依法治国委员会，从全局和战略高度对全面依法治国又作出一系列重大决策部署。在此背景下，在习近平法治思想引领下，以宪法为核心的中国特色社会主义法律体系建设不断取得新突破。

既然是“体系”，那就一定会有“核心”，有“枢纽”。中国特色社会主义法律体系的“核心”与“枢纽”就是宪法。因此，说到十年来中国特色社会主义法律体系的新突破，首推新《宪法》。

2018年3月11日，第十三届全国人大第一次会议通过了《宪法修正案》。

《宪法修正案》为实现“两个一百年”奋斗目标和中华民族伟大复兴的中国梦提供了最高级别、最大权威的法律保障，也标志着中国特色社会主义法治建设进入新时代。

这次修宪，充分并集中体现了时代精神、发展理念、人民意志、法治原则，有迫切的现实必要、丰厚的人民期待、深刻的历史意义、久远的未来价值。

第一，确立科学发展观和习近平新时代中国特色社会主义思想在国家政治和社会生活中的指导地位。第二，调整充实中国特色社会主义事业总体布局和第二个百年奋斗目标的内容、完善依法治国和宪法实施举措等内容。第三，充实坚持和加强中国共产党全面领导的内容。第四，修改国家主席任职方面的有关规定。第五，增加有关监察委员会的各项规定。

可以这样认为，《宪法修正案》的通过及施行，是法治中国建设的巨大成就，是全面依法治国的重要举措，是实现中华民族伟大复兴的中国梦的重大保障。

二

习近平总书记指出："我们已经踏上了全面建设社会主义现代化国家、向第二个百年奋斗目标进军的新征程，立足新发展阶段，贯彻新发展理念，构建新发展格局，推动高质量发展，满足人民群众对民主、法治、公平、正义、安全、环境等日益增长的要求，提高人民生活品质，促进共同富裕，都对法治建设提出了新的更高要求。"[1]

顺应事业发展需要，坚持系统观念，全面对法律建设加以推进，中国特色社会主义法律体系日臻完善。

例如，没有全民健康就没有全民小康，健康是人民群众的共同追求，法治是推进卫生健康事业的有力保障。十年来，国家积极推进卫生健康立法，强化公共卫生法治保障。一是制定卫生健康领域的基础性、综合性法律，即《基本医疗卫生与健

1 《坚定不移走中国特色社会主义法治道路 更好推进中国特色社会主义法治体系建设》，载《人民日报》2021 年 12 月 8 日，第 1 版。

康促进法》。二是修改《药品管理法》，制定《疫苗管理法》。三是制定《中医药法》。这几部法律在抗击新冠疫情实践中得到检验，发挥了重要作用。

再如，个人信息保护立法。当下，网络已成为生产生活的新空间、经济发展的新引擎、交流合作的新纽带，在网络空间中个人信息的收集、使用十分广泛，涉及每个人的切身利益，社会公众高度关注。党的十八大以来，我国制定《网络安全法》《电子商务法》，修改《消费者权益保护法》。通过《刑法修正案》，完善了惩治侵害个人信息犯罪的法律规定。在编纂出台的《民法典》中，将个人信息受法律保护作为一项重要的民事权利予以肯定。《个人信息保护法》已经在2021年11月1日开始实施。举一个例子，“滴滴受罚”大家普遍关注，而政府有关部门对其调查与处罚的法律依据正是《网络安全法》《数据安全法》《个人信息保护法》。

又如，在维护国家主权、安全和发展利益方面，2021年6月10日，全国人大常委会审议通过了《反外国制裁法》，同日公布施行。这部法律针对外国干涉中国内政的所谓“单边制裁”，为我国采取相应反制措施，反击霸权主义和强权政治提供了有力的法治保障。

三

说到十年立法工作的特点，可以从许多方面加以论述。我个人理解是，最突出的一个特点就是人民性。习近平总书记说："人民就是江山，共产党打江山、守江山，守的是人民的心，为的是让人民过上好日子。"[1]党的十八大以来，以习近平同志为核心的党中央提出以人民为中心的发展思想，坚持一切为了人民、一切依靠人民，始终把人民放在心中最高位置、把人民对美好生活的向往作为奋斗目标，推动改革发展成果更多更公平惠及全体人民。

因此，全面依法治国，包括建设中国特色社会主义法律体系，最广泛、最深厚的基础是人民，坚持为了人民、依靠人民；把体现人民利益、反映人民愿望、维护人民权益、增进人民福祉落实到上述建设的各领域全过程；积极回应人民群众新要求新期待，系统解决法治领域人民群众反映强烈的突出问题，不断增强人民群众获得感、幸福感、安全感，用法治保障人民安居乐业。应当说，这正是十年立法工作的突出特点、显著特征、重要特色。

《民法典》的出台，鲜明体现了我国新时代立法工作的这一特点。

1 习近平：《让乡亲们过好光景是我们党始终不渝的初心使命》，载《论"三农"工作》，中央文献出版社 2022 年版。

2. 2020 年颁布的《民法典》，是新中国成立以来第一部以“法典”命名的基础性法律。从 2014 年提出“编纂民法典”，到 2021 年年初《民法典》正式实施，能否简单介绍一下它产生的背景和过程？

2020 年 5 月 28 日，第十三届全国人民代表大会第三次会议表决通过了《民法典》。这是新中国成立以来第一部以“法典”命名的法律，是新时代我国社会主义法治建设的重大成果。

编纂民法典是党的十八届四中全会确定的一项重大政治任务和立法任务，是以习近平同志为核心的党中央作出的重大法治建设部署。

编纂《民法典》，就是通过对我国现行的民事法律制度规范进行系统整合、纂修，形成一部适应新时代中国特色社会主义发展要求，符合我国国情和实际，体例科学、结构严谨、规范合理、内容完整并协调一致的《民法典》，是一项系统的、重大的立法工程。

习近平总书记曾总结说：“在我国革命、建设、改革各个历史时期，我们党都高度重视民事法律制定实施。革命战争年代，我们党在中央苏区、陕甘宁边区等局部地区就制定实施了涉及土地、婚姻、劳动、财经等方面的法律。”[1]

---

1 习近平：《充分认识颁布实施民法典重大意义 依法更好保障人民合法权益》，载《求是》2022 年第 12 期。

编纂一部真正属于中国人民的《民法典》，是新中国几代人的夙愿。党和国家于1954年、1962年、1979年和2001年先后四次启动民法制定工作。第一次和第二次，由于多种原因未能取得实际成果。1979年第三次启动是在党的十一届三中全会的背景下进行的，按照“成熟一个通过一个”的工作思路，先制定民事单行法律。1980年，我国修改了《婚姻法》。之后相继出台了《继承法》(1985年)、《民法通则》(1986年)、《收养法》(1991年)、《担保法》(1995年)、《合同法》(1999年)等。

2001年，我国第四次启动民法制定工作，确定继续采取制定单行民事法律的办法推进我国民事法律制度建设。之后，先后制定了《物权法》(2007年)、《侵权责任法》(2009年)、《涉外民事关系法律适用法》(2010年)等。

党的十八大以来，以习近平同志为核心的党中央把全面依法治国摆在突出位置，党的十八届四中全会明确提出编纂《民法典》。

编纂《民法典》采取“两步走”的工作思路：第一步，制定民法总则，作为《民法典》的总则编；第二步，编纂《民法典》各分编，经全国人大常委会审议和修改完善后，再与民法总则合并为一部完整的民法典草案。

习近平总书记回顾道：“之后，我主持3次中央政治局常委会会议，分别审议民法总则、民法典各分编、民法典3个草案。”[1]

2017年3月，第十二届全国人民代表大会第五次会议审议通过《民法总则》，完成了民法典编纂工作的第一步，为《民法典》编纂奠定了坚实基础。

2020年5月28日，第十三届全国人民代表大会第三次会议表决并高票通过了《民法典》，国家主席习近平签发第四十五号主席令，公布《民法典》，《民法典》自2021年1月1日起施行。

3. 被称为“社会生活百科全书”的《民法典》的颁布，对推进国家治理体系和治理能力现代化具有哪些划时代的意义？对人民生活产生了哪些重大影响？我国的《民法典》与日本、德国、法国等大陆法系国家的民法典相比，有哪些特征？

一

《民法典》在中国特色社会主义法律体系中具有重要地位，是一部固根本、稳预期、利长远的基础性法律，对发展社会主义市场经济、巩固社会主义基本经济制度，对依法维护人民权益、推动我国人权事业发展，对推进国家治理体系和治理能力现代化，都具有重大意义。

---

1 习近平：《充分认识颁布实施民法典重大意义　依法更好保障人民合法权益》，载《求是》2022年第12期。

《民法典》对提高党治国理政水平意义重大。《民法典》是全面依法治国的重要制度载体，很多规定同有关国家机关直接相关，直接涉及公民和法人的权利义务关系。国家机关履行职责、行使职权必须清楚自身行为和活动的范围和界限。各级党和国家机关开展工作要考虑《民法典》的规定，不能侵犯人民群众享有的合法民事权利，包括人身权利和财产权利。同时，有关政府机关、监察机关、司法机关要依法履行职能、行使职权，保护民事权利不受侵犯、促进民事关系和谐有序。

说到这里，我们可以举两个与疫情防控相关的例子。

例如，对“密接者”在指定场所进行医学观察。这是对特定的人在特定的情况下于特定的场所限制其人身一定的自由的一种行为。这种情况在本质上，体现的是一种权利与义务的对等，符合我国《民法典》的基本原则。

再如，政府基于疫情防控可以对民事主体财产进行“征用”，但应严格依法进行。我国《民法典》第117条就规定了这种特殊情形：“为了公共利益的需要，依照法律规定的权限和程序征收、征用不动产或者动产的，应当给予公平、合理的补偿。”

可以说，《民法典》的实施水平和效果，是衡量各级党和国家机关履行为人民服务的根本宗旨的重要尺度，是检验国家治理体系和治理能力现代化水平的必要标准。

二

《民法典》的颁布与实施，是坚持以人民为中心、保障人民权益实现和发展的必然要求。《民法典》调整规范自然人、法人等民事主体之间的人身关系和财产关系，这两种关系是社会生活和经济生活中最普遍、最常见的社会关系和经济关系，涉及经济社会生活方方面面，同人民群众生产生活密不可分，同各行各业发展息息相关。《民法典》实施得好，人民群众权益就会得到法律保障，人与人之间的交往活动就会更加有序，社会就会更加和谐。

我们可以说一说《民法典》规定的监护制度对切实保障老年人权益的意义。

《民法典》第 26 条第 2 款规定："成年子女对父母负有赡养、扶助和保护的义务。"

第 28 条规定了配偶，父母、子女，其他近亲属，其他愿意担任监护人的个人或者组织（经被监护人住所地的居民委员会、村民委员会或者民政部门同意）按顺序担任无民事行为能力或者限制行为能力的成年人的监护人。

而第 32 条规定，"没有依法具有监护资格的人的，监护人由民政部门担任，也可以由具备履行监护职责条件的被监护人住所地的居民委员会、村民委员会担任"。

第 34 条第 4 款则明确了一个特殊情形，即"因发生突发事件等紧急情况，监护人暂时无法履行监护职责，被监护人的生活处于无人照料状态的，被监护人住所地的居民委员会、村民委员会或者民政部门应当为被监护人安排必要的临时生活照料措施”。

应当说，以上这些规定，构建了以家庭监护为基础、社会监护为补充、国家监护为兜底的中国特色监护制度，体现了中国特色社会主义制度的优越性。

三

说到我国《民法典》与日本、德国、法国民法典相比的特点和优势，我个人的分析是，我国《民法典》更充分体现了包容性和民族性，并且具有更加鲜明的时代性。

习近平总书记指出，民法典系统整合了新中国成立 70 多年来长期实践形成的民事法律规范，汲取了中华民族 5000 多年优秀法律文化，借鉴了人类法治文明建设有益成果，是一部体现我国社会主义性质、符合人民利益和愿望、顺应时代发展要求的民法典，是一部体现对生命健康、财产安全、交易便利、生活幸福、人格尊严等各方面权利平等保护的民法典，是一部具有鲜明中国特色、实践特色、时代特色的民法典。[1]

（一）

应当说，《民法典》具有强烈的“民族性”，集中体现了

1 习近平：《充分认识颁布实施民法典重大意义 依法更好保障人民合法权益》，载《求是》2022 年第 12 期。

社会主义核心价值观；同时，《民法典》具有充分的“包容性”，广泛借鉴了国外立法先进成果。

诚实守信、天人合一、惠民利民、见贤思齐……这些中华优秀传统文化，在《民法典》中都能找到。

例如，《民法典》第9条规定了“绿色原则”：“民事主体从事民事活动，应当有利于节约资源、保护生态环境。”

《民法典》“着上绿色”，顺应绿色立法潮流。而这一构建生态时代人与自然新型关系的法治思想，更是传承了天地人和、人与自然和谐共生的我国优秀传统文化的理念。应当说，道法自然、天人合一，是中华优秀传统文化蕴含的思想观念，为人们认识和改造世界提供了有益启迪，为治国理政提供了有益借鉴。

（二）

胎儿保护、监护制度、法人制度、个人信息保护……《民法典》的这些规定，都不同程度地借鉴了国外立法先进成果。

既要有世界眼光，具有包容性，善于学习外国的立法经验，借鉴人类法治文明成果，又绝不照搬外国的法治理念和模式。可以说，该立法精神体现在《民法典》的诸多制度与相关条款之中。

例如，大家普遍关注的胎儿利益保护制度。

有些国家对胎儿利益保护范围采取总括的方式，没有限定具体的内容。日本、德国、法国等国家法律则明确了具体事项。我国《民法典》规定，涉及“遗产继承、接受赠与等”胎儿利益保护的，胎儿视为具有民事权利能力。此处的“遗产继承”“接受赠与”都比较明确，而现实生活千变万化且不断发展，故在此用了一个“等”字，应该说为未来立法留下了空间，更加科学。

（三）

我国《民法典》的编纂，适应经济社会发展的客观要求，坚持问题导向，着力解决社会生活中纷繁复杂的问题，与时俱进完善和发展我国民事法律规范，引领经济社会发展，平衡社会利益，调节社会关系，规范社会行为，体现出很强的时代性。

例如，对企业社会责任的规定。

企业社会责任（Corporate Social Responsibility，CSR），是指企业在创造利润、对股东和员工承担法律责任的同时，还要承担对消费者、社区和环境的责任。企业的社会责任要求企业必须超越把利润作为唯一目标的传统理念，强调在生产过程中对人的价值的关注，强调对环境、消费者和社会的贡献。

20 世纪 80 年代，企业社会责任运动在欧美发达国家逐渐兴起，它包括环保、劳工和人权等方面的内容，由此导致消费者的关注点由单一关心产品质量，转向关心产品质量、环境、职业健康和劳动保障等多个方面。

我国在 20 世纪 90 年代中期到 21 世纪初，在国际销售商、品牌商推动下逐步重视起社会责任问题，从 2000 年到 2006 年，企业社会责任开始得到广泛关注。

2006 年 1 月 1 日起施行的《公司法》第 5 条第 1 款规定："公司从事经营活动，必须遵守法律、行政法规，遵守社会公德、商业道德，诚实守信，接受政府和社会公众的监督，承担社会责任。"

《民法典》第 86 条规定："营利法人从事经营活动，应当遵守商业道德，维护交易安全，接受政府和社会的监督，承担社会责任。"至此，"社会责任"正式入"典"！

4. 在"学习民法典"委员读书群"群主"期间，有哪些感受和收获？

一

汪洋主席指出，人民政协要"在建言资政和凝聚共识上双向发力，切实担负起把中共中央的决策部署和对人民政协工作的要求落实下去、把海内外中华儿女实现中华民族伟大复兴中国梦的智慧和力量凝聚起来的政治责任"[1]。

汪洋主席进一步指出，广大政协委员要"汇聚众志、凝聚

1 《在建言资政和凝聚共识上双向发力　新时代人民政协的新样子》，载《人民政协报》2019 年 3 月 12 日，第 6 版。

共识、集聚众力”，“凝聚共识也是履职成果”。

应当说，法律，就是人民群众最大的共识。政协委员尊法学法守法用法宣法，本身就是凝聚共识的工作职责。

在谈到全国政协的读书群时，汪洋主席指示，要“把读书群办成高质量的大学校”。这个“大学校”专门开设了民法典“学习班”。2020 年，从 7 月初的挥汗如雨，到岁末年尾的围炉夜话，在全国政协领导们悉心指导以及社法委同志们的直接策划、亲自参与下，历时半年，学“典”大戏拉上了帷幕。

你方唱罢我登场。从第 1 条“立法原则”到第 1260 条“施行日期”，半年多，确切一点说，是 27 周、189 天、6.3 个月，我们一条条学、一款款读，七大编加附则，84 章，1260 条，10 余万字，学习了很多，研究了很久，收获很满!

全国政协不仅带头学习《民法典》，而且以“书香政协”引领“书香社会”，把在读书群学习《民法典》的成果，通过人民政协网，通过文史出版社，向全社会发布和推广，进一步推动和引领全社会学习《民法典》，可以说，发挥了独特的作用、起到了鲜明的效果。

二

我非常荣幸担任了“学习民法典”读书群的“群主”，自己学，领着读（我还担任了总则编的导读人）；相互学，配合读（配合其他导读委员）；时时在线，处处上心，在全国政协社法委吕忠梅副主任的直接领导下，与其他9位导读委员共同努力，总体而言，还是完成了这个光荣而艰巨的任务，也得到了全国政协领导的肯定。我总结了我们的读“典”工作。

从学习内容上，我们注重系统性学习、通俗性研读。

例如，我们经常讲“民法典是一部写满权利的宣言书”，于是我们就从“权利”二字出发，从“人”“权”“行”“责”四个方面并进。“人”就是权利主体，如自然人、法人、非法人组织；“权”就是权利内容，包括我们分别学习的物权、人格权、婚姻家庭方面的权利等；“行”就是权利载体，即民事行为，贯穿于每一编、每一章、每一条、每一款；“责”就是权利救济，如侵权责任。当然，我们的理解可能还不是特别精准，但我们的学习主体不是法学院的学生，也不都是法律工作者，所以我们强调通俗易懂，让大家一看就明白，一听就掌握；愿意学而且学得进，从而因为学得进于是更加愿意学。

在学习方法上，我总结了四句话。

一是以案说法。一个案例胜过一打文件。小案例、大道理，小案子、大法理，小案件、大情理。我们拿身边发生的案子、最新发生的案件、最高人民法院的指导性案例，以案说、拿案释，设定场景切入，让大家有体验感。阅读甚至“悦”读案例中，法律知识尽收于囊中。

二是密结理论。理论是试金石，是庖丁解牛的那把“刀”。法学理论不是高深不可及的，在小案例里、小故事中尽得其妙。吕忠梅副主任专门开辟“委员说法”“教授读典”小栏目，寓理论于故事中、取现实于历史里，明晰、明快，大家受益匪浅。

三是说文解字。法典中的每一句用语，每一项用词，每一个用字，都是经反复推敲，字斟句酌的，体现立法者的意图，反映解决现实问题的深意。例如我们就说，“法人”到底是不是“人”？为什么叫“营利”而不叫“盈利”与“赢利”，也不用“谋利”和“牟利”？为什么法条中用了那么多的“等”字，这些“等”的含义又是什么？

四是交流交锋。兼听则明，偏听则暗；道理越辩越明。有时候委员们当代理律师，有时候委员们又当法官，或据理力争，或居中裁判。像苟某被冒名顶替上大学这个案例，大家针锋相对，说理说法，直至“升级”到如何完善立法，既接地气地分析问题，又向前看目标导向。

在学习效果上，实现里里外外双丰收。学习群内，大家收获满满，体会多多。同时这种丰硕的成果“溢出”至群外飘香。人民政协网上，文章源源不断，持续花开。截至去年 8 月，累计对外推送文稿 299 篇、70 余万字，短视频 58 个，总阅读量超过 8207 万次，产生了良好的社会反响。

5. 请举例说明，互联网飞速发展的十年，全社会法治观念如何得到有效提升？未来在持续开展全民普法、提升全民法治素养方面还需要作出哪些努力？

一

我举两个我本人作为律师参与的案例，来说明十年来全社会法治观念的有效提升吧。

20世纪90年代，作为上海市人民政府信访办公室的接待律师，我每个月都会到信访窗口接待上访百姓。不少访民是股票投资者，他们因购买虚假上市的公司股票遭受损失，便来访请求市人民政府为他们做主。那个时候，资本市场法治建设尚不完善，老百姓法律意识亦相当薄弱，有冤找政府、亏损找政府是常态。

进入21世纪，我国证券市场发展迅速，法治建设也突飞猛进，但总体而言，投资人维权难、维权贵、维权久的客观现象并未得到根本性解决，这也成为我国资本市场规范发展的主要障碍。

说到这里，值得一提的是2019年，《证券法》作了进一步修订，专章规定了“投资者保护”制度，并特别规定：“投资者与发行人、证券公司等发生纠纷的，双方可以向投资者保护机构申请调解。普通投资者与证券公司发生证券业务纠纷，普通投资者提出调解请求的，证券公司不得拒绝。投资者保护机构对损害投资者利益的行为，可以依法支持投资者向人民法院提起诉讼。”

于是，投资者维权，便不再去市政府信访窗口了，而我们律师也更多的是作为代理人在法庭上为维护当事人合法权益陈词。

我本人参与了上海市第一中级人民法院依法受理的原告刘某等投资者诉被告匹凸匹公司及实际控制人鲜某等八名高管的证券虚假陈述纠纷案。该案系全国首例证券支持诉讼，即首次由证券金融类公益机构——中证中小投资者服务中心支持投资者向上市公司及其实际控制人提起证券赔偿诉讼。

该中心由中国证监会设立，是旨在保护中小投资者合法权益的证券金融公益机构，依据法律规定提起支持诉讼，助力投资者尤其是中小投资者维权，开证券领域支持诉讼的先河。原告方即一批中小投资者正是由中证中小投资者服务中心时任总经理徐明及我本人代理出庭参加诉讼。

二

习近平总书记强调，要坚持依法治国、依法执政、依法行政共同推进，法治国家、法治政府、法治社会一体建设。全面依法治国是一个系统工程，要整体谋划，更加注重系统性、整体性、协同性。[1]

我个人理解，法治国家、法治政府、法治社会一体建设中，法治社会是法治国家建设的基础，也是法治政府建设的任务。而法治社会建设的基础是基层，尤其是社区、乡村；法治社会建设的未来是学校，特别是学生，重点是中学生。

新时期普法应与“十四五”规划实施相融合，与乡村振兴相对接，把普法作为乡村振兴的必备内容、社会治理的必要形式。在广大农村，政府应设立乡村振兴法治大课堂，把《民法典》学习作为大课堂的首要内容、持续内容。同时推进《民法典》进学校，尤其是进中学，让学生在人生观、世界观、荣辱观形成阶段，就融入民法意识、养成法律观念。

应创新普法教育的形式，在广大乡村可以采用农民喜闻乐见的表达方式，赋予地方特色、民族特点、农民特征；而针对广大的青少年、学生，则采用新颖时尚的形式，并且对普法进行网络化、视频化，以实现通俗易懂，雅俗共赏，入眼入脑入心。

习近平总书记强调，要坚持抓住领导干部这个“关键少数”。各级领导干部要坚决贯彻落实党中央关于全面依法治国的重大决策部署，带头尊崇法治、敬畏法律，了解法律、掌握法律，不断提高运用法治思维和法治方式深化改革、推动发展、化解

1 习近平：《坚定不移走中国特色社会主义法治道路　为全面建设社会主义现代化国家提供有力法治保障》，载《求是》2021 年第 5 期。

矛盾、维护稳定、应对风险的能力，做尊法学法守法用法的模范。[1]

以上，就是我总结的未来全民普法的两个“关键多数”与一个“关键少数”。接下来还有一个有关“关键少数”的“特殊内容”。

习近平总书记指出，要坚持建设中国特色社会主义法治体系。要加快形成完备的法律规范体系、高效的法治实施体系、严密的法治监督体系、有力的法治保障体系，形成完善的党内法规体系。[2]

中央宣传部、司法部《关于开展法治宣传教育的第八个五年规划（2021—2025年）》的一个亮点就是“深入宣传党内法规”，即以党章、准则、条例等为重点，深入学习宣传党内法规，注重党内法规宣传同国家法律宣传的衔接协调；把学习掌握党内法规作为合格党员的基本要求，列入党组织“三会一课”内容，在考核党员、干部时注意了解相关情况，促进党内法规学习宣传常态化、制度化。

建党已逾100周年，中国共产党亦发展成为拥有9000万名党员的世界第一大党，党的二十大即将拉开帷幕。不断提高政治判断力、政治领悟力、政治执行力，始终做一名合格的共产

1 习近平：《坚定不移走中国特色社会主义法治道路　为全面建设社会主义现代化国家提供有力法治保障》，载《求是》2021年第5期。

2 习近平：《坚定不移走中国特色社会主义法治道路　为全面建设社会主义现代化国家提供有力法治保障》，载《求是》2021年第5期。

党员，应当说，学习掌握党内法规是必修的基础课、必备的基本功。

6. 谈一谈学习《习近平谈治国理政》（第4卷）的心得体会。

《习近平谈治国理政》（第4卷），内容丰满，博大精深，值得我们全面学，深入学，持续学。作为一名法律工作者，我重点学习了“加快建设社会主义法治国家”的内容，包括《实施好民法典》《以科学理论为指导，为全面建设社会主义现代化国家提供有力法治保障》《全面推进中国特色社会主义法治体系建设》等文章。这些文章深刻阐述、系统反映了习近平法治思想的核心要义、精华内容。

习近平法治思想内涵丰富、论述深刻、逻辑严密、系统完备，是指导新时代全面依法治国的纲领性文献。其中，“坚持建设德才兼备的高素质法治工作队伍”是核心内容，不可或缺，非常重要，相当关键。

习近平总书记强调：“要加强理想信念教育，深入开展社会主义核心价值观和社会主义法治理念教育，推进法治专门队伍革命化、正规化、专业化、职业化，确保做到忠于党、忠于国家、忠于人民、忠于法律。要教育引导法律服务工作者坚持正确政治方向，依法依规诚信执业，认真履行社会责任。”[1]

律师队伍是社会主义法治工作队伍的重要组成部分，是法律服务队伍的核心执业主体，应当坚持正确政治方向，依法依规诚信执业，认真履行社会责任；应当认真学习、深刻理解、坚决贯彻习近平法治思想，为人民群众提供优质高效法律服务，不断开创法治中国建设新局面。

例如，刚才谈到了普法工作，在这方面应充分发挥律师的法律服务功能。《关于开展法治宣传教育的第八个五年规划（2021—2025年）》就强调，“把普法融入法律服务过程”，“加大以案普法力度”，落实律师“以案释法制度”。

律师的本职工作是办案，可以说每一个案例，正是活生生的普法教材。“以案释法”“以案普法”，律师不仅不可或缺，而且义不容辞。

习近平总书记强调，民法典要实施好，就必须让民法典走到群众身边、走进群众心里。要广泛开展民法典普法工作，将其作为“十四五”时期普法工作的重点来抓，引导群众认识到《民法典》既是保护自身权益的法典，也是全体社会成员必须遵循的规范，养成自觉守法的意识，形成遇事找法的习惯，培养解

1 《习近平在中央全面依法治国工作会议上强调　坚定不移走中国特色社会主义法治道路　为全面建设社会主义现代化国家提供有力法治保障》，载《人民日报》2020年11月18日，第1版。

决问题靠法的意识和能力。[1]

习近平总书记特别指出，民法典专业性较强，实施中要充分发挥律师事务所、律师等法律专业机构、专业人员的作用，帮助群众实现和维护自身合法权益。[2]

广大律师要牢记习近平总书记的号召，践行习近平总书记的指示，宣传好、实施好《民法典》，为法治中国建设再立新功，再创佳绩。

（这是作者 2022 年 10 月 17 日接受人民政协网就“非凡十年 · 委员说变化（法治篇）”专题所作采访的发言）

1 习近平：《充分认识颁布实施民法典重大意义　依法更好保障人民合法权益》，载《求是》2020 年第 12 期。

2 习近平：《充分认识颁布实施民法典重大意义　依法更好保障人民合法权益》，载《求是》2020 年第 12 期。

41

以“案”助力，借“评”赋能

——说一说作为“良师益友”的《人民法院报》

实在找不到证据以证明我们单位何时始订《人民法院报》了，但客观事实是几乎所有单位都“与时俱进”地大幅削减“传统的”通过邮局订阅报纸数量之今日，我们依然年复一年周而复始地订阅着这份纸媒。而我本人，几乎每个周末都要在阅览室集中把这一周的《人民法院报》认认真真通通看完。还有一个不变的阅读习惯，就是遇到好文美篇便“机械地”复印下来存为资料，以防“书到用时方恨少”，日久天长，复印版的“《人民法院报》好文章”也已累积了厚厚一大叠。

还真是管用！响应习近平总书记号召，全国政协前年组织委员学习《民法典》，专门成立“学习民法典读书群”，本人不才却承蒙领导厚爱，担任了上下两期历时半年的“群主”。我一边努力自学、一边倾心领学，争取通俗易懂、雅俗共赏，于是常用案例来解读法条，而引用之例大多是《人民法院报》刊登的经典案件。

“老人偷拿超市鸡蛋被拦后猝死，家属索赔38万请求被法院驳回”“12岁女孩玩蹦床前翻空失败致10级伤残，法院认定经营方管理失当承担次要责任”“一男子岩降时意外死亡，家属诉请同行者赔偿被驳”“人脸识别第一案落槌，杭州野生动物世界被判删除用户面部信息”“干细胞不能当作交易物，买卖合同损害公共利益无效”……

在去年的全国政协会议上，我做了“以推动民法典有效实施凝聚法治共识”的大会发言，其中就说：“宣讲民法典应创新一类方法：以案说法，以例释典。一个案例胜过一打文件。小案例、大道理，小案子、大情理，小案件、大法理。运用身边发生的案件、最新出现的案例，设定场景切入，使听者有现场感、体验感，如‘随风潜入夜，润物细无声’。”

在此基础上，我又提交了一个有关发布“民法典案例大全”的提案：针对民法典实施，最高人民法院应推出一系列释“典”案例，逐章对应、逐节匹配，形成适于老百姓学习《民法典》的“民法典案例大全”。在读案中学“典”，喜闻乐见，潜移默化；因为愿意学于是学得进，由于学得进于是更愿意学……

正巧，在今年“两会”期间，丁珈记者做了一档“在线访谈”，在谈到履职体会时我又说起了在全国政协读书群上学习《民法典》的点点滴滴，而核心点之一就是“以案说法”，而多“案”正出自“贵报”之助力，于是便对“贵报记者”丁珈同志大大感谢一番……

对了，刊登上述案例的专栏就是第三版的“现在开庭”“案件·深度”。当然不止这些，还有第二版的“评论”，短小精悍，或一语中的，或一针见血，皆发人深思，甚至振聋发聩。记得集中“复印式”学习该栏目文章是在2015年，那一年习近平总书记对上海市高级人民法院副院长邹碧华有这样一个题词：“新时期公正为民好法官，敢于担当好干部。”中央宣传部、中央组织部、最高人民法院等联合组织“邹碧华同志先进事迹报告团”，我作为报告团成员之一，在人民大会堂、在最高人民法院、在全国十几个省市，做了为期半年多的巡回宣讲。

这个时段《人民法院报》重磅且连续推出学习邹碧华特评文章，我几乎期期阅、篇篇读，以从多个侧面、不同角度感悟邹碧华同志的动人事迹，为巡回报告“赋能”。在报告团完成使命飞回上海途中，我在手机上写了两句话发给了大家：

“穿过大半个中国，东西南北遍及。十万余干部群众百姓受益者，七场报告会，场场泪洒。‘燃灯者’碧华精神，公正为民好法官、敢于担当好干部。感动、感慨、感怀，燃烧自己、照亮他人，光明永存。为‘时代楷模’点赞！”

“飞越近万里苍穹，春夏秋冬历尽。十一名法官记者律师报告团，五名演讲人，时时激扬。‘小蜜蜂’无我情怀，团结友爱好集体、追求卓越好团队。传递、传播、传承，只有逗号，或者分号，没有句号。向‘巡回报告’喝彩！”

阅文犹如陶渊明之“奇文共欣赏，疑义相与析”（这里说的可是陶渊明诗句本意），读报亦感李白之“蓬莱文章建安骨，中间小谢又清发”，受益匪浅。有时候，“良师益友”不仅指某一位人物，抑或指某一本书籍、某一张报纸。《人民法院报》，的确如此！

（这是作者 2022 年 9 月 15 日为《人民法院报》
创刊 30 周年纪念撰写的文章，有删改）

42
聚是一团火，散是满天星

在山西省连续十二日马不停蹄废寝忘食夜以继日的督查工作行将结束之时，9 月 2 日下午，督查组组长、审计署王陆进副审计长主持召开了最后一次党支部扩大会议。

在学习了总书记治国理政、总结好过往工作、布置完接续任务后，王组长特别安排了交流体会环节，让每一位督查组成员说说感受、谈谈体会。

对此安排，深以为然。我的理解，大督查工作，既是一个平台，也是一次行动，其实对于年轻干部而言，更是一种历练、一种修炼，最终实现升华，说近一点是打造一支“督察铁军”，说远一些就是培养习近平总书记常说的“让党放心，让人民满意的公务员队伍”。

座谈时年轻干部们畅谈感受、感言、感悟，娓娓道来，情真意切。作为一个年龄比较大的同志，我听来也颇为感动、感慨、感怀，深感年轻干部们之新风貌、高素质、强能力。

的确，十二天的大督查，是一场“难忘的战斗”，是一段“激情燃烧的岁月”。在督查组领导高屋建瓴、运筹帷幄的指导下，在工作小组负责人、国家发改委陈长耀副司长兢兢业业、任劳任怨带领下，我们“稳增长”督查工作小组明察暗访，与其他小组一样，顺利完成任务。大家共同努力，“核”得准确，“查”得全面，“督”得严肃，“帮”得有效。就像某市某区某回迁项目，我们耐心细致交流交心，令当地政府工作人员深受触动，连夜开会把项目“时间表”“路线图”“责任状”一一列明、排好、拿出，开工终于进入“倒计时”状态。我觉得，这确实体现了国务院领导要求的“督帮一体”的显著效果。

此案说的是：某小学 2010 年配合市政重点工程建设拆迁，政府承诺3年内完成回迁安置，但历时12年至今仍未开工，其间，全校师生在临时板房上课 6 年、“寄居”其他学校 6 年，社会影响恶劣。另外还有一例：某市某区某厂棚改项目，完成拆迁已两年但至今仍未开工，且存在拖欠拆迁居民过渡安置费问题，曾引发群体性聚集事件。值得关注的是，2000 余户拆迁居民多为该厂职工，而该厂是国家“一五”期间156项重点工程之一，曾为全国军工电子骨干企业。

应当说，在上述某小学回迁工程、某厂棚改项目上，相关政府部门属于明显的“不作为”和“慢作为”，具有“新官不理旧账”的因素，关键在于只算“经济账”“招商账”“短期账”，而不算“政治账”“民心账”“长远账”，官僚主义作祟，核心是全心全意为人民服务的政绩观发生偏差。

在与政府相关部门沟通过程中，在大方向上、大原则下严肃、严格甚至严厉的同时，我们也设身处地、苦口婆心、循循善诱。在上述某小学“寄居”的建设路小学教室里，陈副司长情真意切：我们都是学生们的父亲辈，甚至是爷爷辈了，能眼睁睁看着孩子们过着“寄人篱下”的学习生活吗？在上述某厂棚改项目现场，陈副司长语重心长：你们厂老职工老干部们为我国国防事业作出过不可磨灭的贡献，既是我们的长辈，更是共和国的功臣，改善他们的居住环境实乃我们政府使命啊……

的确，督查中不能简单、机械地“以权压人”，还应“以法肃人”“以规戒人”，更要“以理服人”“以情动人”，督帮一体，上下齐心，左右协同，达成共识，凝聚合力，真正形成照单全收、迅速整改、立改立行的良好工作局面。

应当说，督查工作前半程主要考验我们的“脚力”和“眼力”：脚用来跑，眼要看、要察、要查；后半程则重在“脑力”和“笔力”：要动脑子提炼与总结，还要把所思所想所悟所感变成方块字。此间，督查联络员于磊处长还交给我一个任务，就是对督查中发现的政府自身建设中的问题做一些提炼与分析。

对此，我梳理了以下几个方面：以人民为中心的政绩观尚需强化，完整准确全面贯彻新发展理念亟待加强，建设服务型人民政府仍有不足，法治政府建设、廉洁政府建设不容乐观。

习近平总书记 2017 年 6 月、2020 年 5 月、2022 年 1 月三次亲临山西视察，带来了对山西人民的亲切关怀、对山西工作的殷切期望，他强调，我们党干革命、搞建设、抓改革，都是为了让人民过上幸福生活。殷殷嘱托饱含人民领袖深厚为民情怀，务实担当展现百年大党根本宗旨立场。

于是我就建议：山西省开展一次进一步深入学习贯彻落实习近平总书记重要指示精神、完整准确全面贯彻新发展理念的大教育活动，推进广大干部扑下身子干、挺起脊梁扛，不断开创山西省全方位推动高质量发展的新局面。同时，我还建议：进一步增强政府和干部的人民情怀，树牢以人民为中心的发展思想；进一步加强法治政府建设，切实提高广大干部的法治意识；进一步提升公务员队伍的业务素质，培养更多善于作为的政府工作人员；进一步发挥人大代表和政协委员的监督功能，并持续深化“多督合一”效能。

我本人做律师工作，可以说是战斗在法律服务第一线、服务于法治建设最前沿。当然，律师们可能更多关注一个“点”，而这次大督查我觉得是由“点”及“面”，由“点”连“线”，掌握的问题不仅精准，而且典型，事联百姓关切、关乎国情大势，对制度建设、法治完善意义重大。另外，从政协委员角度，汪洋主席一直强调，政协委员不求“说了算”，但求“说得对”，要深入实际、多做调研。此次大督查也是大调研，于我而言，不管是世界观还是方法论都深受启迪、受益匪浅。例如，王组长在党支部会议上领学的总书记“国之大者”“人民情怀”、在督查中期会上所讲的写督查报告要“体现特点”“反映成果”“加强提炼”，皆有很强的指导性与针对性。

总结会上，于磊处长感叹“时间都去哪儿了？”的确，两个星期在人生长河中无异于一瞬间，但如此“密接”团结战斗，在工作经历中其实也难得一见。年轻干部们，认真且勤勉，专业并高效，充满活力加朝气，有想法更有办法，既仰望天空又脚踏实地。我在会上发言：在座的就我一个“群众”，不是体制内“干部”，对公务员这支队伍有了更深刻、更全面的认识和理解，于是对国家治理体系和治理能力现代化更加充满信心，越发坚定信念。

二十多年前我做青联委员时，委员们常说“聚是一团火，散是满天星”。我们“稳增长”工作小组有一位纪星星同志，我对他说“星星还是那个星星”，但回京之后就应该“星星不再是那个星星”了，经过如此历练一定是收获了满满的成长。今天我们相聚一起督查，明天奔赴各自岗位战斗，一定会再创佳绩。“未觉池塘春草梦，阶前梧叶已秋声。”吾当只争朝夕、接续努力，不负韶华、不负人民！

（根据作者2022年9月5日在
国务院大督查山西督察组总结会议上的发言整理）

43

结合上海疫情防控实践，强化居委会制度建设，优化社区治理体系

两年前的 3 月 10 日，习近平总书记在武汉考察新冠疫情防控工作时特别强调："社区作为防控的最前线，肩负的任务十分繁重。""抗击疫情有两个阵地，一个是医院救死扶伤阵地，一个是社区防控阵地。坚持不懈做好疫情防控工作关键靠社区……使所有社区成为疫情防控的坚强堡垒。"

2000 年 11 月发布的《民政部关于在全国推进城市社区建设的意见》指出："社区是指聚居在一定地

域范围内的人们所组成的社会生活共同体。目前城市社区的范围，一般是指经过社区体制改革后作了规模调整的居民委员会辖区。”

从上述规定来看，社区的法律内涵是居民委员会辖区，包含居民委员会（以下简称居委会）、业主大会或业主委员会（以下简称业委会）与相关的物业公司对应的居民。在我国疫情防控中，街道办事处（以下简称街道）工作人员下沉至居委会落实疫情防控措施，一定程度上融入了社区，与上述各主体共同形成了广义上的大社区概念。

的确，疫情是一场大考，是对国家治理体系和治理能力现代化尤其是基层治理的一场大考。在今年上海疫情防控这场考试中，基层与社区这个考场的成绩如何？应该说既有成绩也有不足，或者说更多地暴露了不足。从市民们的反映看，不足似乎聚焦在居委会层面。

例如，居委会人手不够，意识不强，能力不足，专业不精，组织力战斗力堪忧。实事求是讲，市民们对居委会作出这样的评价，既有其现实合理性的成分，也有过于苛求、苛刻和苛责之处。应当说，问题发生于居委会身上，但根源在于基层治理的体系化需要进一步完善和优化。

一

首先，从**居委会的法律定位和基本职责**说起。

我国《民法典》第96条规定："本节规定的机关法人、农村集体经济组织法人、城镇农村的合作经济组织法人、基层群众性自治组织法人，为特别法人。"第101条第1款则明确："居民委员会、村民委员会具有基层群众性自治组织法人资格，可以从事为履行职能所需要的民事活动。"可见，居民委员会属于基层群众性自治组织，是民法上的特别法人。

对此，《城市居民委员会组织法》作了详细的规定。其第2条第1款明确："居民委员会是居民自我管理、自我教育、自我服务的基层群众性自治组织。"其第3条则规定了"居民委员会的任务"，包括：（1）宣传宪法、法律、法规和国家的政策，维护居民的合法权益，教育居民履行依法应尽的义务，爱护公共财产，开展多种形式的社会主义精神文明建设活动；（2）办理本居住地区居民的公共事务和公益事业；（3）调解民间纠纷；（4）协助维护社会治安；（5）协助人民政府或者它的派出机关做好与居民利益有关的公共卫生、计划生育、优抚救济、青少年教育等项工作；（6）向人民政府或者它的派出机关反映居民的意见、要求和提出建议。

《上海市居民委员会工作条例》（以下简称《居委会工作条例》）进一步作了明确。其第3条规定："居民委员会是居民自我管理、自我教育、自我服务、自我监督的基层群众性自治组织，依法组织居民开展自治活动，依法协助政府及其派出机关开展工作。”第12条规定：“居民委员会以服务居民为宗旨，承担下列主要任务：（一）组织居民制定并遵守自治章程和居民公约，召集居民会议，执行居民会议决定，开展自我管理、自我教育、自我服务、自我监督；（二）调解民间纠纷；（三）指导和监督业主委员会开展工作，维护居民和业主的合法权益；（四）支持和引导居民区内的社会组织、企业事业单位、志愿者等社会力量参与居民区治理，开展社区协商；（五）依法协助政府及其派出机关做好与居民利益相关的公共服务、公共管理、公共安全等工作；（六）组织居民对街道办事处、乡镇人民政府和区人民政府职能部门派出机构及居民区相关公共服务单位进行工作评价；（七）向街道办事处、乡镇人民政府反映居民的意见、要求和提出建议；（八）法律、法规规定的其他任务。”

从上述规定来看，居委会是一个自律性、自治性的组织，履行的基本上是一种常态、常规的职责，办理的基本上是一种“自转”、自我的工作。在突发公共卫生事件情形下，其执行政府有关疫情防控的措施，至多应该属于《居委会工作条例》第12条规定的第（五）项任务，即“依法协助政府及其派出机关做好与居民利益相关的公共服务、公共管理、公共安全等工作”。

在此情况下，居委会属于政府履行职能的“协助者”，而不是“准政府”，也不是“代政府”。因此，其职能的发挥、作用的呈现，是一定建立在街道、居委会、业委会、物业管理公司以及公益主体等各主体相互协同关系基础上的。

二

接下来，有必要梳理**街道、居委会、业委会、物业管理公司等相关主体间的关系**。

街道是市辖区、不设区的市的人民政府的派出机关，具有行政主体资格。如前所述，居委会是居民自我管理、自我教育、自我服务的基层群众性自治组织，没有行政主体资格，不具有行政执法权，但有义务协助街道等行政主体开展工作，同时指导和监督业委会开展工作。业委会由业主大会选举产生，其委员是符合法律规定的业主，权责义务主要涉及物业管理相关内容。物业管理公司则是民事主体，受《公司法》等民商事法律调整，由业主大会选聘并签订相应合同，接受全体业主的监督。

我国《民法典》基于疫情防控形势，有针对性地规定了突发公共事件情况下物业服务公司和业主的相关责任和义务。其第 285 条第 2 款规定：“物业服务企业或者其他管理人应当执行政府依法实施的应急处置措施和其他管理措施，积极配合开展相关工作。”第286条第1款则规定“对于物业服务企业或者其他管理人执行政府依法实施的应急处置措施和其他管理措施，业主应当依法予以配合”。

基于以上分析可见，在上述诸多关系中，居委会处于相对核心的地位，上连政府，下达百姓，横向又对接业委会及相关其他主体。

三

于是，在突发公共卫生事件情形下，为更好地发挥居委会的作用，需要协同性与体系化。

一是，政府赋力。依据《居委会工作条例》第6条的规定，“街道办事处、乡镇人民政府应当对居民委员会的组织建设、制度建设、队伍建设、设施建设等给予具体指导、支持和帮助”。突发公共卫生事件时，街道干部应该迅即行动，雷厉风行，“下沉”至居委会，指导、支持、帮助居委会执行政府防疫措施。此时政府的工作要“重心下移”，包括人、财、物的全方位下移。

二是，公益助力。居委会应该充分发挥志愿者的作用，做好本居民区志愿者的登记、使用、协调等方面的工作；街道则应做好跨居民区志愿者的协调安排工作。

三是，业主合力。日前，一份4700字的《仁恒河滨城2期

28 号楼防疫保护指南》在网络上流出并走红，充分体现了业主自律和自治的效率和效果。的确，高手在民间。居委会应该充分挖掘、汇聚、吸收、推广业委会和业主的智慧，而不仅是单向地指导和监督业委会开展工作。

四是，物业协力。按照《民法典》的新规定，物业服务企业应当执行政府依法实施的应急处置措施和其他管理措施，积极配合开展相关工作。但其实此种情况下，物业公司已经超出了其服务合同约定的服务内容。因此，应该建立政府向物业公司购买公共服务的机制，使物业公司与居委会的协同更规范、更可持续。

以上四个方面，基本上属于政府的归政府、公益的归公益、自律的归自律、市场的归市场，并且实现各方主体的统筹配合，从而优化完善相互协同合作的社区治理模式，共同筑牢疫情防控的社区防线。

四

应当说，《居委会工作条例》计 39 条，全面完整，精细可操作，并在 2020 年疫情后于 2020 年 5 月 14 日作出修正，增加了“突发事件发生时，居民委员会应当按照所在地人民政府的决定和要求，组织、动员居民，开展自救和互救，配合人民政府及其派出机关开展突发事件应对工作”的规定，体现了立法上的与时俱进。

经过今年上海疫情的再洗礼，《居委会工作条例》可以作出以问题为导向的进一步完善，将散见于各条款的居委会与街道、与业委会、与物业公司、与志愿服务等内容，集中规定在突发公共卫生事件下社区各主体相互关系的专有条款中，将上述四个方面的内容予以集中呈现，从而增强立法对实践的引领性、规范性、保障性。

五

如果说对上述条款的完善是基于突发事态，那么在日常状态下，对居委会的职能发挥也应作出相应制度的优化。

首先，**提高对居委会重要性的认识**。最新修正的《地方各级人民代表大会和地方各级人民政府组织法》第 85 条第 3 款规定：“市辖区、不设区的市的人民政府，经上一级人民政府批准，可以设立若干街道办事处，作为它的派出机关。”第 86 条规定：“街道办事处在本辖区内办理派出它的人民政府交办的公共服务、公共管理、公共安全等工作，依法履行综合管理、统筹协调、应急处置和行政执法等职责，反映居民的意见和要求。”《城市居民委员会组织法》第 2 条第 2 款规定：“不设区的市、市辖区的人民政府或者它的派出机关对居民委员会的工作给予指导、支持和帮助。居民委员会协助不设区的市、市辖区的人民政府或者它的派出机关开展工作。”因此，应该从巩固地方政权建设的高度，来认识居委会建设的重要性。正可谓，基础不牢，地动山摇。

在此过程中，应该加强党对居委会工作的领导。在这方面，《居委会工作条例》是有创新的。其第 4 条规定：“居民委员会工作应当坚持党的领导、政府指导、依法自治、社会参与，服务居民群众，形成居民区治理合力。”第 5 条进一步明确：“中国共产党在居民区的基层组织，按照中国共产党章程进行工作，发挥领导核心作用，领导和支持居民委员会行使职权；依照宪法和法律，支持和保障居民开展自治活动，建立健全居民区治理体系。”在发挥居委会党组织战斗堡垒作用的同时，从另外一个角度，应该充分发挥居民区中党员居民的先锋模范作用。本次上海疫情防控中，社区党员响应市委、市政府号召，并通过“先锋上海”App 办理“党员报到”，在社区参加各类公益活动，发挥了带头作用，起到了积极效果。

在具体制度机制完善方面，例如，规定政府公职人员“下沉”居委会锻炼制度。将军发于卒武，丞相起于州郡。上海可以在相关干部人事制度中规定，提拔干部时有居委会工作经历者优先。

再如，完善居委会外聘工作人员制度。居委会主任、副主任、委员均出自居民，而居民是在区域内长期生活居住的自然人，因此不同区域产生的居委会能力存在差异也属正常，于是更需要通过外聘工作人员的专业化来提升居委会的工作能力。

又如，健全街道向居委会反映情况的即时回馈机制。《居委会工作条例》规定了居委会“向街道办事处、乡镇人民政府反映居民的意见、要求和提出建议”的任务，但问题在于，在居委会向“上”反映而没有收到回复的情况下，是无法向“下”回馈和交代的，这也形成了居民对居委会的意见重点。在本次疫情防控中，居民们就反映居委会对居民要求只“进”不“出”、不知可否，导致居民们无所适从、不知所措。

还如，加强居委会能力建设。《居委会工作条例》第31条明确的“市和区民政部门、街道办事处、乡镇人民政府应当根据居民区治理实际，通过加强分类指导、总结推广经验、开展专业培训等方式，帮助居委会及其成员提高组织和引导居民自治的能力”非常重要，应该落地并落实落细。

其次，**建立志愿者队伍、社会组织与居委会对口或结对的制度**。政府还应加强对志愿者和社会组织的培训，关键时刻能够召之能来、来之能战、战之能胜。

最后，**加强大数据共享机制**。充分运用互联网、大数据、人工智能等先进技术，强化社区内居委会、业委会以及居民相互间的互动与沟通，增强居委会的宣传、动员、组织、指挥、协调、统筹等能力。还有就是，像在实践中一些小区业主买房是为了投资，将房屋出租给他人，甚至允许他人进一步转租，于是产生业主与居民不一致带来的管控风险。通过完善信息化系统，强化大数据共享，来解决类似上述情况产生的问题。

六

2020 年 5 月全国“两会”上，本人提交了关于完善突发公共卫生事件下社区主体及相互关系法律制度的提案，并得到全国人大常务委员会办公厅秘书局的回函。回函中就谈到，进一步修订突发事件应对法、物业管理条例；民政部也正在出台基层治理体系和治理能力建设政策文件；下一步将在修改城市居民委员会组织法时，进一步完善社区参与突发事件应对的规定，推进社区层面各方力量协同应对突发事件。

上海应走在前面。以实践为鉴，进一步完善立法，发扬全过程人民民主，践行“人民城市人民建、人民城市为人民”理念，特别是如同经济上所说的产业链供应链一样，每个环节都不能掉链子，切实解决好“最后一公里”的问题，进一步加强基层社会治理，从而全面推进上海治理能力和治理体系现代化，让市民有更多的获得感、安全感、幸福感。

（这是作者 2022 年 4 月 8 日向上海市政协提交的社情民意，
其主要内容刊登在 2022 年 4 月 11 日的《人民政协报》）

44
勇做新时代人民群众法治需求的合格答卷人

党的十九届六中全会通过的《中共中央关于党的百年奋斗重大成就和历史经验的决议》，是一篇具有极强历史穿透力、思想引领力、政治动员力、时代感召力的马克思主义纲领性文献，是新时代中国共产党人牢记初心使命、坚持和发展中国特色社会主义的政治宣言，是以史为鉴、开创未来、实现中华民族伟大复兴的行动指南。

作为一名法律工作者，我在通篇学习、整体理解、全面认识的基础上，更是重点关注了其中“法治篇章”。

在“完成社会主义革命和推进社会主义建设”这一部分中，《中共中央关于党的百年奋斗重大成就和历史经验的决议》特别提及两个重大历史事件。一是1949年中国人民政治协商会议第一届全体会议制定《中国人民政治协商会议共同纲领》（以下简称《共同纲领》）；二是1954年召开第一届全国人民代表大会第一次会议，通过了《宪法》。应当说，党在社会主义革命和建设中取得的独创性理论成果和巨大成就，为在新的历史时期开创中国特色社会主义提供了宝贵经验、理论准备、物质基础。而其中的《共同纲领》这部宪法性文件和我国首部宪法，无疑为这一时期开创中国特色社会主义奠定了坚实的法治基础。

在“进行改革开放和社会主义现代化建设”这一部分中，《中共中央关于党的百年奋斗重大成就和历史经验的决议》指出，“党坚持党的领导、人民当家作主、依法治国有机统一……坚持依法治国和以德治国相结合，制定新宪法，建设社会主义法治国家，形成中国特色社会主义法律体系”，应当说，这一时期党面临的主要任务是为实现中华民族伟大复兴提供充满新的活力的体制保证和快速发展的物质条件。而其中建设社会主义法治国家、形成中国特色社会主义法律体系，正是这一充满新的活力的体制保证的法律前提和快速发展的物质条件的法治保障。

在“开创中国特色社会主义新时代”这一部分，《中共中央关于党的百年奋斗重大成就和历史经验的决议》特别指出：

“明确全面推进依法治国总目标是建设中国特色社会主义法治体系、建设社会主义法治国家。”而在推动党和国家事业取得历史性成就、发生历史性变革的13个方面内容中，“在全面依法治国上”位列其中，排序第六。《中共中央关于党的百年奋斗重大成就和历史经验的决议》对此做了这样的结论：“党的十八大以来，中国特色社会主义法治体系不断健全，法治中国建设迈出坚实步伐，法治固根本、稳预期、利长远的保障作用进一步发挥，党运用法治方式领导和治理国家的能力显著增强。”

在品读这一历史性成就和历史性变革的时候，我深深感受到了八个字。一是**来之不易**。须知如此成就和变革，是在有法不依、执法不严、司法不公、违法不究等问题严重存在，司法腐败时有发生，一些执法、司法人员徇私枉法，甚至充当犯罪分子的保护伞，严重损害法治权威，严重影响社会公平正义这样的一个背景之下取得的。二是**坚定不移**。那就是我们的党深刻认识到，权力是一把“双刃剑”，依法依规行使可以造福人民，违法违规行使必然祸害国家和人民。于是党中央强调：法治兴则国家兴、法治衰则国家乱，并由此出台一系列重大法治举措。

在这一过程中，以习近平同志为主要代表的中国共产党人，创立了习近平新时代中国特色社会主义思想，而习近平法治思想正是其中的重要组成部分。

习近平法治思想强调要坚持以人民为中心，要坚持中国特色社会主义法治道路；要坚持依宪治国、依宪执政；要坚持在法治轨道上推进国家治理体系和治理能力现代化；要坚持建设中国特色社会主义法治体系；要坚持依法治国、依法执政、依法行政共同推进，法治国家、法治政府、法治社会一体建设；要坚持全面推进科学立法、严格执法、公正司法、全民守法；要坚持统筹推进国内法治和涉外法治；要坚持建设德才兼备的高素质法治工作队伍；要坚持抓住领导干部这个“关键少数”。

这一思想内涵丰富、论述深刻、逻辑严密、系统完备，从历史和现实相贯通、国际和国内相关联、理论和实际相结合上深刻回答了新时代为什么实行全面依法治国、怎样实行全面依法治国等一系列重大问题。这一思想是顺应实现中华民族伟大复兴时代要求应运而生的重大理论创新成果，是马克思主义法治理论中国化最新成果，是全面依法治国的根本遵循和行动指南。

作为一名律师，在学习、领会习近平法治思想时，我特别关注习近平总书记关于律师队伍和律师制度的论述。应当说，这是习近平法治思想的重要内容。

在律师的政治定性方面，习近平总书记指出：律师队伍是依法治国的一支重要力量。[1]

在律师的队伍建设方面，总书记强调：要建设一支政治坚定、

1 习近平：《加快建设社会主义法治国家》，载《求是》2015 年第 1 期。

精通法律、维护正义、恪守诚信的律师队伍。要大力加强律师队伍思想政治建设，坚持党的领导，坚持走中国特色社会主义法治道路，把拥护中国共产党领导、拥护社会主义法治作为律师从业的基本要求。[1]

在律师的作用发挥方面，习近平总书记要求我们要服务法治政府建设，他说：党的十八届四中全会就此提出了一系列制度安排，包括建立法律顾问制度、设立公职律师等。这些制度要抓紧建立健全，早日形成，早日发挥作用。[2]

习近平总书记要求我们深化公共法律服务，他说：要深化公共法律服务体系建设……尽快建成覆盖全业务、全时空的法律服务网络。要“加快解决有些地方没有律师和欠发达地区律师资源不足问题”[3]，“决不允许普通群众打不起官司”[4]。

习近平总书记要求我们发展涉外法律服务，他说：要健全完善扶持保障政策、进一步建设涉外法律服务机构、发展壮大涉外法律服务队伍、健全涉外法律服务方式、提高涉外法律服

---

1 习近平：《加快建设社会主义法治国家》，载《求是》2015 年第 1 期。

2 《在省部级主要领导干部学习贯彻党的十八届四中全会精神全面推进依法治国专题研讨班上的讲话》，载中共中央纪律检查委员会、中共中央文献研究室：《习近平关于严明党的纪律和规矩论述摘编》，中央文献出版社、中国方正出版社 2016 年版。

3 《全力推进法治中国建设——关于全面依法治国》，载中共中央宣传部组织：《习近平总书记系列重要讲话读本（2016 年版）》，学习出版社、人民出版社 2016 年版。

4 《让老百姓过上好日子——关于改善民生和创新社会治理》，载中共中央宣传部组织：《习近平总书记系列重要讲话读本（2016 年版）》，学习出版社、人民出版社 2016 年版。

务质量、稳步推进法律服务业开放。[1]

在律师的行业党建方面，习近平总书记强调：要进一步加强律师行业党建工作，健全完善行业党建工作管理体制，切实发挥律师事务所党组织的政治核心作用和律师党员的先锋模范作用。

在新的历史时期，人民群众日益增长的法律服务需求与律师事业不平衡不充分发展之间的矛盾，显然也成为中国特色社会主义进入新时代后，我国律师事业发展面临的主要矛盾。人民群众日益增长的在民主、法治、公平、正义、安全、环境等方面的要求，对我们人民律师提出了问题、提出了挑战。时代是出卷人，人民是阅卷人。新时代的中国律师必须适应、回应，必须服务、满足，而且必须引领人民群众在上述有关法治方面的美好需求、合理诉求和理性要求，做合格的答卷人。

今天的中国律师，已发展到逾 53 万人的总体规模。作为中国特色社会主义法治工作队伍的重要组成部分和法律服务队伍的主体，我们将勿忘昨天的苦难辉煌，无愧今天的使命担当，不负明天的伟大梦想，为法治中国建设、为实现中华民族伟大复兴的中国梦贡献应有的力量！

（这是作者 2021 年 11 月 23 日发表在《人民政协报》上的文章，有删改）

---

1 《习近平主持召开中央全面深化改革领导小组第二十四次会议》，载中国共产党新闻网“习近平系列重要讲话数据库”2016 年 5 月 20 日，http：//jhsjk.people.cn/article/28367301。

45

建设高水平的中国特色海南自贸港：立法引领与制度保障

今年三月全国“两会”期间，笔者提交一份“关于制定海南自由贸易港法相关问题的提案”，提出“明确海南自由贸易港的法律地位”“明确海南自由贸易港法的功能定位”“明确海南自由贸易港建设中的央地关系”“充分体现对标世界最高水平开放形态的本质要求”等建议。

6 月 10 日，第十三届全国人大常委会第二十九次会议一锤定音，审议通过《海南自由贸易港法》（以下简称《自贸港法》）。通过学习研究、比较分析，笔者认为，本部法律作为引领、推进、规范海南自由贸易港建设和管理的原则性立法、基本性规范，体系完整、逻辑严密，亮点多多、意义重大。

一、海南自由贸易港的法律定位更加明确

2020年6月，习近平总书记对海南自由贸易港建设作出重要指示时指出，在海南建设自由贸易港，是党中央着眼于国内国际两个大局、为推动中国特色社会主义创新发展作出的一个重大战略决策，是我国新时代改革开放进程中的一件大事。习近平总书记强调，要把制度集成创新摆在突出位置，解放思想、大胆创新，成熟一项推出一项，行稳致远，久久为功。[1]

《自贸港法》是全国人大常委会就中国特色自由贸易港建设制定的第一部法律。这部法律的出台，不仅将对海南自由贸易港建设产生决定性影响，也将在我国加快推进高水平开放进程中产生重大影响、发挥特殊作用。

正因为建设海南自由贸易港是一项国家重大战略，因此需要以《自贸港法》赋予海南自由贸易港在法律意义上不同于现行行政区划体系的定位和属性，以从法律逻辑上获得足以支撑海南自由贸易港各项经济社会建设必需的法律授权与制度保障。

1 参见《习近平对海南自由贸易港建设作出重要指示强调 要把制度集成创新摆在突出位置 高质量高标准建设自由贸易港》，载《人民日报》2020年6月2日，第1版。

《自贸港法》开宗明义："为了建设高水平的中国特色海南自由贸易港。"由此可见，"海南自由贸易港"有两个定语，一个是"高水平"，另一个是"中国特色"。我个人的理解是，"中国特色"是原则，是前提；"高水平"是内容，是目标。两者缺一不可，相互作用，彼此赋能，从而形成建设海南自由贸易港的明确方向、前行道路与本质属性。

从"中国特色"角度，明确了"促进社会主义市场经济平稳健康可持续发展"的立法宗旨，体现了"借鉴国际经验"并"围绕海南战略定位，发挥海南优势"，彰显了"贯彻创新、协调、绿色、开放、共享的新发展理念"，表达了"坚持高质量发展，坚持总体国家安全观，坚持以人民为中心"，指明了"实现经济繁荣、社会文明、生态宜居、人民幸福"的终极目的。

从"高水平"的角度，则明确"海南自由贸易港建设，以贸易投资自由化便利化为重点，以各类生产要素跨境自由有序安全便捷流动和现代产业体系为支撑，以特殊的税收制度安排、高效的社会治理体系和完备的法治体系为保障，持续优化法治化、国际化、便利化的营商环境和公平统一高效的市场环境"。

二、《自贸港法》的体系定位更加凸显

《自贸港法》既是海南自由贸易港法律体系的"母法"，

也是保障海南自由贸易港打造世界最高水平开放形态、实现制度集成创新重大突破的“基本法”。

从这一角度而言，在《自贸港法》中应有对自身的定位条款，并进一步明确海南自由贸易港应建立以《自贸港法》为基础、以地方性法规和商事纠纷解决机制为组成部分的自由贸易港法律体系。

首先，《自贸港法》是海南自由贸易港建设与管理活动的“主要法”。正如《自贸港法》第 2 条第 2 款所规定：“海南自由贸易港建设和管理活动适用本法。本法没有规定的，适用其他有关法律法规的规定。”

其次，《自贸港法》是海南自由贸易港建设与管理活动的“基础法”。《自贸港法》第 10 条第 1 款即明确：“海南省人民代表大会及其常务委员会可以根据本法，结合海南自由贸易港建设的具体情况和实际需要，遵循宪法规定和法律、行政法规的基本原则，就贸易、投资及相关管理活动制定法规（以下简称海南自由贸易港法规），在海南自由贸易港范围内实施。”

最后，《自贸港法》是海南自由贸易港建设与管理活动的“主导法”。依《自贸港法》第 10 条第 2、3 款的规定，海南省人大及其常委会根据《自贸港法》制定相关法规并在自由贸易港范围内实施，应报全国人大常委会和国务院备案，但对法律或行政法规的规定作变通规定的，应当说明变通情况和理由；而涉及依法应当由全国人大及其常委会制定法律或者由国务院制定行政法规事项的，应当分别报全国人大常委会或者国务院批准后生效。可见，虽然海南自由贸易港法规由《自贸港法》主导制定，即“根据”，但依然存在“备案”或“批准”的法律程序。

三、海南自由贸易港建设中的央地关系更加清晰

从《自贸港法》的“基本法”定位而言，这部法律应明确海南自由贸易港建设中的中央与地方的关系，即按照习近平总书记强调的“中央和国家有关部门要从大局出发，支持海南大胆改革创新”[1]的要求，理顺央地关系，以“一揽子”授权的方式赋予海南自由贸易港充分的改革开放自主权。

从目前法律规定分析，基于“建设高水平的中国特色海南自由贸易港”的客观需求，界定地方行权原则，明确央地关系非常重要，而于其中落实海南“行使改革自主权”异常关键。对此，《自贸港法》第7条规定，“国家支持海南自由贸易港建设发展，支持海南省依照中央要求和法律规定行使改革自主权。国务院及其有关部门根据海南自由贸易港建设的实际需要，及时依法授权或者委托海南省人民政府及其有关部门行使相关管理职权”。

1　《习近平对海南自由贸易港建设作出重要指示强调 要把制度集成创新摆在突出位置 高质量高标准建设自由贸易港》，载《人民日报》2020年6月2日，第1版。

当然，该项“自主”是在“领导”与“指导”下的一种制度安排。因此《自贸港法》第6条第1款规定：“国家建立海南自由贸易港建设领导机制，统筹协调海南自由贸易港建设重大政策和重大事项。国务院发展改革、财政、商务、金融管理、海关、税务等部门按照职责分工，指导推动海南自由贸易港建设相关工作。”

同时，我们注意到《自贸港法》第9条的规定：“国家支持海南自由贸易港主动适应国际经济贸易规则发展和全球经济治理体系改革新趋势，积极开展国际交流合作。”可见《自贸港法》对海南自由贸易港“国际交流合作权”预留了充分的空间。

四、对标世界“高水平”开放形态的制度安排更加系统

自贸港法专家迟福林教授指出，“作为‘基本法’的自贸港法要充分体现世界最高水平开放形态这一本质要求，最大限度与国际规则接轨，成为我国的一部‘最高水平开放法’”。对标世界“高水平”开放形态的制度安排，在《自贸港法》中全面体现于实现贸易、投资、跨境资金流动、人员进出、运输来往自由便利和数据安全有序流动等诸多方面，并集中体现在基础性的贸易与投资自由便利两个重点内容与关键环节，从而形成自由贸易港建设的政策框架和制度体系。

上述“高水平”形态，从《自贸港法》立法的语言表达上略见一斑，像“特殊”“特别”“除外”“之外”的文字运用。

第11条规定：“国家建立健全全岛封关运作的海南自由贸易港海关监管特殊区域制度。在依法有效监管基础上，建立自由进出、安全便利的货物贸易管理制度，优化服务贸易管理措施，实现贸易自由化便利化。”

第13条第1款规定：“在境外与海南自由贸易港之间，货物、物品可以自由进出，海关依法进行监管，列入海南自由贸易港禁止、限制进出口货物、物品清单的除外。”

第17条第1款规定：“海南自由贸易港对跨境服务贸易实行负面清单管理制度，并实施相配套的资金支付和转移制度。对清单之外的跨境服务贸易，按照内外一致的原则管理。”

第18条第2款规定：“海南自由贸易港全面放开投资准入，涉及国家安全、社会稳定、生态保护红线、重大公共利益等国家实行准入管理的领域除外。”

第19条规定：“海南自由贸易港对外商投资实行准入前国民待遇加负面清单管理制度。特别适用于海南自由贸易港的外商投资准入负面清单由国务院有关部门会同海南省制定，报国务院批准后发布。”

第20条第1款规定：“国家放宽海南自由贸易港市场准入。

海南自由贸易港放宽市场准入特别清单（特别措施）由国务院有关部门会同海南省制定。”

第 28 条第 1 款规定：“全岛封关运作、简并税制后，海南自由贸易港对进口征税商品实行目录管理，目录之外的货物进入海南自由贸易港，免征进口关税。进口征税商品目录由国务院财政部门会同国务院有关部门和海南省制定。”

同时，上述“高水平”形态，从本法立法的系统性上更是周全且周延。像第四章“财政税收制度”的规定，在税收制度方面，通过“税制体系”“简化税制”“优惠政策”“服务体系”等规定，构成税收制度对建设海南自由贸易港的特殊支撑。

第 27 条第 1 款规定：“按照税种结构简单科学、税制要素充分优化、税负水平明显降低、收入归属清晰、财政收支基本均衡的原则，结合国家税制改革方向，建立符合需要的海南自由贸易港税制体系。”

第 27 条第 2 款规定：“全岛封关运作时，将增值税、消费税、车辆购置税、城市维护建设税及教育费附加等税费进行简并，在货物和服务零售环节征收销售税；全岛封关运作后，进一步简化税制。”

第 30 条规定：“对注册在海南自由贸易港符合条件的企业，实行企业所得税优惠；对海南自由贸易港内符合条件的个人，实行个人所得税优惠。”

第 31 条规定："海南自由贸易港建立优化高效统一的税收征管服务体系，提高税收征管服务科学化、信息化、国际化、便民化水平，积极参与国际税收征管合作，提高税收征管服务质量和效率，保护纳税人的合法权益。"

五、海南自由贸易港建设的生态环境保护要求更加严格

《自贸港法》一个最显著的特色就是对生态环境保护的重视程度之高，比之以往立法可谓少见为鲜。其中的生态环境保护理念旗帜鲜明，贯穿始终。例如，第 1 条中有"可持续发展"的表述，第 3 条中又有"新发展理念""高质量发展""生态宜居"的表达，而第 5 条直接规定，"海南自由贸易港实行最严格的生态环境保护制度，坚持生态优先、绿色发展，创新生态文明体制机制，建设国家生态文明试验区"。于是，整部法律中有第五章"生态环境保护"专章则不足为奇。

如果说如上所述在贸易、投资自由便利章节中用"特殊""除外"彰显推进，而本章中多用"严格"以表达规范。

如第 33 条规定："海南自由贸易港推进国土空间规划体系建设，实行差别化的自然生态空间用途管制，严守生态保护红线，构建以国家公园为主体的自然保护地体系，推进绿色城镇化、美丽乡村建设。海南自由贸易港严格保护海洋生态环境，建立

健全陆海统筹的生态系统保护修复和污染防治区域联动机制。”

再如第 34 条规定：“海南自由贸易港实行严格的进出境环境安全准入管理制度，加强检验检疫能力建设，防范外来物种入侵，禁止境外固体废物输入；提高医疗废物等危险废物处理处置能力，提升突发生态环境事件应急准备与响应能力，加强生态风险防控。”

“严格”之下自然会“一票否决”，故第 36 条第 1 款规定：“海南自由贸易港实行环境保护目标责任制和考核评价制度。县级以上地方人民政府对本级人民政府负有环境监督管理职责的部门及其负责人和下级人民政府及其负责人的年度考核，实行环境保护目标完成情况一票否决制。”

“严格”之下当然会“终身追责”，故第 37 条规定：“海南自由贸易港实行生态环境损害责任终身追究制。对违背科学发展要求、造成生态环境严重破坏的地方人民政府及有关部门主要负责人、直接负责的主管人员和其他直接责任人员，应当严格追究责任。”

习近平总书记在 2015 年 2 月 2 日《在省部级主要领导干部学习贯彻党的十八届四中全会精神全面推进依法治国专题研讨班上的讲话》中指出：“我们要坚持改革决策和立法决策相统一、相衔接，立法主动适应改革需要，积极发挥引导、推动、规范、保障改革的作用，做到重大改革于法有据，改革和法治同步推进，增强改革的穿透力。”《自贸港法》，应当也一定能够对海南自由贸易港的建设，发挥引导、推动、规范和保障的积极作用！

（这是作者 2021 年 6 月 23 日在“海南自贸港打造国际一流营商环境与高质量发展”专题研讨会上的发言）

46

抓住涉疫民案特点，多元化解矛盾纠纷

社会学家总是说，秩序一旦被打破，必然会产生矛盾，发生冲突，引发纠纷。疫情从天而降，“隔离”、“封城”、停摆，正常的生产与生活秩序戛然而止，而这种反常状态具有链条般的传递性，在一定时间内呈结构状、具整体性。

对各类主体而言，矛盾无意发生却不期而至，冲突试图避免却无能为力。有的属于“黑天鹅”，突如其来；有的就是“灰犀牛”，无法躲避。正是这些纠纷如此这般具有“无意”与“无力”特点，法律人士才会更多地试图从“不可抗力”与“情势变更”这些法律概念角度去解读、去解决。

在化解这些纠纷的过程中，更值得强调的是同舟共济、同仇敌忾，共担风险、共负责任。没有比设身处地更能够让对方理解，没有比推己及人更容易让对方接受。大发雷霆的确也无济于事，唇枪舌剑似乎也兴师动众；围坐下来促膝谈心，尽量少“回头看”收集诉讼证据，努力多“向前看”推演调整预案；一起制订计划，共同研究对策，消灭矛盾于萌芽，避免损失扩大化，无疑是最佳的解决方案。

由此可见，疫情引发的民事法律纠纷既有外在表现方式，也有内在本质特点。于是化解这些纠纷更应强调理性态度、前瞻眼光、效率诉求、多元方式。

最高人民法院《关于依法妥善审理涉新冠肺炎疫情民事案件若干问题的指导意见(一)》(以下简称《涉疫民事案件意见》)，牢牢把握涉疫民事纠纷的本质特点，明确提出“坚持把非诉讼纠纷解决机制挺在前面”的要求，把“积极参与诉源治理”“引导当事人和解协商、共担风险、共渡难关，切实把矛盾解决在萌芽状态、化解在基层”提升至“正确司法理念”的高度，可谓一针见血、一语中的！

多元化解涉疫民事纠纷，其出发点正是针对此类纠纷产生的基础。

如前所述，涉疫情民事案件的“源头”引发者是所谓“黑天鹅”“灰犀牛”，而不纯粹是“野蛮人”“加害者”，这些纠纷中的主观恶意较少、事实相对清楚，相关主体容易彼此理解、易于相互认同，便于调停处理。而快刀斩乱麻迅速解决争端，更便于双方轻装上阵，实现彼此的约定意图、合同目的。而且，在此过程中，通过倡导多元动态的利益观，即既关注诉案内利益又关注诉案外利益、重视眼前利益更重视长远利益，来进一步推进完善诚信与包容的营商价值体系。

疫情或者疫情防控措施仅导致合同履行困难的，当事人可以重新协商；能够继续履行的，人民法院应当切实加强调解工作，积极引导当事人继续履行。可见，充分尊重当事人的签约意图、履约意向、交易意愿，真正实现“案结、事了、人和”。

正如有专家所言：“诉讼的构造是形成当事人之间的利益对抗体，并利用相互的攻击防御去发现真实。调解的构造是努力挖掘当事人之间的共同利益，积极打造矛盾纠纷当事人的利益共同体去促成合意。”

因此，针对涉疫民事案件的基础性特点，通过调解等多元化解矛盾纠纷的方式定分止争，促成合意，达成交易，推进复工，拉动复产，恢复经济秩序，繁荣商业发展，正是题中应有之义。

多元化解涉疫民事纠纷，其核心点在于化解这些纠纷的主体多元。

2014 年党的十八届四中全会决定提出，“健全社会矛盾纠纷预防化解机制，完善调解、仲裁、行政裁决、行政复议、诉讼等有机衔接、相互协调的多元化纠纷解决机制”。2015 年 12 月，中共中央办公厅、国务院办公厅出台《关于完善矛盾纠纷多元化解机制的意见》，明确人民调解、行政调解、司法调解、行业调解、商事调解、仲裁、行政复议与行政裁决、协商、中立评估、第三方调处等多元化的纠纷解决机制。

从疫情引发的法律纠纷类型来看，企业合同纠纷、劳动合同纠纷是最基础的，也占了绝大多数，而此类纠纷的妥善解决又与复工、复产、复市紧密相关。从《涉疫民事案件意见》来看，也是重点明确了“依法妥善审理合同纠纷案件”“依法处理劳动争议案件”，足见其分量和重要性所在。

相较而言，在处理上述纠纷中，更应该特别重视行业调解与律师调解的参与。行业协会调解组织对本行业会员之间竞争与合作的了解更准确，对本行业相关市场领域趋势的把握更精准，对会员本身也发挥着自律性管理作用，因此这种调解从情、理、势（市场发展趋势）角度更容易为会员所接受，可以起到事半功倍的效果。特别是劳动合同纠纷，应当注重其社会关系修复属性，关注劳资双方利益统一性，通过行业调解的前置性工作来减少程序、时间、精力、金钱多维损耗，避免两败俱伤，实现劳动者与用人单位、企业与行业、行业与市场的多赢与共赢。

而律师参与调解工作更是义不容辞。早在2016年6月28日，最高人民法院发布的《关于人民法院进一步深化多元化纠纷解决机制改革的意见》就明确指出要“推动律师调解制度建设”。自2017年9月以来，按照最高人民法院、司法部《关于开展律师调解试点工作的意见》的要求，北京、上海、浙江等11个省（直辖市）积极开展试点工作，取得了明显成效。目前，这一试点工作已扩大至全国范围。律师职业具有相当的独立性、特别的专业性，重要的是还具有特殊的行业性，即“律师协会是律师的自律性组织”，律师不是“散兵游勇”，不是“一个人在战斗”，而是一支有组织、有纪律的队伍。当然律师职业具有人民性，它是专业服务业，但又不能唯利是图。“疾风知劲草，板荡识诚臣”。在这次疫情防控中，律师行业切实履行社会责任，交出一份满意答卷，更应该在化解涉疫法律纠纷中大显身手。

化解涉疫民事法律纠纷，还有一个非常权威的主体，那就是各级人大代表和政协委员。我们注意到3月5日安徽省人大常委会出台《关于依法做好多元化解疫情防控和复工复产中矛盾纠纷工作的意见》，要求人大代表要积极参加代表小组活动，善于运用代表活动室、代表工作室、代表调解室、群众联系点和履职网络平台等线上线下多种平台，依法参与化解矛盾纠纷，充分反映社情民意，及时提出意见建议。

多元化解涉疫民事纠纷，其关键点在于化解程序与方式的

衔接与协同。

例如，调解协议达成与法院司法确认的衔接。去年 12 月 24 日第十三届全国人大常委会第十五次会议听取最高人民法院《关于授权在部分地区开展民事诉讼程序繁简分流改革试点工作的决定（草案）》的说明，周强院长就表示，“优化司法确认程序”：完善诉前委派调解与司法确认程序的衔接机制、合理拓宽司法确认程序适用范围、完善司法确认案件管辖规则。

再如，网上化解纠纷与线下解决矛盾的协同。大家都说此次疫情是一场“大考”，其实对法院而言也是“智慧法院”的大考，对律师而言也是“智能律所”的大考。2019 年 10 月 15 日周强院长在全国审判执行工作推进会上就强调，要依托科技硬实力，全面推进“两个一站式”建设，加快推进网上立案、跨域立案，不断增强化解纠纷和诉讼服务能力。因此，加快构建涉疫案件多元化纠纷解决的电子衔接平台，实现调解、仲裁、公证和诉讼之间的信息共享，协商“云端谈”、调解“网上见”、审理“不掉线”，让纠纷可以通过最优解纷方式组合得以高效化解。

多元化解涉疫民事纠纷，其根本点在于贯彻落实习近平总书记关于统筹推进疫情防控和经济社会发展的重要指示精神。

对此《涉疫民事案件意见》特别明确，落实习近平总书记重要指示精神，在涉疫情民事案件审理中，根据案件实际情况，准确适用法律，平衡各方利益，保障当事人合法权益，服务经济社会发展，实现政治效果、法律效果与社会效果的统一。

贝纳德·迈耶说：“调解无处不在，生活本身即是调解。”疫情当下，讼争云起，需调处挺前。各方努力，多元解决，定会打赢疫情防控“阻击战”和社会经济发展“保卫战”！

（这是作者 2020 年 4 月 22 日发表在微信公众号“人民法院报”上的文章，有删改）

47
科创强国　法治护航

在今年三月全国“两会”上，在我所有提案中有两份我个人以为分量较重的提案：一份是关于完善公司和证券法律制度，为设立科创板和试点注册制创造良好的法治环境的提案；另一份是进一步加强金融法院建设，为科创板与注册制提供优质司法保障的提案。两份提案的主题均集中于“科创板、注册制与法治建设”的问题。令人欣喜的是，两份提案的基本内容都已及时地转化成了法治建设的成果。此前，《证券法》三审稿大篇幅地增加了注册制的内容，为科创板的建设夯实了立法基础；近日，最高人民法院与上海市高级人民法院也分别颁布了《关于为设立科创板并试点注册制改革提供司法保障的若干意见》与《关于服务保障设立科创板并试点注册制的若干意见》，司法审判部门以切身行动支持并保障科创板与注册制的建设。

一、两个若干意见出台的背景

2018 年 11 月 5 日，习近平总书记在首届中国国际进口博览会开幕式上宣布在上海证券交易所设立科创板并试点注册制，[1] 这是中央交给上海新的三项重大任务之一。设立科创板并试点注册制是中央针对当前世界经济形势，立足国家发展大局而作出的重大战略部署，目前也是三项重大任务中最早落地的一项。

自 2019 年 3 月 18 日上海证券交易所正式接受科创板发行上市申请以来，已受理科创板企业申请达 120 多家；截至 2019 年 6 月 21 日，已有 16 家企业相继通过了上市委员会的审议。2019 年 6 月 13 日科创板正式开板，市场热切期待。

纠纷在发展中难以避免，而妥善解决纠纷则是促进持续发展的核心保障。2018 年，上海法院共受理一审金融案件 17 万件，标的总金额 1400 余亿元，首次突破千亿元大关。其中证券虚假陈述责任纠纷 2264 件，同比上升 86%，成为所有金融案件中数

1 参见《习近平出席首届中国国际进口博览会开幕式并发表主旨演讲》，载《人民日报》2018 年 11 月 6 日，第 1 版。

量排名前五的案件类型。证券金融案件的急速上升，让全社会都在寻找多元化解纠纷之道。在此过程中，人民法院也在思考、在行动，尤其是在设立科创板并试点注册制新环境下，面对科创板在信息披露、公司治理、交易规则等方面的新要求与新发展，人民法院在处理相关纠纷中也必须更新理念、创新制度，增加制度与规则方面的供给，从而更好地规范金融创新，促进市场的健康发展。

上海市高级人民法院高度重视科创板及注册制服务保障工作，于今年 2 月底组建了专项调研小组，在深入调研的基础上，经反复征求意见和研讨修改，最终形成出台了《关于服务保障设立科创板并试点注册制的若干意见》。

几乎与此同时，为充分发挥人民法院审判职能作用，共同促进发行、上市、信息披露、交易、退市等资本市场基础制度改革统筹推进，维护公开、公平、公正的资本市场秩序，保护投资者合法权益，最高人民法院就注册制改革试点期间人民法院正确审理与科创板相关案件等问题，也于 2019 年 6 月 20 日发布《关于为设立科创板并试点注册制改革提供司法保障的若干意见》。

二、两个若干意见的特点与亮点分析

推进上海国际金融中心建设是国家战略。在上海证券交易所设立科创板并试点注册制，既是深化资本市场改革的重要安排，又是推进上海国际金融中心建设的实质性举措。最高人民法院与上海市高级人民法院发布并实施若干意见，体现了人民法院审判职能围绕中心服务大局，为经济社会发展提供司法供给和法律保障的自觉与创新。两个若干意见的实施，将对中国资本市场法治建设，尤其是资本市场司法实践，发挥规范和保障、支持与引领的作用。

科创板与注册制最大的特点是创新，最大的优点是改革。例如，发行上市条件的包容性、公司治理的同股不同权、审核与监管工作的自律性、发行与交易行为的市场化、投资主体的适当性等。而两个若干意见正是针对上述创新机制与改革制度，有针对性地从司法审判的角度给予规制，体现了司法政策的创新性与改革性。

以最高人民法院《关于为设立科创板并试点注册制改革提供司法保障的若干意见》为例。该意见特别指出，对于证券交易所经法定程序制定的科创板发行、上市、持续监管等业务规则，只要不违反法律法规强制性规定，人民法院在审理案件时可以依法参照适用，体现了人民法院尊重资本市场发展规律、保障交易所依法实施自律性监管。

该意见特别强调，针对科创板上市公司进行的差异化表决权安排，人民法院要依法认定其有关股东大会决议的效力，但同时也强调禁止特别表决权股东滥用权利，防止制度功能的异化，体现了司法政策对“同股不同权”安排的认可，并作出了“同股不同责”的法律界定。

该意见特别明确，依法界定证券公司投资者适当性管理民事责任，对于因未履行投资者适当性审查、信息披露及风险揭示义务给投资者造成损失的，证券公司应当承担赔偿责任，体现了司法实践对科创板投资者适当性制度的具体的、落在关键处的、有效力的落实。

该意见特别提到，要立足于用好、用足现行代表人诉讼制度，对现行《民事诉讼法》规定的共同诉讼制度在证券民事诉讼中的应用作了具体规定，既针对科创板市场的民事赔偿案件本身，又对推动完善符合我国国情的证券民事诉讼制度具有指导意义。

目前在司法体制改革中，为保障当事人的合法权益，保障律师执业权利，各地法院都在探索推出律师调查令制度。该意见特别明确，探索建立律师民事诉讼调查令制度，便于投资者代理律师行使相关调查权，提高投资者自行收集证据的能力，非常具有现实性和可操作性，为发挥律师在资本市场法治建设中的作用提供了司法依据。

三、有关涉科创板金融案件的集中管辖

《关于为设立科创板并试点注册制改革提供司法保障的若干意见》还有一个最大的亮点，就是科创板上市公司相关案件集中管辖制度的确立。早在9年前，本人作为上海市政协委员，与时任上海证监局局长张宁、时任海富通基金管理公司督察长谢荣兴一起，率先提出在上海设立金融法院；去年全国政协会议期间，本人与东方财富股份有限公司董事长其实等再一次提出这一建议。此后上海金融法院应运而生。在今年全国“两会”上，本人又进一步提出一个提案，即文首提及的进一步加强金融法院建设，为科创板与注册制提供优质司法保障的提案。

我在提案中说：为提升法律适用的一致性，实现裁判标准的统一化，增强司法公信力和权威性，推进建立全局性、全国性的规范、统一、可预期的资本市场法治秩序，有必要针对在科创板挂牌的公司，对其发生的有关证券市场发行与交易的、主要涉及证券法和公司法适用的相关案件，例如涉及信息披露的欺诈发行和虚假陈述等案件、涉及股权交易尤其是上市公司控制权争议的股权纠纷案件，以及与上述案件相关的行政案件，由上海金融法院集中管辖、专业审理。

我们欣慰地看到，《关于为设立科创板并试点注册制改革提供司法保障的若干意见》对此作了明确规定：为保障发行制度改革顺利进行，在科创板首次公开发行股票并上市企业的证

券发行纠纷、证券承销合同纠纷、证券上市保荐合同纠纷、证券上市合同纠纷和证券欺诈责任纠纷等第一审民商事案件，由上海市金融法院试点集中管辖。

由上海金融法院集中管辖涉科创板相关金融案件，必将提升审理相关案件的专业化水平，有效防范地方保护主义，形成与“科创板、注册制”发展相统一的裁判标准，防止“同案不同判”现象的出现。同时，上海金融法院还可以在集中管辖的基础上，探索完善涉科创板证券纠纷案件示范判决机制，充分发挥典型案例指导作用，在客观上形成统一的审判人员、统一的裁判标准、统一的纠纷处理模式，最终以“正确的法律适用、妥善地化解纠纷”方式保障科创板市场的健康发展。

针对上海金融法院集中管辖相关案件，作为法律工作者，我们还有如下进一步的建议：**第一，**基于科创板与注册制的包容性、基于科创公司的创新性等特点，在司法过程中，人民法院审判应更多地关注并立足一线市场的发展，在符合法律规制的前提下，以包容的心态尊重创新、尊重突破，因此，人民法院审判应因时因地参照适用相关监管规则，以一线监管的经验有效化解司法中可能存在的难题。**第二，**加强调研，有效并及时了解科创公司的发展创新，不仅包括公司治理结构的创新，而且包括公司业务管理与运营的创新。**第三，**加强信息科技手段的运用，利用“大数据”建设提升审判效率。**第四，**有针对性地加强法官审判人才的培养，建立完善的审判梯队，同时应积极保持与律师、学者等法律共同体的互动，以有效应对集中管辖后所可能出现的疑难杂症案件，保障司法效率。

（这是作者2019年7月23日发表在《人民政协报》上的文章，有删改）

48

不负中国改革开放“好时候”，创造“刮目相看”律师新奇迹

时值改革开放40周年，作为一名拥有31年党龄、执业27年的党员律师，心潮澎湃，感慨万千，感动不已，感悟良多。

一

1978年12月的那一天，12岁的我正在读初中一年级，下班回家的父母依然兴奋地谈论着党的十一届三中全会，并说了一句至今仍令我铭刻在心的话：孩子们赶上“好时候”了！20世纪80年代，大学求学，

如在象牙塔中。虽风声乍起，却波澜不惊。我们的生活，平凡得趋于平淡，正常得如同平常。而20世纪90年代邓小平同志南方谈话，春潮泛动，风起云涌，大浪淘沙，为怀揣梦想、渴望成功的年轻人，打开了一扇又一扇的机遇大门。我从一名大学教师成为一名执业律师，此刻才真正感受到15年前父母说的那句话——我们赶上了“好时候”。财经作家吴晓波在他的《激荡三十年》和《激荡十年·水大鱼大》中写道：“当这个时代到来的时候锐不可当，万物肆意生长，尘埃与曙光升腾。江河汇聚成川，无名山丘崛起为峰，天地一时无比开阔。”“这个时代从不辜负人，它只是磨炼我们，磨炼每一个试图改变自己命运的平凡人。”

2018年12月的这一天，我聆听了习近平总书记的讲话。总书记史诗般地回顾了40年改革开放的进程，宣言式地展望了未来中国的发展道路。听来感人至深，发人深省，催人奋进。作为法律人，我特别注意到总书记说：“全面依法治国深入推进，中国特色社会主义法律体系日益健全。”[1]而40年前的中共中央工作会议说：“为了保障人民民主，必须加强法制。必须使民主制度化、法律化……做到有法可依，有法必依，执法必严，违法必究。”[2]

1 《习近平在庆祝改革开放40周年大会上的讲话》，载《人民日报》2018年12月19日，第2版。

2 邓小平：《解放思想，实事求是，团结一致向前看》，载《邓小平文选》（第二卷），人民出版社1994年版。

正是党的十一届三中全会标志着中国国家治理的第一次跨越开始启程，即**从“人治”到“法制”！**从事证券法律服务的律师们都还记得，20 世纪 90 年代初我们做企业改制上市的时候，是没有公司法也没有证券法的，仅仅依据国务院体制改革办公室的两部规范性文件来起草法律意见书，即 1992 年 5 月 15 日的《股份有限公司规范意见》《有限责任公司规范意见》。1993 年 4 月 22 日，国务院发布《股票发行与交易暂行条例》，而一直到 1993 年 12 月 29 日，全国人大常委会通过了《公司法》，又于 1998 年 12 月 29 日颁布《证券法》，中国资本市场以及证券律师的法律服务才真正做到有法可依。今年 10 月 26 日，第十三届全国人大常委会第六次会议对《公司法》作出了第四次修订，而《证券法》的修订次数也同样达到了四次。

“忽如一夜春风来，千树万树梨花开”，中国法治日臻完善。不仅立法，而且践行。1997 年，党的十五大把依法治国确立为党领导人民治理国家的基本方略。1999 年，九届全国人大二次会议将“法治”正式写入《宪法》。于是，**从“法制”到“法治”，**经过整整 20 年，中国国家治理实现了第二次跨越。2012 年，党的十八大围绕全面推进依法治国的战略目标，正式提出“法治是治国理政的基本方式”；2014 年，党的十八届四中全会专题研究全面依法治国重大问题；2017 年，党的十九大对深化依法治国实践提出了一系列新任务新要求，指明了全面依法治国的发展方向和实践方略。于是，从老十六字“法治”，即有法可依、有法必依、执法必严、违法必究，到新十六字“法治”，即科学立法、严格执法、公正司法、全民守法，中国国家治理实现了第三次跨越。

二

我们每一个律师，都是这段法治时光或法治历程的经历者、见证者，也是历史成绩的建设者、受益者。在创新法律服务、创建法治大厦的同时，我们律师自己也在成长、成熟、成就。

1979 年 7 月 1 日，五届全国人大二次会议通过的《刑事诉讼法》明确规定，“被告人有权获得辩护”，被告人“可以委托”律师“辩护”。1979 年 12 月 9 日司法部发布关于恢复律师制度的通知，标志着中国律师制度的重建，虽然当时全国只有 212 名律师，虽然律师业务仅限于刑事辩护、民事代理、代写法律文书、法律咨询等简单而又传统的项目。

当我们今天再次翻阅 1980 年 8 月 26 日的《人民日报》，头版的消息仍可以清晰地呈现在我们面前：“五届全国人大常委会第十五次会议决定，同意在深圳、珠海、汕头和厦门设置经济特区……这次会议还通过了《中华人民共和国律师暂行条例》。”不经意间，中国律师又搭上了改革开放这艘顺风大船。

就在1980年，在对“四人帮”的公审中给予其获得律师辩护的权利，不仅体现了对宪法的尊重、对人权的尊重，而且使得久违了的律师登上了主流媒体与街谈巷议的双重舞台。

16年后的1996年5月15日，《律师法》颁布。而此后，《律师法》不断修改，与时俱进，越发完善。2007年，也就是我担任上海律师协会会长的第三年，第十届全国人大常委会第三十次会议通过新《律师法》，“三个维护”即“维护当事人合法权益，维护法律正确实施，维护社会公平和正义”入法，为律师事业发展指明了前进的方向、奠定了坚实的基础。在我卸任会长的2008年，上海律师事务所数量达889家，今天已长到1600多家；律师人数从1万名增至近2.5万名；业务收入从近50亿元上升到210亿元。

如今，中国律师事业进入新时代。就在本月初，《律师事务所管理办法》再次修改。“律师事务所应当坚持以习近平新时代中国特色社会主义思想为指导，坚持和加强党对律师工作的全面领导，坚定维护以习近平同志为核心的党中央权威和集中统一领导，把拥护中国共产党领导、拥护社会主义法治作为从业的基本要求，增强广大律师走中国特色社会主义法治道路的自觉性和坚定性”“律师事务所应当加强党的建设，充分发挥党组织的战斗堡垒作用和党员律师的先锋模范作用”写入了《律师事务所管理办法》，这也成为《律师法》将再一次修改并进一步完善的标志性信号。

数字是枯燥的，但数字最有说服力。1978 年，中国的经济总量占全球 1.8%，律师制度第二年恢复时仅有 212 名律师；2018 年，成为世界第二大经济体的中国，经济总量占全球 14.8%，而与此同时中国律师人数猛增至 42 万。1978 年，中国人均 GDP 仅有 384 美元，此后的 1979 年中国每万人仅拥有 0.0022 名律师；2018 年，中国人均 GDP 将超过 9200 美元，而此时中国每万人拥有律师数升至 3 人。具体到我所在的律师事务所，1993 年 7 月上海万国律师事务所成立之时，只是浓缩在南京西路百乐门大酒店的两间客房里；而 1998 年 6 月，我们与北京张涌涛律师事务所、深圳唐人律师事务所联合发起设立的国浩律师事务所，在人民大会堂举办了成立仪式；时至今日，国浩律师事务所已经在全球拥有 30 个办公室、近 3000 名员工、2000 多名律师、500 多名合伙人，成为中国最大的法律服务机构之一。可以说，律师制度的不断完善，律师事业的蓬勃发展，正是“中国特色社会主义法律体系日益健全”的一个缩影，也是“全面依法治国深入推进”的重要标志。正可谓：“法治兴，则律师兴”；也可谓：“律师兴，则法治兴”。

三

40 年“好时候”，春风化雨，春华秋实；40 年“好时候”，波澜壮阔，乘风破浪。这是我们的回忆，也是我们写下的中国律师的记忆；这是我们的足迹，也是我们走出的中国律师奇迹。习近平总书记说：“中国的今天，是中国人民干出来的！”[1]同样，中国律师事业的今天也是在党的领导下中国律师干出来的。与改革开放一样，中国律师事业的发展也要坚持“摸着石头过河”和顶层设计相结合，坚持问题导向和目标导向相统一，坚持试点先行和全面推进相促进。作为一名始终战斗在法律服务第一线的执业律师，也作为一名长期从事行业服务和管理的工作者，我的体会就是：

1. 落实党建工作先行，真抓实干，确保前进方向。一个时期以来，对律师党建工作认识不足者大有人在，党建和所建“两张皮”现象较为突出，“失联党员”“口袋党员”问题不同程度存在，律所党组织战斗堡垒功能有所弱化，律师党员先锋模范作用发挥有限。历史已经证明，并终将再次证明，党的领导是中国特色社会主义的最大优势，也是中国社会主义法治建设的最大优势。方向决定前途，道路决定命运。今年 7 月 1 日在党的生日之际，司法部对律师队伍提出要求：“要坚持党建先行”“把律师行业党的建设作为首要政治任务，确保律师队伍始终听党话，跟党走。”也就在这一天，全国律师代表大会将“加强党的建设工作”写入《中华全国律师协会章程》。“全覆盖”

1 《同舟共济　创造美好未来——习近平出席亚太经合组织工商领导人峰会并发表主旨演讲》，载《人民日报》2018 年 11 月 18 日，第 1 版。

再颁军令状，“全规范”吹响集结号，“全统领”绘就总蓝图，迈向未来，春暖花开。

2. 把握律师制度本质，知行合一，谋求事业发展。从20世纪80年代的“国家法律工作者”，到20世纪90年代的“为社会提供法律服务的执业人员”，再到21世纪的“三个维护”，我们的认识不断深化；从党的十六届四中全会提出发挥律师机构作为社会组织“提供服务、反映诉求、规范行为”的作用，到国家“十一五”规划将律师业界定为“现代服务业”以推进发展，再到党的十八届四中全会明确律师的“法治工作队伍”定位，我们的理解更加全面。这一规律性认识和本质性把握，一并体现在律师的执业行为和对律师的管理之中，成为中国律师事业发展的基础，也使得律师队伍迸发出内生的活力、动力和魅力。每年国家宪法日，同一个时刻、千百个城市、数万名律师，面对国旗，手抚《宪法》，庄严宣誓。蔚为壮观的场景昭示的是中国律师的坚定信念！律师制度恢复之初中国律师可谓“雄关漫道真如铁”，40年发展则见“人间正道是沧桑”，而展望明天一定会“长风破浪会有时”。

3. 投身于改革开放大潮，建功立业，发挥职能作用。没有一项事业，如改革开放之伟业如此呼唤律师；没有一个时代，如法治中国之新时代如此成就律师。中国律师从律师制度恢复创建的第一天起，就同改革开放同呼吸、与法治建设共命运。

服务经济建设，参议政治建设，投入文化建设，参与社会建设，投身生态文明建设，中国律师处处有形，时时有为，进而有为，力求有效。在法治中国建设中，律师不是万能的，但没有律师却是万万不能的。以推进“一带一路”建设为例，在上海证券交易所、中国国际期货交易所、深圳证券交易所联合收购巴基斯坦证券交易所的里程碑式的案例中，有中国律师法律意见的真知灼见；在以色列法院承认中国人民法院裁判文书的经典性的审判席上，有中国律师陈词的铿锵有力。“一带一路”建设，法律先行，律师当先，正成为上上下下、里里外外、商界法律界的通识。今年“两会”后，39名律师全国人大代表和政协委员，以及成千上万名执业律师，进工厂、上学校、入军营、赴农村，掀起宣讲新宪法的高潮，发挥了律师不可或缺、无法替代的独特作用。司法部党组始终告诫我们，要党建先行、维护权益、守住底线、发挥作用、推进发展。只有为国家改革开放保驾护航，只有与法治中国建设同频共振，服务大局、服务民生，才能定准中国律师的方位，才能明确律师工作的航向。

4. 加强律师队伍建设，德才兼备，推进基业长青。改革开放和法治建设，对中国律师而言，既是机遇也是挑战，既有巨大压力，又有无限动力。“打铁必须自身硬”，律师就是要有本事、靠得住、过得硬。党和政府始终关怀律师队伍建设，2007

年 4 月 26 日，习近平同志履新上海市委书记仅一个多月，就专程来上海律师协会调研，亲切接见首届“东方大律师”。习近平总书记当年的谆谆嘱、殷殷情、切切意，令上海律师至今念念不忘。最近的微信朋友圈被一老一少、一东一西两位律师“刷屏”了：一位是“90 后”，94 岁的上海律师叶传岵，目光如炬，步履从容，至今仍坚守在庭审第一线；另一位是“80 后”，85 年出生的重庆律师唐帅，英姿焕发，神采飞扬，荣获央视“2018 年度法治人物”称号。“革命人永远是年轻”与“江山代有才人出”相映成辉。

5. 着力行业文化培育，润物无声，保持昂扬正气。衡量一个行业的成熟度，可以把握两个标准：一个是规范、完善的自律规则体系，另一个是有底线、能包容的行业文化建设。一个具有近 40 年恢复并发展的历史，一支拥有逾 40 万成员的队伍，一个每年发展速度超过国家经济发展指标的行业，是迫切需要加强文化建设、培育职业精神的。有一句谚语说，当我们走得太快的时候，要停下来等一等我们的灵魂；另有学者说，我们的路走得太远太快，但忘记了为什么出发。因此，我们应倡导并践行“忠诚”的价值观，忠于宪法，忠于党和人民，忠于社会主义制度，做中国特色社会主义法律工作者。我们应倡导并践行“为民”的价值观，执业为民、服务群众，切实维护人民群众合法权益。我们应倡导并践行“正义”的价值观，维护当事人合法权益，维护法律的正确实施，维护社会公平正义。我们应倡导并践行“明法”的价值观，精通法律，依法执业，规范服务，为当事人提供专业、高效的法律服务。我们应倡导并践行“厚德”的价值观，恪守职业道德，诚信服务，严格自律，切实履行社会责任，当社会良心，做道德之师。

6. 加强律师协会自律，举旗亮剑，打造律师之家。历史，总是在一些特殊年份给人们以汲取智慧、继续前行的力量。“1986”“2016”，这两个普通的数字对于中国律师却是重要的时间节点，串联起翻天覆地的30年。1986年中华全国律师协会成立，而30年后协会拥有了邓小平同志强调的具有标志性的30万名律师。“三十而立”，在新的历史起点上，律师协会对如何深化改革，以符合每年以10%的增长会员事业发展的期待，适应全面深化改革和法治中国建设的需求，理应作出深刻的反思与前瞻性的抉择。新故相推舒画卷，丹青妙手向翠峰。新形势下律师协会应当依照司法部“坚持政治引领”“努力建设一支政治坚定、业务精湛、维护正义、恪守诚信的高素质律师队伍”“既要厚爱也要严管”的要求，敢于维权、善于惩戒，下功夫、做文章、求突破、谋发展。

四十载“好时候”，九万里风鹏举。岁月不老，初心不变。对历史的最好纪念，就是创造新的历史。中国律师一定会锲而不舍、一以贯之、时不我待、只争朝夕、再接再厉，再一次创造让世界让中国刮目相看的新的更大奇迹！

（这是作者发表在 2019 年第 1 期《中国律师》上的文章，原标题为《不负好时候，再创新奇迹》，有删改）

49
服务中小投资者权益保护：义不容辞与大有可为

一、中小投资者权益保护是资本市场可持续发展的必然要求，是《证券法》的核心要义

投资者是资本市场的源头和基石，只有投资者权益得到充分有效的保护，资本市场才能得到可持续发展，这是发展的必然要求。一个成功、成熟的证券市场的建立和发展，必然依赖市场对投资者权益的保护和投资者对市场的信心，因此，关于投资者的权益保护问题是资本市场发展中一个永恒的话题，也是一个持续的主题。

《证券法》第1条开宗明义："为了规范证券发行和交易行为，保护投资者的合法权益，维护社会经济秩序和社会公共利益，促进社会主义市场经济的发展，制定本法。"可见，"保护投资者的合法权益"是制定《证券法》的重要目的之一，在《证券法》的具体制度设计中，"保护投资者的合法权益"是一个重要的立足点与出发点。目前，在《证券法》的修订草案中，也以专章的形式规范了投资者权益保护的问题。因此，中证中小投资者服务中心（以下简称投服中心）、中国上市公司协会等共同在此举办以"保护中小投资者的合法权益、开拓服务新模式"为主题的论坛，既与时俱进，更立足实际，具有强烈的现实意义。

二、律师参与中小投资者权益保护既是工作职责更是社会责任

《律师法》第2条第2款明确规定："律师应当维护当事人合法权益，维护法律正确实施，维护社会公平和正义。"在资本市场领域，在前端，律师依法担任公司上市的公司律师及承销商律师，为向资本市场输送合格"产品"把好第一道关，当好"清道夫""看门人"；在中端，律师应当成为上市公司的常年法律顾问，为企业并购重组、规范运营尤其是涉及的同业竞争、关联交易事项提供服务，充当"啄木鸟""巡逻兵"；

在后端，律师受聘作为中小投资者的代理人，将维护其权益事项纳入法治化解决轨道，做好“润滑剂”“助推器”。例如，在上市公司虚假陈述纠纷中，专业律师在赔偿责任人的确定、证据固定与收集、赔偿额计算等方面为投资者提供全方位的指导与建议，既有效减轻了投资者经验和知识的不足带来的维权难度，又充分履行了维护当事人合法权益的职责。同时，针对维权案件，律师也在积极推动司法审判标准的明晰与统一，维护法律的正确实施，维护社会公平正义。

我本人曾在2016年协助投服中心总经理徐明博士，在上海市第一中级人民法院代理过全国首例证券支持诉讼案件——刘某诉鲜言、匹凸匹金融信息服务（上海）股份有限公司证券虚假陈述责任纠纷案（以下简称“匹凸匹案”）。该案由于系全国首例证券支持诉讼案件，引发了资本市场的高度关注，最高人民法院院长周强更在今年“两会”的《最高人民法院工作报告》中提及本案，并肯定了本案在依法防范化解金融风险、维护中小投资者合法权益上的重大意义。

律师协会虽然不是资本市场的直接参与者，但可以通过指导律师开展业务、保障律师依法执业，对资本市场的稳定发展发挥着重要作用。目前，我国已拥有36万名律师，尤其是形成了一支讲大局、精业务、服务好的证券专业律师队伍。全国律协作为律师行业的自律性机构，完全有能力凝聚资本市场的专业法律人才，发挥组织优势，也愿意同投服中心以及现场各单位、机构一道，积极参与中小投资者的权益保护工作，探索投资者权益保护的新模式，切实履行自身职责与社会责任，在资本市场规范发展中发挥不可或缺、不可替代的作用。

三、律师参与中小投资者权益保护工作的展望

我国资本市场经过20多年的发展，关于中小投资者权益保护的状况已有明显改善，投服中心的出现，更是资本市场领域保护中小投资者权益的有益尝试。几年来，投服中心在降低投资者行权维权成本，提升投资者行权维权积极性方面都做了许多重要的、建设性的工作，而工作的发力点完全可以用今天的四个专题来概括：持股行权、投资者教育、多元化解纠纷和支持诉讼。我认为，在未来，广大律师也同样可以在这四个方面就保护中小投资者权益发挥重要作用。

第一，就参与持股行权与公司治理而言，律师可以协助投服中心在持股行权的过程中提供专业的法律意见，更好地发挥“参谋”“智囊”“顾问”作用。2016年2月，中国证监会批准投服中心在上海、广东（不包括深圳）、湖南3地开展持股行权试点。同年6月，中国证监会在召开的持股行权试点工作座谈会上明确强调，持股行权工作专业要求高，必须高度重视干部人才配备，探索建立外部律师支持的工作机制。同样是在2016年，投服中

心与全国律师协会金融证券保险专业委员会签署合作备忘录，明确了双方将在包括持股行权在内的多方面开展合作。

第二，就参与投资者教育而言，广大律师可以协同监管部门向中小投资者提供专业咨询，传播理性的投资观念和维权理念，建设多层次的投资者教育体系。中小投资者维权的困境主要集中于不知权、不懂权，不知何时维权，如何维权。投资者的这些困惑，恰恰是专业律师经常接触的业务。有些地方的证券监管部门推行过“投资者教育进社区”活动，并邀请律师共同参与，共同为社区居民普及投资和法律知识，起到了良好的社会效果。此外，律师还可以与相关部门合作编写典型维权案例，促成投资者理性投资，合法维权。

第三，就参与多元化解纠纷而言，可谓正当其时。2016 年 5 月，最高人民法院与中国证监会发布了《关于在全国部分地区开展证券期货纠纷多元化解机制试点工作的通知》，该通知探索证券期货纠纷的调解工作机制。2017 年 9 月，最高人民法院又与司法部发布了《关于开展律师调解试点工作的意见》，该意见规定可在试点区域设立“律师调解工作室”，接受当事人申请开展律师调解化解纠纷工作，在这样的时代背景下，作为调解工作中的新鲜血液，律师有能力为资本市场投资纠纷的解决带来更多的专业化思路。我本人在今年“两会”上提出的“关于设立全国性证券期货纠纷调解机构、切实依法维护投资者权益”的提案，其中不仅建议设立全国性的证券期货纠纷调解机构，而且提议该机构应当建立与律师调解的对接机制，充分发挥律师调解工作室的功能。

第四，就参与支持诉讼而言，律协可与投服中心一同组建公益律师库，为中小投资者的维权工作提供专业支持。对此，我本人在参与“匹凸匹案”中感受颇深：一方面，律师在整个诉讼过程中完全可以提供专业上的支持；另一方面，建设公益律师库具有必要性、迫切性和现实意义。据了解，2018 年 9 月 10 日，上海市律协与投服中心就签署了合作备忘录，旨在共同促进资本市场健康发展，维护中小投资者合法权益，推进资本市场法治化建设。

“及时当勉励，岁月不待人。”资本市场法治建设刻不容缓，维护投资者权益只争朝夕。全国律协愿同各机构共同努力，践行社会责任，共同为投资者的维权建设添砖加瓦，携手开拓服务新模式，共同谱写投资者权益保护新篇章！

（这是作者 2018 年 9 月 26 日在中国证监会首届“中小投资者服务论坛”上的发言）

50
为中国特色社会主义新时代奉献中国律师事业新业绩

一、全面把握中国特色社会主义新时代的历史定位，致力于服务新时代中国的伟大梦想

习近平总书记在党的十九大报告中庄严宣告：“中国特色社会主义进入了新时代，这是我国发展新的历史方位。”[1]

1. 新时代要贯彻新发展理念，建设现代化经济体系。在此过程中，法律服务不可或缺。

例如深化供给侧结构性改革。“经济发展的着力

---

1 《习近平指出，中国特色社会主义进入新时代是我国发展新的历史方位》，载中国共产党新闻网“习近平系列重要讲话数据库”2017年10月18日，http：//jhsjk.people.cn/article/29594207。

点放在实体经济上”，律师则要创新为实体经济与实体企业法律服务的内容与形式，在提供常规法律顾问服务的同时，要注重法务与合规、内控、风控、监察等服务的系统性与相融性安排，为实体经济与实体企业强身健体出实招、谋实策、干实事。

再如加快建设创新型国家。推进建设“科技强国、质量强国、航天强国、网络强国、交通强国、数字中国、智慧社会”，要“强化知识产权创造、保护、运用”。我们律师不应仅局限在解决知识产权纠纷上，而应向前端渗透到技术研发、向尖端伸展到技术交易、向外围进发到技术垄断与壁垒解决，提高为科技创新综合服务和全过程服务的能力。

又如实施乡村振兴战略。“巩固和完善农村基本经营制度，深化农村土地制度改革，完善承包地‘三权’分置制度”“深化农村集体产权制度改革，保障农民财产权益”“加强农村基层基础工作，健全自治、法治、德治相结合的乡村治理体系”全是法律问题，应当说，虽然律师进农村工作轰轰烈烈，“一村一律师”工作已初具成效，但仍有不少法律服务的空白点，仍需扎扎实实推进，新农村建设需要有一支懂农业、爱农村、爱农民的“三农”律师队伍。

还有实施区域协调发展战略。无论是西部大开发，还是东北老工业基地振兴；无论是京津冀协同发展，还是长江经济带发展；无论是革命老区、民族地区，还是边疆地区、贫困地区，都星罗棋布般地活跃着律师的身影，全国无律师县的问题已经解决，律师正在发挥着区域协调发展法律服务生力军的作用。

另外，就是加快完善社会主义市场经济体制。其中，“深化金融体制改革，促进多层次资本市场健康发展”“健全金融监管体系，守住不发生系统性金融风险的底线”，需要金融、证券、保险、基金、信托等专业、高端法律服务。而“培育具有全球竞争力的世界一流企业”，则离不开具有全球竞争力的世界一流律师的支持与保障。

最后就是推进形成全面开放新格局。党的十九大报告特别指出：“赋予自由贸易区更大改革自主权，探索建设自由贸易港。”“自由贸易港”是报告的新命题，更是律师的新课题。建设自由贸易港需要立法先行，要求制度创新，呼唤服务保障，为对外贸易、外商投资、国际并购、跨境支付、涉外融资、海上航运以及海关监管、检验检疫等专业律师提供了千载难逢的发展机遇。

2. 新时代要坚定文化自信，推动社会主义文化繁荣兴盛。在此过程中，法律服务无法替代。

在培育和践行社会主义核心价值观、加强思想道德建设方面。需要“把社会主义核心价值观融入社会发展各方面，转化为人们的情感认同和行为习惯”“提高人民思想觉悟、道德水准、文明素养”“推进社会公德、职业道德、家庭美德、个人品德建设”。可谓法安天下，德润人心。律师通过一个个活生生的案子，并通过一个个以案释法的实践，将道德嵌入核心价值观，把法治融进全社会文明，春风化雨，润物无声。

在繁荣发展社会主义文艺、推动文化事业和文化产业发展方面。“讲品位、讲格调、讲责任”，离不开讲法治；“抵制低俗、庸俗、媚俗”，必须有底线。而律师正是法治传播者、底线坚守人。在现代文化产业体系和市场体系健全中，需要文化律师、版权律师、传媒律师、互联网律师的参与。而推进体育强国建设，尤其是办好北京冬奥会，需要实施体育法治，需要专门的国际赛事律师。

3. 新时代要提高保障和改善民生水平，加强和创新社会治理。在此过程中，法律服务无时不有。

一是“深化产教融合、校企合作”“支持和规范社会力量兴办教育”，从实践中看，法律问题多多，合同规制多多，律师顾问不能没有。法治管教育、律师进学校，大势所趋，前景广阔。

二是针对就业这一最大的民生，“要完善政府、工会、企业共同参与的协商协调机制，构建和谐劳动关系”，其中劳动法以及劳动合同法相关法律服务不可缺少，劳动律师、劳工律师大有可为。

三是“拓宽居民劳动收入和财产性收入渠道”“加强社会

保障体系建设”“保障妇女儿童合法权益”“让全体人民住有所居”，需要新型的专业家事律师。律师进家庭、谈家事、护家安，成为实实在在的民生律师。

四是“坚决打赢脱贫攻坚战”“注重扶贫同扶志、扶智相结合”。其实扶志、扶智也应包括扶法，提高贫困人口和贫困地区的智力水平即“智商”的同时，增强其法律意识即“法商”，这也应该是脱真贫、真脱贫的题中应有之义。

五是“实施健康中国战略”，尤其是“深化医药卫生体制改革”“实施食品安全战略”，需要一批懂医疗、懂医药、懂药监、懂食监的复合型律师，尤其是对于医疗服务机构，在应对和处理医患纠纷时有律师的帮助能真正发挥法律的“定盘压舱”作用。

六是“打造共建共治共享的社会治理格局”，律师是作用独特的共建者与共治者。律师战斗在预防和化解社会矛盾的最前线，律师是保护人民人身权、人格权的代理人和代言人，是提高社会治理法治化水平的重要力量。此前，最高人民法院和司法部刚刚颁布《关于开展律师调解试点工作的意见》，对律师参与调解、化解矛盾提出了要求，明确了路径，正是彰显了律师在加强社会治理中的重要功能。

4. 新时代要加快生态文明体制改革，建设美丽中国。在此过程中，法律服务无处不在。

推进绿色发展，要有绿色生产、绿色消费、绿色出行、绿色金融，也要有绿色机关、绿色家庭、绿色学校、绿色社会。我国《民法总则》已经“添绿”：“民事主体从事民事活动，应当有利于节约资源、保护生态环境。”于是，绿色法庭、绿色律师应运而生并蓬勃发展。

着力解决突出环境问题，要使环境保护法律不再是“无牙的纸老虎”，同样，环保律师以及环境公益诉讼也应成为“有牙的真老虎”。例如，在贵州，已经拥有全国第一个环保法庭，成立了全国首个生态文明律师服务团，并挂牌我国首家环保人民调解组织。

改革生态环境监管体制，“设立国有自然资源资产管理和自然生态监管机构，完善生态环境管理制度”，对律师在自然资源和自然生态方面提出了服务理念、服务知识与服务能力的更高要求，我们除了要拥有成熟的地产、房产律师，还要有特色的国土资源律师以及矿产资源律师、自然生态律师。

5. 新时代要坚持走中国特色强军之路，全面推进国防和军队现代化。在此过程中，法律服务不应缺席。

党的十九大报告明确提出要“全面从严治军”“提高国防和军队建设法治化水平”，因此，需要有一批专军事、精法律的军队律师全方位参与。

同时，“形成军民融合深度发展格局”，更需要军队律师与社会律师的交流合作、携手并进、共同服务。

当然，“维护军人军属合法权益”，不仅是军队律师的神圣职责，也应是社会律师的应尽义务。

6. 新时代要坚持和平发展道路，推进构建人类命运共同体。在此过程中，法律服务价值连城。

党的十九大报告明确指出，“中国坚持对外开放的基本国策，坚持打开国门搞建设，积极促进‘一带一路’国际合作，努力实现政策沟通、设施联通、贸易畅通、资金融通、民心相通，打造国际合作新平台，增添共同发展新动力”。

律师服务“一带一路”的实践告诉我们，应该强调法律直通。法律直通是政策沟通的升级版、是设施联通的“护航者”、是贸易畅通的“大路条”、是资金融通的“润滑剂”、是民心相通的“定心丸”。

当然徒法不能自行，法律的生命在于实施。法律的直通车如果没有轨道、没有纽带，自然无法到达理想的彼岸。而律师正是法律的实施者、实践者，是法律服务的设计者、供给者，是法律直通的行者、使者。

可以这样说，在推进“一带一路”建设进程中，广大律师不应是后进者，而应是先行军；不仅要在后面跟着企业“走出去”，而且要在边上陪着企业“走出去”，更要在前面领着企业“走出去”。正可谓：“一带一路”，法律先行，律师领军。

7. 新时代要坚定不移全面从严治党，不断提高党的执政能力和领导水平。在此过程中，法律服务功能独特。

律师要勇于担当党委法律顾问，为完善党委科学民主决策机制提供全方位法律服务，并应主动服务形成完善的党内法规制度体系工作，为党内法规同国家法律的衔接和协调贡献专业才智。

律师应当致力于参与使党的主张通过法定程序成为国家意志的实践，为制定并实施国家监察法贡献实践经验，为完善中国特色社会主义法律体系出谋划策，并应专业介入反腐败国家立法与从严治党制度的有效对接，为形成不敢腐、不能腐、不想腐的有效机制发挥独特作用。

律师也要积极创设以案释法，为各级党组织及其领导干部“全面增强执政本领”尤其是“依法执政本领”、增强法律意识、培养法律思维提供教育培训服务。

二、深入领会习近平中国特色社会主义思想和基本方略，努力投身于法治中国的伟大实践

习近平新时代中国特色社会主义思想，是中国特色社会主义理论体系的重要组成部分。同样，全面依法治国方略，正是

习近平新时代中国特色社会主义思想的重要组成部分。正如党的十九大报告明确指出的，“全面依法治国是中国特色社会主义的本质要求和重要保障”。律师是社会主义法治工作队伍的重要力量，是社会主义法律服务队伍的主力军，在推进全面依法治国过程中扮演着重要的角色。

党的十九大报告指出，要“维护国家法制统一、尊严、权威”“加强宪法实施和监督，推进合宪性审查工作，维护宪法权威”。合宪性审查在立法上是个老话题，例如我国《立法法》对此有相关规定，但在实践中又是个新问题，因为合宪性审查少之又少。法律上如何细化，如申请人利益相关性如何界定；实践中怎么操作，如申请人的基本权利主体地位怎么把握。对于诸如此类的问题，对国家法律尤其是宪法实施负有义务的律师的作用发挥，不容小觑。

“加强人权法治保障，保证人民依法享有广泛权利和自由”“保障人民知情权、参与权、表达权、监督权”[1]等铿锵有力的表达，是党对人民的庄严承诺。律师是保障人权的卫士，是维护公民权利的斗士，通过担任诉讼代理人和刑事辩护人，维护当事人的合法权益，同时维护社会公平正义。日前，最高

1 参见《习近平：决胜全面建成小康社会 夺取新时代中国特色社会主义伟大胜利——在中国共产党第十九次全国代表大会上的报告》，载中国共产党新闻网“习近平系列重要讲话数据库”2017 年 10 月 27 日，http：//jhsjk.people.cn/article/29613458。

人民法院、司法部联合印发《关于开展刑事案件律师辩护全覆盖试点工作的办法》，这是完善律师刑事辩护制度的重要举措，是实现刑事司法公正的重要保障。辩护权是犯罪嫌疑人、被告人的宪法性权利，律师刑事辩护权是当事人权利的延伸，律师辩护的核心正是维护当事人的人权，保证无罪的人不受刑事追究，维护法律的权威。

深化依法治国实践要求“推进科学立法、民主立法、依法立法，以良法促进发展，保障善治”。“知屋漏者在宇下，知政失者在草野。”律师执业在法治实践的第一线，可谓“春江水暖鸭先知”。律师作为独立且专业的第三方广泛而深入的参与，对提高立法质量，解决立法的有效性不足、针对性与可操作性不强，特别是部门化倾向、争权诿责问题，无疑能发挥独到的作用。在实践中，律师事务所、律师协会以第三方身份参与地方性法规草案起草的工作已有多例，应趁此东风，提升至全国性法律法规草案起草的层面。

党的十九大报告提出，“建设法治政府，推进依法行政，严格规范公正文明执法”。“普遍建立法律顾问制度”“积极推行政府法律顾问制度”，是党的十八届三中全会和四中全会的具体要求，是深入推进依法行政、加快建设法治政府的客观需求。律师所服务的，不是一个一般的客户，不是一位普通的当事人，而是一个肩负着全心全意为人民服务职责与使命的人民政府，是一个相对于人民利益而言没有任何私利的主体，因此应当切实服务依法行政、切实服务公共利益、切实服务公平正义，真正做到在政府制定重大行政决策、推进依法行政中发挥积极作用，为政府依法全面履行职能、健全依法决策机制、深化行政执法体制改革、坚持严格规范公正文明执法、全面推进政务公开提供优质、高效的服务。

党的十九大报告要求，“深化司法体制综合配套改革，全面落实司法责任制，努力让人民群众在每一个司法案件中感受到公平正义”。对此，笔者一直呼吁，律师是司法活动的参与者，是司法体制改革的见证者，更是司法体制改革成果的共享者。对于司法体制改革，律师不应是看客，也不应只是司法规则的被动遵守者，而应该成为司法体制改革的主动参与者、司法规则的参与制定方。律师战斗在司法活动最前沿，律师的参与将对司法体制改革的科学决策和顺利进行发挥不可替代的作用。

在科学立法、严格执法、公正司法的同时，全民守法必不可缺，是厉行法治题中应有之义。党的十九大报告特别提出要“加大全民普法力度”，而律师时时刻刻深入在人民群众之中，其办的每一个案件，写的每一份合同，做的每一次咨询，讲的每一堂课，无一不是在普法，正是宣传法律规定的轻骑兵、传播法治理念的先锋队、弘扬宪法精神的马前卒。

三、牢牢抓住人民群众日益增长的法律服务需求与律师业不平衡不充分发展之间的矛盾，倾力推进律师事业的伟大发展

党的十九大报告英明判断：“中国特色社会主义进入新时代，我国社会主要矛盾已经转化为人民日益增长的美好生活需要和不平衡不充分的发展之间的矛盾。”报告精准分析：“人民美好生活需要日益广泛，不仅对物质文化生活提出了更高要求，而且在民主、法治、公平、正义、安全、环境等方面的要求日益增长。”

于是，人民群众日益增长的在民主、法治、公平、正义、安全、环境等方面的要求，对我们的新时代，也对我们的人民律师，提出了问题、提出了挑战，新时代的中国律师必须适应、回应，必须服务、满足，而且必须引领人民群众在上述有关法治方面的美好需求、合理诉求和理性要求。

我国律师事业发生了重大变化，取得了可喜的成就。应当说，我国律师业的发展是全面的，我国律师在为“四个全面”提供全面法律服务过程中取得了全面的发展。我国律师业的发展也是比较协调的，不仅有律师人数、律所个数、业务收入等数量的增长，而且有律师服务质量的不断提升；不仅有律师业务发展、经济地位成长，而且有律师社会形象、政治地位的提升；不仅有律师业的发展，而且有律师行业管理体系的完善。我国律师

业的发展又显现出较好的可持续性，律师的执业环境逐渐在优化，行业的和谐度不断在增强，青年律师的发展越来越得到关注，党和政府对律师业的发展也更加重视。

在我们理直气壮地讲进步讲发展的同时，我们更要头脑清楚，敢于面对我国律师业发展的不足与差距。目前，我国律师服务业业务总量占国家 GDP 的比例偏低，每万名居民拥有的律师人数偏少；律师在传统律师业务领域竞争激烈，但在经济建设、生态文明、对外开放等领域却存在律师供应不足的现象；律师队伍不可谓不大，但强度不够，影响对外的战斗力，而且文化建设有一定程度的缺失，影响内部凝聚力；从律师整体上而言，与我国经济建设、社会建设、文化建设、民主法治建设与生态文明建设要求还有差距。

针对以上需求与供给两侧的综合分析，以习近平新时代中国特色社会主义思想为准绳来衡量与判断，**人民群众日益增长的法律服务需求与律师业不平衡不充分发展之间的矛盾，显然也成为中国特色社会主义进入新时代后，我国律师事业发展面临的主要矛盾。**

应当说，律师业发展不充分的表现是多方面的。**例如定位认识不充分。**虽然党和政府再三强调律师的作用，习近平总书记也明确指出“律师队伍是依法治国的一支重要力量”[1]，并在

1　习近平：《加快建设社会主义法治国家》，载《求是》2015 年第 1 期。

重要指示中明确提出要积极推进律师队伍建设，[1]但在实践中，社会上甚至少数政府官员依然对律师性质、功能与定位的认识不准确、不全面。“妖魔化”（律师是“麻烦制造者”）有之，“边缘化”（打官司就是“打关系”，律师没用）有之，“暴富观”（律师一夜暴富，追逐利润）有之，“工具论”（律师是摆设，基本不用，或律师为“干警”，经常滥用）有之。

再如发展环境不充分。从律师事业发展环境角度而言，“想”的机制（如规划发展）还常想不到，“用”的机制（如用早、用足、用全）还常用不好，“买”的机制（如政府购买服务）还常忘了买，“养”的机制（如对律师尤其是青年律师培养、培育、培训）还常养不着，“护”的机制（如维护律师执业权益）还常护不紧。

又如能力提升不充分。如今律师执业水平总体上有了较大的提高，但面对纷繁复杂的多样化、精细化、全方位需求，律师的供应能力还不足。行业有一个基本判断就是，80% 的律师在 20% 的低端市场激烈竞争，而 20% 的律师在 80% 的市场蓝海应接不暇，这是一个动态的“二八定律”现象，而两个市场之间存在较大的服务能力鸿沟，提升与转型非一日之功。

还有就是作用发挥不充分。律师在立法、执法、司法、守法中的重要作用发挥还不全，律师在维护社会和谐稳定中的重

1 参见《司法部副部长要求把律师队伍建设提高到新的水平》，载中国政府网，http：//www.gov.cn/xinwen/2014-07/23/content_2723048.htm。

要作用发挥还不够，律师在依法管理经济社会事务中的重要作用还不到位，律师在服务和保障民生中的重要作用还有空白，律师在涉外法律服务工作中的重要作用还有很大空间。

而在不平衡方面，**例如律师业务发展不平衡**。一个不争的事实就是，我们的刑辩律师还太少，我们的涉外律师更显不足，我们的知识产权律师远远不够，我们的海商海事律师甚至奇缺。

再如律师区域发展不平衡。从律师的城市分布来看，“北”“上”“广”“深”堪称四大天王，而朝阳区律协也被称为全国第五大城市律协。相对而言，许多中小城市尤其是西部地区的中小城市律师人数较少，更不用说边远地区的县域。从律师的省份分布来说，长三角、珠三角区域省份的律师相当集中，仅苏、浙、沪三地就拥有全国大约 20% 的律师人数、超过 40% 的律师业务收入。

又如律师队伍发展不平衡。其实律师业务发展与区域发展的不平衡是律师队伍发展不平衡的集中反映，即使在律师业发展较好较快的区域，传统业务律师的供给过剩与高端业务律师的供给不足也会同时存在。队伍的结构性失衡状况几乎在任何区域、任何业务领域均有所发生。

另外就是律师管理发展不平衡。普遍存在的情况是行政管理的强势与行业管理的弱势，因此才会有司法部领导要求的让协会“挺”在前面，真正发挥律协的自律管理职能。同时，对律师事务所而言，重业务轻管理的情况由来已久，律师事务所更多的是律师执业的平台，其自我管理、自律管理、基础管理的功能相对弱化。

我们必须清楚地看到，律师行业的问题是发展中的问题，律师发展的问题也只能在发展中解决。“不畏浮云遮望眼，自缘身在最高层。”在新的历史时期，我们**一要注重数质俱佳，**即在发展律师行业规模、队伍规模、事务所规模的同时，更关注律师能力及其执业质量的提升。**二要注重大中有强，**中国律师事业发展需要世界大所、中国大所，更需要世界强所、中国强所，强体现的是竞争力、战斗力、凝聚力、创造力，新时代中国律师行业需要更多的规模大所、专业强所、品牌名所。**三要注重东西和谐。**在推进律师业相对发达地区再接再厉发展的同时，协调好中西部区域发展，如习近平总书记在记者见面会上所说的，全面建成小康社会，一个不能少；共同富裕路上，一个不能掉队。[1] 同样，在中国律师业充分平衡发展之路上，一个律师事务所也不能少，一个律所也不应掉队。**四要注重义利融合，**律师在获得业务收入增长的同时，更应注重行业党建、职业道德建设，更应注重践行社会责任、履行法律援助义务，并更应注重推进律师行业本身的协调发展。**五要注重管爱并重，**也就是司法部领导所说的“严管”与“厚爱”，无论是行业协

1 参见《习近平：新时代要有新气象更要有新作为 中国人民生活一定会一年更比一年好》，载《人民日报》2017 年 10 月 26 日，第 2 版。

会还是律师事务所，都应切实履行规范与管理职责，并敢于且善于维权，为律师依法执业作出更强的支撑、搭建更大的平台。

不忘初心、牢记使命。维护当事人合法权益、维护法律的正确实施、维护社会公平正义，是作为中国特色社会主义法治工作队伍重要成员的中国律师的法定职责，责任重大，使命光荣。“会当凌绝顶，一览众山小。”不负新时代，开启新征程，勇于新作为，中国律师也一定能够为实现中华民族伟大复兴的中国梦，奉献新业绩！

（这是作者2017年10月26日发表在微信公众号“中国律师”上的文章，有删改）

51

强化“一带一路”建设的法律思维和法律服务

为推进“一带一路”建设提供法律服务，中国律师一方面应该努力做业务、谈项目；另一方面更应该传输法律思维、营造法律氛围、推广法律理念。如果说前者是“谋一域”，那么后者则为“谋全局”，从而使得企业家、投资人、决策者尤其是政府决策者，树立并养成法律思维，熟悉且熟练运用法律方式。

习近平总书记在谈到国际交往时，常常引用中国古人的这句话：“以利相交，利尽则散；以势相交，势败则倾；惟以心相交，方能成其久远。”[1]“以心相交”，其实是在国际关系中值得践行的一种正确的义利观。“国不以利为利，以义为利也”；“不义而富且贵，于我如浮云”。这些在中国流传至今的名言，深刻诠释了以义为先、先义后利的重要思想观念。在中国，“义”与“信”完美地集中于“君子”之一身，如《论语》有言：“君子义以为质，礼以行之，孙以出之，信以成之。君子哉。”

“互信”，正是推进“一带一路”建设之基石。而“信”本身，正透露出并传递了一种“法治思维”和“法律方式”，也正是“法律服务”之要义。在这里，中国的传统文化与现代的法治文明一脉相承、殊途同归，或者说，中国的传统文化中包含或充斥着现代的法治文明要素。

法律，是人类政治文明的重要成果；法律作为一门科学、一种治国理念、一类理政方式，有规律性、科学性、普世性，是人类的“最大公约数”。推进“一带一路”建设，中国强调共商、共建、共享、共赢。共享的前提是共商，共享的基础是共建，共享的结果便是共赢。在此过程中，共商的语言是法律，共建的基石是法律，共享的保障是法律，共赢的预期依然是法律。例如前面提到的“信”。中国的《民法通则》在其总则中就明确规定：“民事活动应当遵循自愿、公平、等价有偿、诚

1 《共创中韩合作未来　同襄亚洲振兴繁荣——在韩国国立首尔大学的演讲（2014 年 7 月 4 日，首尔）》，载《人民日报》2014 年 7 月 5 日，第 2 版。

实信用的原则。”《俄罗斯联邦民法典》在2008年修订时，也确立了“诚实信用原则”。同样，在许多相关国家的法律中，“诚实信用”均为其民法之基。因此，致力于睦邻友好和共同繁荣，以“信”为基的法律体系，无疑为推进“一带一路”建设催生了强大的凝聚力、激发了积极的向心力，定能成为各国交流与合作的思想基础、价值引领和实施保障。

推进“一带一路”建设，需要政策沟通、设施联通、贸易畅通、资金融通、民心相通，契合今天我们的主题，我们法律人还应强调法律直通。

法律直通是政策沟通的“升级版”。各国出台的推进“一带一路”建设和区域经济发展的政策，经过实践的检验，可以升格成国家法律，甚至在此基础上由各国达成共识从而形成国际关系的法律准则。

法律直通是设施联通的“护航者”。基础设施建设涉及投资、建筑、工程、房地产、运营管理等一系列法律行为，而且这种设施的联通是跨境的、跨国的。唯依法方能共建、方能互联、方能相通。

法律直通是贸易畅通的“大路条”。例如丝绸之路经济带，其总人口30亿，市场规模和潜力独一无二。无交易、不合同，无合同、不法律。如上所言，各国的民商法在基础理论、基本准则上是相通的、趋同的，甚至是一致的。重合同、守信用正是各个国家贸易之门打开并畅通的口令与钥匙。

法律直通是资金融通的“润滑剂”。金融是现代经济的“血液”。没有资金，何来投资；没有投资，无从建设。例如，中俄等国在本币结算方面已经展开了良好合作。任何一个国家的融资与金融行为，都在法律的“笼子”中规范发展，而国际金融秩序的建立更离不开法治轨道。

法律直通是民心相通的“定心丸”。中华民族自古崇尚“以和为贵”“协和万邦”“四海之内皆兄弟”“远亲不如近邻”等思想，今日之民心相通，更需要法律规范的引领与保障。例如，《上海合作组织成员国长期睦邻友好合作条约》以法律形式将世代友好理念固定下来，充分体现了法律的智慧与价值。

当然“徒法不能自行”，“法律的生命在于实施”。法律的直通车如果没有轨道、没有纽带，自然无法到达理想的彼岸。广大律师正是法律的实施者、实践者，是法律服务的设计者、供给者，是法律直通的行者、使者，作用重大、不可或缺。

可以这样说，在推进“一带一路”建设进程中，法律服务工作不应是“后进者”，而应是“先行军”；不仅要在“后面”“跟着”投资与贸易“走出去”，而且要在“边上”“陪着”投资与贸易“走出去”，更要在“前面”“领着”投资与贸易“走出去”。正可谓：“一带一路”，法律先行；区域发展，法律领军。在这个过程中，法律工作者作为投资与贸易企业的“贴身”服务者，最了解企业的投资需求，最理解企业的商务战略，最懂得企业的治理结构，最知悉企业的风险防范。因此，法律工作者的服务不仅“马后”，而且“鞍前”，甚至“马上”；不仅“事后”，而且“事中”，甚至“事前”。对任何的国家都一样，企业要“走出去”，法律工作者要“请进来”。

找项目、谈项目、签项目、做项目；有争议、来调解、选仲裁、或诉讼，在此整个流程、全部系统中，法律工作者的参与是全方位、有深度的，不仅服务商业交易与项目投资，而且关注人心相通与人文关怀，同时在更高层次上推进国家涉外法律体系建设、参与全球治理规则建立。

因此，从这一角度而言，律师不仅是“护航者”，而且应该成为“领航人”；同样，法律服务不是万能的，但没有法律服务，却是万万不能的。

目前在中国，已经有30万名执业律师、近3万家律所，而且形成了一批规模化、专业化、国际化的大所，中国律师在服务“一带一路”建设中已经彰显身手，更定会大展宏图。推进“一带一路”建设，对中国律师而言，既是机遇，又是挑战。在这个过程中，我们服务“一带一路”，更要强调创新发展。

首先是创新服务理念。对律师而言，以前可能是“坐等”，现在一定要“出击”；过去叫“请律师”，今天我们要“送服务”；企业“走出去”，我们要做“马前卒”。理论是灰色的，实践之树常青。投资与贸易“走出去”，自有法律服务需求，且需求千变万化，各有不同，我们要“有求必应”，但同时更要“创造需求”，其实这也正是法律工作和律师服务的“供给侧”结构性改革。同样，我们的律师服务也要发挥推进和引领功能，不仅仅是“保驾护航”，还要做到引领推动。全国律协正在组织律师建立“一带一路”相关国家法律数据库，让法律工作者，更让企业家、投资家，有更多的法律服务“获得感”。

其次是创新服务内容。现在我们讲到涉外法律服务，更多的是讲双边贸易、跨国并购、跨境融资。接下来，我们要加大争议解决的法律服务力度。我一直说一句话，如果把律师业务比喻为皇冠，那么争议解决法律服务就是皇冠上的明珠，而涉外诉讼和仲裁无疑是明珠上折射出的最亮的那道光。律师、公证、仲裁、司法鉴定、法律援助等多个法律服务团队，共同通过防范法律风险、解决法律纠纷，让设施更联、贸易更通、资金更融、各国人民更友好！

再次是创新服务模式。法律服务工作应当集团出海、集约作战、集成服务、集合介入。律师要联手、携手企业家、金融家、投资家，以及会计师、评估师、咨询师一起，共同“走出去”，一起“请进来”。制定“法律服务＋”战略，为“一带一路”提供全方位、系统化、优质且高效的法律服务。同时，各国的法律界人士也应该联手协作，打造“一带一路”法律服务“联合舰队”，为区域经济繁荣与发展发挥专业的、全面的、不可替代的作用。

最后就是创新服务团队。其中核心是，要培养、打造高端的涉外法律服务团队。全国律协启动了涉外法律服务领军人才培养战略，已经培养了一大批“涉外法律服务领军人才”，他们已经成为“一带一路”法律服务的“青年近卫军”，发挥“排头兵”“主力军”作用。同时，中国律师行业也可以充分利用协会的培训基地如律师学院等，为相关国家的法律工作者提供专业交流与专门培训机会。

中国大诗人李白一千二百七十多年前在中国丝绸之路的起点西安写过“长风破浪会有时，直挂云帆济沧海”，我们可以将此形容“一带一路”中的“海路”即“一路”；而说到“一带一路”中的“陆路”即“一带”，我想起电视连续剧《西游记》中的那句歌词：“踏平坎坷成大道……一路豪歌向天涯……敢问路在何方，路在脚下！”让我们共同努力！

（这是作者2016年12月10日在中国法学会律师法学研究会2016年年会上的发言）

52

理念转变、业务转型、模式转轨，为“十三五”提供优质高效法律服务

学习党的十八届五中全会精神，创新、协调、绿色、开放、共享的发展理念，可谓亮点。上述新发展理念，是从理论到实践的重大突破，对破解发展难题、增强发展动力、厚植发展优势，可谓意义重大。作为专业法律服务的提供者，律师行业应当学习、理解与掌握这一理念，贯彻且落实于拓展业务和事业发展之中。

一

理念乃行动之指南。习近平总书记说："发展理念是发展行动的先导，是发展思路、发展方向、发展着力点的集中体现"，"必须确定新的发展理念，用新的发展理念引领发展……行动。"[1]

同样，我们要牢固树立律师服务于发展大局，即服务于经济建设、政治建设、文化建设、社会建设、生态文明建设和党的建设的"服务观"，充分认识法律服务的"从属性"与"适应性"，深刻研究经济发展规律以及社会主义建设规律、人类社会发展规律，从而形成并优化法律服务的新理念、新思想、新战略，在新的历史条件下为深化改革开放、加快推进社会主义现代化建设提供优质高效的法律服务奠定基础。

可以这么说，不关注、不懂得、不研究、不掌握经济规律和经济政策，我们的法律服务业将始终处于"盲目"、"盲从"与"盲动"状态，反应迟钝、动作缓慢、跟不上、接不下的现象就会时时存在、处处发生，且无法改变，做大行业、做强队伍也因此成为无源之水，无本之木。

当然，在充分认识并发挥法律服务规范性、保障性功能的同时，我们要进一步理解与把握法律服务的引领性与推动性价值。

1 《习近平：关于〈中共中央关于制定国民经济和社会发展第十三个五年规划的建议〉的说明》，载《人民日报》2015年11月4日，第2版。

习近平总书记多次指出，建设中国特色社会主义法治体系，要发挥立法引领和推动作用；要“做到重大改革于法有据”[1]。同样，法律服务的功能不仅是保驾护航，而且应该引领推动。例如，企业“走出去”，律师不是被动地跟着“走出去”，而是主动、率先研究“走出去”的法律制度与法治环境，引领并推动企业“走出去”，充当“革命军中马前卒”。

二

“问渠那得清如许？为有源头活水来。”在理念的“源头”转变的基础上，我们一定要推进服务业务的转型，求新寻变，“腾笼换鸟”。

一是为创新发展保驾护航。

创新是引领发展的第一动力。律师为创新发展提供法律服务义不容辞。

例如，对于科技创新，我国知识产权律师将迎来前所未有的发展良机。但是，我们不能只是局限在解决知识产权纠纷，而应向前端渗透到技术研发、向尖端伸展到技术交易、向外围扩展到技术垄断与壁垒解决等，提高为科技创新综合服务的能力。再如制度创新。党的十八届四中全会后法治政府建设步伐

1 《中共十八届四中全会在京举行　习近平作重要讲话》，载《人民日报》2014年10月24日，第1版。

进一步加快，政府“权力清单”“责任清单”制度有序进行，此制度创新过程，为律师深化政府法律顾问服务提供了千载难逢的契机。

二是为协调发展添砖加瓦。

协调是持续健康发展的内在要求。律师为协调发展提供法律服务当仁不让。

例如，对于新型城镇化建设，我们要工作重心下移，思想境界提升，服务思路扩充，摒弃“城镇化”法律服务就是“建筑房地产律师服务”的观念，深入研究新型城镇化的发展规律，形成并进一步优化提供服务的模式。在此过程中，我们必须关注制度性的问题，提供系统性的服务。从实践中看，现行法律框架下农村集体经济组织的虚化和缺位、集体资产的确权颁证、集体经济组织成员身份权与集体资产权利、农村生产要素自由流转与农村产权交易市场建立健全、集体建设用地制度创新、土地征用制度、集体资产抵押担保制度改革、城乡户籍制度改革、耕地保护制度改革创新等方面的问题不容忽视，应该提供政府部门法律服务、社会投资者法律服务、农村基层行政管理机构及基层自治组织法律服务、农村现代经营主体法律服务、农民集体及农民个人维权法律服务等各方面的服务，并形成律师服务的标准化产品，努力实现在行业可复制、可推广。

三是为绿色发展鞍前马后。

“绿色”是永续发展的必要条件。律师为绿色发展提供法律服务前途无量。

我们的环保律师应从目前侧重公益性服务向更大格局的绿色产业服务转型。我们要有服务生态文明建设的整体理念，融通一个个个案参与的服务点，形成一系列制度设计高度的服务面。像节能减排目标的实现，在依赖科学技术创新的同时必须依靠法律制度创新，如用能权、用水权、排污权、碳排放权交易制度、合同能源管理和合同节水管理制度等，正是国际已盛行、国内刚创设的制度性安排，均需要律师参与设计与实施推行。应当说，哪里有交易，哪里就有律师；不仅如此，哪里有律师，哪里就会成就交易。很显然，中国律师在“美丽中国”的大战场上定大有可为。

四是与开放发展如影随形。

开放是国家繁荣发展的必由之路。律师为开放发展提供法律服务体现担当。

习近平总书记在2013年提出“建设好丝绸之路经济带、21世纪海上丝绸之路”的倡议[1]，强调相关各国要打造互利共赢的“利益共同体”和共同发展繁荣的“命运共同体”。党的十八

1 参见《习近平在周边外交工作座谈会上发表重要讲话强调：为我国发展争取良好周边环境》，载《人民日报》2013年10月26日，第1版。

届五中全会也提出，推进“一带一路”建设，推进同有关国家和地区多领域互利共赢的务实合作。

最近一个阶段，针对“一带一路”，政府热、企业热、专家热，律师也热，大家都在关注、研究、落实。当然，热中要有冷思考。我们要静下心来，仔细研究“‘一带一路’的律师攻略”。我们要研究“一带一路”所涉六十几个国家和地区的涵盖英美、大陆、伊斯兰等法系的法律制度，要与这些国家和地区的律师事务所建立业务合作联系以实现集成式无缝对接服务，要梳理此前我国“走出去”的企业境外投资兴业的经验尤其是教训，要深刻了解并理解甚至参与形成客户的商务意图与相关安排特别是法务安排。在参与服务过程中，律师应该不是一般的“跟”，而是如影随形、须臾不离，甚至成为“走出去”的“先头小分队”。在此过程中，律师行业要储备熟悉多语种、了解多法系的律师人才，不求毕其功于一役，而是一步一个脚印，如唐僧般踏遍千山万水历尽千辛万苦，方能取得真经。

五是为共享发展倾情尽力。

共享是中国特色社会主义的本质要求。律师为共享发展提供法律服务是职责所在。

中国律师要牢固树立人民律师为人民的职业宗旨，从法律服务的角度践行发展为了人民、发展依靠人民、发展成果由人民共享。可以说，依法办好每一个案件，都是在维护当事人合法权益、维护法律正确实施、维护社会公平正义。同时，我们应深化研究公益法律服务的领域与模式。全面履行法律援助义务、主动参与多元化纠纷解决机制、规范介入处理涉法涉诉信访、依法代理不服生效裁判申诉，以及为妇女、儿童、老人等弱势群体提供法律服务、参与社区法律咨询、化解医患矛盾纠纷等，都应进一步总结情况、提炼经验、优化模式，达成全行业的共识，为解决人民群众最关心最直接最切实的利益问题，体现律师应有的社会责任，作出律师应有的贡献。

三

值得关注的是，业务转型还应以模式转轨为支撑与保障。

经过多年的不懈努力，中国律师事务所逐步达成专业化、规模化的模式发展共识，也涌现出一批规模大所、专业强所、品牌名所。在经济新常态背景下，律师事务所的治理方式与发展模式亦应与时俱进，不断优化。

适应为创新、协调、绿色、开放、共享发展提供优质法律服务的需要，**律师事务所首先应关注“专业集约”**。“专”与“大”有机结合并产生“化学反应”，方能诞生“强”的基因。在更大的平台上，各个更专业的律师团队为客户“集约化”提供全方位、系统性法律服务，“多兵种”协力同心作战，才是律师事务所整体实力与战斗力的体现。可以说，“大兵团”服务的项目要求，倒逼我们的律师事务所整合内部资源、优化团队合作、注重风险防范、强化治理结构、推进诚信建设。

律师事务所其次应强调“行业协同”。对于超大型法律服务项目，仅仅依靠律师团队的单兵作战往往事倍功半，而财务顾问、会计师事务所、资产评估机构、知识产权公司、公证处、鉴定人、税务师等在某些环节、某个方面不可或缺，在此过程中，律师事务所完全可以起到“牵头人”的作用，与他们相互支持、彼此配合，以事半功倍。特别是在服务企业“走出去”过程中，中国律师应该成为多国别、多法系、多语种律师团队的“协调人”，在协同作战中充分维护中国企业权益、保障我们国家利益。

律师事务所最后应推进“系统集成”。整合理论研究、行业发展、产品研制、客户评价、市场维护、社会责任等法律服务的上下游，打通法律服务的全过程、理顺律师执业的全链条，强化前期的市场开发意识、深化后台的支持保障机制、优化中端的社会评价体系，以适应并引领层出不穷的新需要、变幻莫测的新现象、纷纭复杂的新课题。

朱熹有诗曰：“昨夜江边春水生，艨艟巨舰一毛轻。向来枉费推移力，此日中流自在行。”理念转变、业务转型、模式转轨，正是适应新常态与服务“十三五”所提供给律师行业的契机。在服务发展中实现自我发展，在自我发展基础上更好地服务发展，以进入可持续的良性循环轨道，中国律师业定能在服务新常态中达到法律服务的新境界，为“四个全面”及中国梦贡献力量。

（这是作者 2015 年 11 月 6 日发表在东方律师网上的文章）

53
适应经济发展新常态，借力实现涉外法律服务新腾飞

在全面推进依法治国大背景下，中国的涉外法律服务业如何乘此东风，并适应、认识我国经济发展新常态，为中国深化改革和扩大开放提供全方位、高质量法律服务，是摆在我们面前的一个迫切问题。

一、全面推进依法治国为发展涉外法律服务提供了史无前例的政策支持

党的十八届四中全会通过的《中共中央关于全面推进依法治国若干重大问题的决定》（以下简称《决

定》）多处提出要发展涉外法律服务业，这在党的如此重要的文件中如此提及，史无前例，充分反映了党对发展涉外法律服务业的高度重视与深厚期望。

《决定》在“建设完备的法律服务体系”部分指出“发展律师、公证等法律服务业……发展涉外法律服务业”；在“创新法治人才培养机制”部分提到“建设通晓国际法律规则、善于处理涉外法律事务的涉外法治人才队伍”；在“加强涉外法律工作”中论及“适应对外开放不断深化，完善涉外法律法规体系，促进构建开放型经济新体制。积极参与国际规则制定，推动依法处理涉外经济、社会事务，增强我国在国际法律事务中的话语权和影响力，运用法律手段维护我国主权、安全、发展利益。强化涉外法律服务，维护我国公民、法人在海外及外国公民、法人在我国的正当权益，依法维护海外侨胞权益”。

有作为才有地位，有地位则更会有更大作为。可以说，《决定》明确界定了涉外法律服务在法律服务体系中以及涉外法律工作中的重要地位，为我国涉外法律服务业的发展指明了前进的方向，将大力发展涉外法律服务提升至党与国家重大决策的高度。同时，与党的决定一脉相承的是，国务院早在2012年便发布《服务业发展“十二五”规划》，在此规划中，政府明确提出要“提升法律服务业开放水平，打造一批具有国际竞争力的法律服务机构。加大对法律服务业政策扶持和保障力度，改善法律服务业发展环境，健全体制机制和政策保障，扩大服务规模和服务领域，提升服务层次和服务质量，提高国际化水平和国际竞争力”。可以说，从来没有这样一个时代如此全面推进依法治国，从来没有这样一个时代如此重视涉外法律服务建设，我们生逢其时，大有可为，也定能大有作为。

二、中国经济发展新常态为发展涉外法律服务带来了前所未有的机遇

2014 年 5 月，习近平总书记在河南考察时，首次公开提及经济发展的“新常态”。[1] 同年 7 月 29 日，习近平总书记在党外人士座谈会上提出，要适应经济形势“新常态”——“从当前我国经济发展的阶段性特征出发，适应新常态”。[2] 在此后的 8 月 4 日至 7 日，《人民日报》连续 4 天在头版刊登特别报道和评论员文章，解析中国经济的“新常态”。在接下来的 12 月 9 日至 11 日召开的中央经济工作会议上，更是明确提出要“准确把握经济发展新常态”。

此次中央经济工作会议分析了经济发展新常态的五大特征，

---

1 《习近平在河南考察：确保经济持续健康发展社会和谐稳定》，载中国政府网 2014 年 5 月 10 日，https：//www.gov.cn/govweb/xinwen/2014-05/10/content 2677109.htm。

2 参见《就当前经济形势和下半年经济工作 中共中央召开党外人士座谈会 习近平主持并发表重要讲话》，载《人民日报》2014 年 7 月 30 日，第 1 版。

其中特别指出，“我国低成本比较优势发生了转化，高水平引进来、大规模走出去正在同步发生”，为此提出要求，“面对对外开放出现的新特点，必须更加积极地促进内需和外需平衡、进口和出口平衡、引进外资和对外投资平衡……要改善投资环境，扩大服务业市场准入，进一步开放制造业，推广上海自由贸易试验区经验，稳定外商投资规模和速度，提高引进外资质量。要努力提高对外投资效率和质量，促进基础设施互联互通，推动优势产业走出去，开展先进技术合作，稳步推进人民币国际化”。

经济发展新常态为法律服务特别是涉外法律服务带来了前所未有的机遇，自然也提出了前所未有的挑战。涉外法律服务也应该以自己的新常态适应这一态势，引领这一形势，并提供优质高效的法律服务。涉外法律服务新常态首先应强调“适应性”。中国律师一定要牢固树立服务于经济发展、服务于对外开放大局的“服务观”，充分认识法律服务的“从属性”和“适应性”，刻意研究国际经济发展的规律、中国改革开放和经济建设提出的法律服务需求，以及创新为此提供服务的模式。

涉外法律服务新常态同时应强调“能动性”。律师战斗在涉外法律服务第一线，不仅满足涉外商事主体及其他各类主体的法律服务需求，而且了解与理解其商务及其他各类需求与诉求；更重要的是，律师手中的客户资源本身就是重要的信息资源、资本资源、项目资源，在当今的大平台、大数据、大渠道、大服务时代，可以说，律师是拥有“大数据”的“大平台”，是掌握“大渠道”的“大服务”，律师的价值不仅体现为保驾护航，而且可以更重要地体现为引领推动。

三、完善涉外法律法规体系为发展涉外法律服务提出了更高层次的参与要求

《决定》指出，要“适应对外开放不断深化，完善涉外法律法规体系”。按照主管涉外法律工作的国务院汪洋副总理的表述，今后一个时期，我国涉外法律法规体系的完善要着重加强以下工作：一是完善对外贸易法律制度；二是制定出台统一的外国投资法，特别是推行负面清单的外资管理方式；三是尽早出台对外投资法律法规；四是构建中国特色的援外法律制度；五是完善外国人服务管理法律法规；六是加快领事保护法律法规建设。在上述法律法规体系健全过程中，律师的功能与价值不可忽视，正如《决定》指出的：要“深入推进科学立法、民主立法”，要“健全立法机关主导、社会各方有序参与立法的途径和方式”，“探索委托第三方起草法律法规草案”。

我们说，“良法善治”，良法是善治的前提。立法工作的成果应是良法，但客观实践中，我们涉外法规方面尚有一些废法甚至恶法。无用之废法不仅浪费了大量的立法资源，而且危

害法治的价值，何谓信仰法律、崇尚法治？有害之恶法，不仅阻碍生产力发展与对外开放，而且为“权大于法”提供了可发挥的题材与机会。而介于良法与废恶之间的大量针对性不强、可操作性弱的法律法规，既是立法的部门化倾向所致，又受立法的专业性不足影响。

广大律师受过正规的专门化法学教育，法治意识与法律素养较高，而且其职业特点决定了其知天下之事，悉社会百态，察世间善恶。更重要的是，如知屋漏者在宇下，知政失者在草野，广大律师明法律之不足，确政策之不达。可以说，没有一个职业如律师这般，深入政治、经济、文化、社会生活的方方面面，纵向到底，横向至边，党政军民学，东西南北中，无不知没不晓，正因如此，律师可以精准把握“最大的社会公约数”，甚至“最大的国际公约数”，有其充分参与的法律法规自然有较好的针对性、较强的操作性，质量自不必说，并经法定的立法程序，良法自然天成。

四、三十多年我国律师事业的发展与规范为发展涉外法律服务打下了相当坚实的基础

经过改革开放后中国律师事业三十多年的发展，我们已经形成了有近 25 万名律师的专业队伍，尤其是在“北上广深杭宁津”培养了一批规模化、专业化、规范化、国际化的涉外法律

服务事务所，成就了一批国际视野、专业水准、诚信勤勉的涉外法律人才，更有商务部门、司法行政、法学院校的关心、支持，为发展涉外法律服务打下了基础，创造了条件。

全国律协异常重视涉外法律人才培养，至今已举办两期涉外法律人才培训班，并选送两批优秀律师出国交流，大大提升了我国涉外法律服务队伍的战斗力。毫不夸张地说，全国律协国际业务委员会堪称我国涉外法律服务的“国家队”，职责重大，使命光荣，义不容辞。最近在该国际业务委员会举办的题为“中国企业全球化过程中的法律风险统筹管理研讨会”的论坛上，既有“高大上”的“顶层设计”主题，如贸易救济的新形势、跨境经济活动最新立法趋势、跨境投融资法律服务的机遇、移动互联时代涉外业务跨界合作；又有“接地气”的技术操作，如海关法律服务、自贸区金融创新、境外地产投资、全球化过程中的劳工问题、中国企业应诉“337”；还有“区域性”的特点特色，如中国一东盟自贸区、新疆法律服务市场、西藏地区涉外业务。这些问题的研讨，既全面又深刻，既博大又精深，体现了涉外法律服务律师队伍的专业水平与执业风格。

我们说，中国经济发展要有世界眼光。2013 年秋，习近平主席在出访期间，先后提出共同建设丝绸之路经济带和 21 世纪海上丝绸之路的构想，构建起新的形势下全方位对外开放的全新格局。同样，我们的法律服务也要有世界眼光。我们涉外法律服务要研究与应对“一带一路”构建与实践中的法律问题，跟随着中国经济“走出去”。另外，加强金砖国家合作、打造中非合作升级版、启动亚太自贸区进程等，同样值得我们关注、研究、服务。可以说，摆在我们涉外律师专业队伍面前的问题多多、机会多多、挑战多多，但我们应该且能够有眼光、有智慧、有定力，提供优质、高效的服务，并借此实现我国涉外法律服务业的腾飞。

“潮平两岸阔，风正一帆悬。”在全面推进依法治国的新征程中，经过我们的共同努力，中国涉外法律服务将在迎接新常态中，实现新跨越；在顺应新挑战中，重塑新动力；在把握新机遇中，赢得新希望。中国涉外法律服务的明天会更好！

（这是作者发表在2015年第5期《中国律师》上的文章，有删改）

54

创新仲裁制度，推进自贸区法治建设

非常荣幸参加今天的上海市第二中级人民法院《关于适用〈中国（上海）自由贸易试验区仲裁规则〉仲裁案件司法审查和执行的若干意见》（以下简称《若干意见》）的发布会。作为上海国际仲裁中心的委员、仲裁员，对该意见的发布施行表示祝贺！特别是，在上海国际仲裁中心发布《中国（上海）自由贸易试验区仲裁规则》的 4 月 8 日后的仅仅半个月内，上海市第二中级人民法院即如此高效率地发布施行相关的司法审查和执行的若干规定，我们不禁由衷地对第二中级人民法院的改革胆识与工作效率表示敬佩！我想说以下两点想法，与大家分享并请各位批评指正。

一、《若干意见》的颁布施行，将为把上海建设成为具有国际影响力的国际商事仲裁中心提供最为坚强的司法保障

2013年4月11日，上海国际仲裁中心盛大揭牌；10月22日，中国（上海）自由贸易试验区仲裁院闪亮登场；2014年4月8日，《中国（上海）自由贸易试验区仲裁规则》隆重发布。上海的国际仲裁中心建设可谓好戏连台、步步为营，有序推进、基础扎实。而今天《若干意见》的颁布施行，将在上海的国际商事仲裁中心建设这一宏伟蓝图上写下浓墨重彩的一笔。

仲裁与司法具有共同的前进目标与价值追求，其核心出发点与归宿都是公正、高效地救济权利与解决纠纷。仲裁与司法之间是开放、包容、多元、互动的，彼此分享、相互借鉴、你我支持、有益补充，为贸易与投资的高效率与法治化提供法律服务与司法保障。诚如在《中国（上海）自由贸易试验区仲裁规则》发布会上最高人民法院罗东川庭长所言："仲裁的发展离不开司法对仲裁的支持与监督。法院对仲裁程序和公共政策的监督，保障了仲裁裁决的正当性，增强了当事人对仲裁公平公正解决争议的信心。"上海市高级人民法院盛勇强副院长在该次会议

上也指出："多年来，上海法院依法履行法律赋予的职能，在仲裁财产和证据保全、仲裁裁决执行等方面为仲裁提供有力保障，通过对涉仲裁协议、仲裁裁决效力案件的审理实施有效监督，并借助座谈会、白皮书等方式，与仲裁机构形成良好对接和良性互动。"而最高人民法院周强院长更是日前在上海调研时强调："立足把上海建成亚太地区乃至全球的仲裁中心，加强对仲裁裁决的确认和执行。"

我们说，司法是维护社会公正的最终方式。其实，司法或许方式上是终端，而在价值引领上却又是开端，更是旗帜与方向，其可预见性与权威性能够成为也应该成为各法律主体的行为导向。有各级人民法院的大力支持与司法保障，自由贸易试验区"仲裁规则"的有效施行、上海自由贸易试验区的营商法治环境建设、上海国际仲裁中心的建设乃至上海这座国际化大都市的法治建设，都将事半功倍。

二、《若干意见》充分尊重仲裁制度规律，充分体现对《中国（上海）自由贸易试验区仲裁规则》本质属性最大诚意的司法保障

作为一名律师，也作为一名仲裁员，我在以代理人或仲裁员参与仲裁案件过程中，最忐忑、最无奈的事往往是仲裁保全无能为力、案件合并难以操作、名册外人员选定无法可依、非仲

裁协议当事人加入有心无力、有效裁决执行好事难圆。如今,《中国(上海)自由贸易试验区仲裁规则》高举改革与创新的大旗,在我国仲裁法治史上突破性地规定了临时措施制度、紧急仲裁庭制度、开放式仲裁员选聘制度、合并仲裁制度、案外人加入仲裁制度等。作为仲裁法律服务的范畴,上述制度的创设与完善离不开司法机关的支持与保障,我们欣喜地看到,《若干意见》准确、完整地把握仲裁制度与司法审判实践的规律,及时、高效地推出了有针对性、可操作性的保障措施,充分体现对仲裁制度、《中国(上海)自由贸易试验区仲裁规则》本身自治、效率、权威、专业、国际等本质属性的最大诚意的司法保障。

一是自治。从贸易角度叫自由。自由贸易试验区充分的贸易自由取决于交易主体充分的意思自治,而且这种自治必须得到法律的维护与保障。李克强总理说,对市场而言,法无禁止则能为;对政府来说,法无授权不能为。政府以及司法机关,必须充分尊重并保护当事人的意思自治权。在《若干意见》中,不仅在"基本原则"中确立了"尊重当事人意思自治原则",更是在许多条款中用了"不违反我国法律的相关规定,在司法审查时,可予以认可"的表述,这正是真正的法治精神。

二是效率。不管是市场角度的自由贸易还是法律角度的意思自治,其核心目的便是便捷高效,促成交易,繁荣经济。《若干意见》提出:当事人对仲裁庭适用小额争议程序作出的裁决提出立案申请的，应当当日审查，符合立案条件的，当日立案；当事人提出仲裁前或仲裁程序中保全申请的，应当立即受理。情况紧急、符合法律规定的保全条件的，应当在二十四小时内作出裁定并移交执行；执行审查一般应当在当日内审查完毕。对当事人或他人提供的有关被执行人可供执行的财产线索应当及时审查。“当日”“立即”“二十四小时内”“及时”，可谓体现了雷厉风行、速战速决。司法效率将保障仲裁效率，仲裁效率将促进贸易效率，这不仅是当事人权益保护的迫切需求，而且是自由贸易试验区营商环境的客观需要。

三是权威。仲裁是一种具有一定弹性与柔性的纠纷解决方式，在尊重当事人意思自治、提供专业化服务等方面可谓是“随风潜入夜，润物细无声”。然而仲裁制度一旦依法确定，则制度本身被赋予刚性，可谓“柔中有刚”，理应得到执行与落实。例如开放名册仲裁员选定制度，充分尊重了当事人的意思自治，然而某一方当事人在选定后甚至裁决后对此提出异议，则不仅构成背信，而且违反这一制度的刚性，因此只有人民法院在司法审查时予以认可，方能维护其制度权威。同时，柔性的仲裁方式一旦形成裁决，则裁决本身是有效的、刚性的，可谓“先柔后刚”，因此必须高效执行这一刚性且有效的裁决。例如《若干意见》所规定的“快速执行通道”，不仅高效，而且强制，将充分维护仲裁的权威性。

四是专业。仲裁制度的专业属性自不必说，而相应的司法审查亦应以专业对接，否则仲裁的专业性会无从保障。上海市第二中级人民法院在长期的仲裁案件司法审查过程中，已经建立了完善的规则制度、形成了丰富的审判经验、培养了一批专业优秀的法官，今天的《若干意见》更是明确“设立司法审查专项合议庭”，由庭长担任合议庭审判长，对涉《中国（上海）自由贸易试验区仲裁规则》案件实行专项审理。从机构上不仅专项，而且高配；从审理上将更加专业，更加重视。这对仲裁员及仲裁庭而言无疑是重大利好，其专业仲裁属性将会发挥得淋漓尽致。

五是国际。中国上海自由贸易试验区是一个开放的国际平台，为此，《中国（上海）自由贸易试验区仲裁规则》的重要特点便是国际化与创新性。因此，司法审查只有尊重与保障这种国际化与创新性，才能真正为试验与探索提供坚实的法律支持。例如，在知识产权争议纠纷案件的处理中，临时措施尤其是仲裁前临时措施，以及紧急仲裁庭制度，是非常重要的救济程序和保障手段，《中国（上海）自由贸易试验区仲裁规则》设专章对此进行了规定，可谓一大亮点。国际仲裁机构、国际法律界人士对此充分关注、赞赏有加；尤其是国际知识产权组织（WIPO）大加青睐，对其亚太地区中心落户上海竟心有所动。如果司法审查对这一创新支持不够、保障不力，则其很可能成为镜中花、水中月。正因如此，《若干意见》既明确了“支持仲裁制度发展与创新原则”，又对保全措施的执行等作了明确具体的可操作性规定，可谓既保障创新，又支持创新。

古人说得好：“人事有代谢，往来成古今。江山留胜迹，我辈复登临。”全面深化改革的历史进程赋予我们千载难逢的发展机遇，我们唯有发扬“一万年太久，只争朝夕”的精神，“大胆闯、大胆试”，为上海自由贸易试验区建设、为上海法治建设，贡献应尽的力量，作出应有的贡献，方能不辜负这个时代赋予的历史使命！

（这是作者2014年5月4日在上海市第二中级人民法院《关于适用〈中国（上海）自由贸易试验区仲裁规则〉仲裁案件司法审查和执行的若干意见》的发布会上的发言）

55
推进仲裁制度改革，打造中国仲裁法治升级版

一

中国（上海）自由贸易试验区（以下简称自贸区）自诞生迄今刚满半岁，“小荷才露尖尖角，早有蜻蜓立上头”。我们已经欣喜地看到，被形象地比喻为“新四化”建设即贸易自由化、投资便捷化、金融国际化、行政精简化的自由贸易试验区改革已渐入佳境。

去年 4 月 11 日，上海国际仲裁中心盛大揭牌，10 月 22 日，自贸区仲裁院闪亮登场；而今天，《中国（上海）自由贸易试验区仲裁规则》隆重发布，这大大体现自

贸区的发展速度，也深刻表达自贸区的改革胆识，更充分彰显自贸区的创新精神！

《中国（上海）自由贸易试验区仲裁规则》，正是上海国际仲裁中心依据我国仲裁法律的立法精神，结合自贸区法治建设的实际需求，聚集全球视野的专业成果，吸纳发达国家和地区商事仲裁业界的先进理念，践行习近平总书记要求的“大胆闯、大胆试、自主改”而创设的中国第一部自贸区仲裁规则。与现行仲裁规则相比，这一规则增加临时措施及紧急仲裁庭制度、突破当事人选定仲裁员的名册制限制、引入友好仲裁制度、完善仲裁调解制度、设立调解员名单、充实合并审理及案外人加入的操作程序，亮点多、突破多、接轨多，更突出仲裁制度特有的自治性、独立性、专业性、高效率、国际化等本质属性与制度优势。

这部与国际通行规则接轨的仲裁规则的颁布及施行，不仅进一步提升区内商事争议解决的国际化水准，优化自贸区法治化营商环境，而且将为建设上海具有国际影响力的国际商事仲裁中心打下坚实的制度基础，特别重要的是，将为推进中国仲裁法的修改、完善我国仲裁法治发挥先行先试的功能，进而为法治中国建设贡献上海国际仲裁中心这一机构、上海这座国际化大都市不可或缺的应有力量。

在目前上海国际仲裁中心 625 名仲裁员中，中国执业律师有 112 名，比例大、水平高、办案多、影响远；而截至今年 3 月，上海有 1.6 万名律师，北京有 2.4 万名律师，广东有 2.5 万名律师，而在我国共有 25 万名律师（此处统计不包含我国香港特别行政区、澳门特别行政区和台湾地区）。律师队伍，已经成为为中国全面深化改革提供优质、高效法律服务的不可替代的重要力量。

今年 1 月 27 日，司法部正式批复同意上海市司法局提出的《关于在中国（上海）自由贸易区探索密切中外律师事务所业务合作方式和机制试点工作方案》，明确今后允许在自贸区设立代表处的外国律师事务所与中国律师事务所以协作方式，相互派驻律师担任法律顾问等多项政策，标志着上海法律服务业对外开放进入新阶段。可以说，自贸区不仅是投资与贸易领域改革试验的“制高点”，也是律师服务业对外开放的“桥头堡”，更是涉外商事争议解决机制创新的“试验区”。习近平总书记在今年全国“两会”上参加上海代表团审议时就指出，“加快形成与国际投资、贸易通行规则相衔接的基本制度体系和监管模式”[1]，因此，仲裁规则创新、仲裁制度改革、仲裁机构探索、律师服务开放，正是自贸区建设题中应有之义，也是上海城市法治发展的重要内涵，更是接轨世界之必需。

“桃花流水鳜鱼肥”，“蒌蒿满地芦芽短”，一个全面深化改革的春天正大踏步向我们走来。我们衷心期待上海国际仲

1 《习近平：推进上海自贸区建设 加强和创新特大城市社会治理》，载《人民日报》2014 年 3 月 6 日，第 1 版。

裁中心从《中国（上海）自由贸易试验区仲裁规则》的发布与实施这一新起点，开始新征程，抓住新机遇，创设新经验，形成新成果，从而可复制，进而可推广，打造中国仲裁法治的升级版！

二

上海国际仲裁中心（以下简称上海贸仲）揭牌，是上海乃至中国仲裁史上的一件大事，并将在国际仲裁发展过程中留下浓墨重彩的一笔！

首先，上海建成“四个中心”特别是国际贸易中心的宏伟愿景为上海贸仲发展打下了坚实的基础。

2013 年上海市政府工作报告明确了今后五年上海经济社会发展的主要目标，其中第一个目标便是努力实现“四个中心”建设的新跨越，为到2020年基本建成“四个中心”奠定坚实基础。特别是：国际经济中心地位全面提升，新增跨国公司地区总部 150 家，主要金融市场规模保持或进入世界同类市场前列，金融市场直接融资额占社会融资规模的比重达 25% 左右，现代航运服务功能显著提升，国际贸易中心核心功能基本形成，商品销售总额达 10 万亿元。

2013 年 3 月，李克强总理在上海调研时表示，鼓励支持上海积极探索，在现有综合保税区基础上，研究如何试点先行，在 28 平方公里内，建立一个自贸区，进一步扩大开放，推动完善开放型经济体制机制。

我们说：无贸易，则无交易；无交易，则无争议；无争议，则无仲裁。可以说上海“四个中心”特别是国际贸易中心、上海自由贸易园区的建设，为上海贸仲发展打下了坚实的基础。正可谓：生逢其时、千载难遇。

其次，上海大力发展法律服务业的战略决策为上海贸仲发展提供了有力的保障。

仲裁在本质上有服务业属性，是服务业中的现代服务业，是现代服务业中的专业服务业，是法律服务业。基于这一本质属性，仲裁具有自治、独立、专业、高效率、国际化等诸多优势，当然其自治性与法定性又是有机的统一，即其具有法定的依据、法定的机构、法定的程序、法定的规则、法定的责任、法定的效力。作为解决争议不可或缺的形式，作为法律服务业的重要内容，仲裁的发展得到政府的大力支持。2012 年年底出台的我国《服务业发展“十二五”规划》指出：拓宽服务领域和服务方式，提高法律服务水平，实现法律服务在经济社会发展各领域的广泛、有效参与。提升法律服务业开放水平，打造一批具有国际竞争力的法律服务机构。加大对法律服务业政策扶持和保障力度，改善法律服务业发展环境，提高国际化水平和国际竞争力。上海早在 2011 年政府工作报告中就明确提出，做大做强会计、审计、法律、咨询等专业服务业、中介服务业以及高技术服务业。

以上所有这些，可以说：句句都讲在上海贸仲心坎上，都将为上海贸仲的发展提供有力的支持与保障。

再次，上海贸仲拥有的专业且独立的仲裁员队伍为上海贸仲发展形成了权威的主体。

仲裁事业赖以发展的主体力量是仲裁员。仲裁的专业决定于仲裁员的专业，仲裁的诚信取决于仲裁员的诚信，仲裁的权威来自仲裁员的权威。上海贸仲拥有 535 名仲裁员，他们有的是德高望重的教授，有的是蜚声中外的律师，有的是远近闻名的专家，等等。不论如何，只要被选定，或者被指定，皆以光荣且负有责任的仲裁员自居与自律，独立、专业、勤勉、权威。特别值得一提的是：2013 年增补的 90 名仲裁员中，外籍及港台人士就达 63 名，使得上海贸仲外籍及港澳台仲裁员达 199 名，来自 39 个国家及地区，占比为 32%，上海贸仲由此成为我国仲裁员国际化水平最高的仲裁机构之一。这一支权威的仲裁员队伍，为上海贸仲提供了赖以发展与振兴的主体条件。

大学毕业时我们常说，今日我为学校而自豪，明天学校为我而骄傲。在这里我们是不是也可以这样说，今日我为上海贸仲而自豪，明天上海贸仲为我而骄傲。我想，这就是“主体”。

最后，上海贸仲高效而专业的领导班子特别是秘书处团队是上海贸仲发展不可替代的关键。

上海贸仲长期的国际经济贸易仲裁实践，锤炼了上海贸仲的领导班子与秘书处，使之成为一个高效而专业的团队。领导班子目光高远，勤于学习，攻坚克难，自强不息；而秘书处里，小伙儿与姑娘都那么青春，那么阳光，而且在工作中专业、高效、服务周到。请大家关注上海贸仲的英文简称。众所周知，IAC是国际仲裁中心的简称，香港国际仲裁中心简称为HKIAC，新加坡国际仲裁中心简称为SIAC，上海贸仲则简称为SHIAC。我们有理由相信，上海国际仲裁中心的“中心”，不仅是作为一个实体的机构含义的“中心”，也将成为一个地位的评价含义的“中心”。我们说上海这座城市“四个中心”即经济中心、贸易中心、航运中心、金融中心的同时，是不是在不久的未来，还要加上一个——上海是一个国际仲裁“中心”。同时，我们又关注到上海国际仲裁中心的新图标。地球图案与半圆弧线的完美组合，正如上海贸促会岑富荣会长所讲的，显示了上海国际仲裁中心喷薄而出、冉冉升起的发展势态。

“几处早莺争暖树，谁家新燕啄春泥。”名正言更顺，作为更有位。上海贸仲的发展，是上海城市发展的需要，是中国法治“梦想”的呼唤，也是我们这些法律人的期待。

（根据作者2014年4月8日在上海国际仲裁中心举行的《中国（上海）自由贸易试验区仲裁规则》颁布与施行发布会上以及2013年4月11日在上海国际仲裁中心揭牌仪式及新闻发布会上的发言汇总整理）

后　记

《勇敢前行》是继《如何存在》《变为何物》之后的第三本自选集。如果说《如何存在》记录的是欢聚时、论道中、迎送间、相遇后的感受、感言和感悟；《变为何物》记载的是会议上的发言、专栏里的撰稿、读书后的随笔，其内容聚焦在律师、律所、律协、律政；那么，本书《勇敢前行》便是作为一名律师、一名法律人，其眼中法治中国建设铿锵进程中的突破性进步、战略性成果、阶段性问题，以及个人的思考与思绪、建议与建言。

而本书之名《勇敢前行》，似乎抱负很大，但其实落脚很小，与《如何存在》《变为何物》一样，其用词皆源于邓紫棋演唱的汪峰创作的《存在》一歌。

于一名执业律师而言，法治中国建设首先聚焦于律师事业发展。律师制度是中国特色社会主义法律制度的重要组成部分，律师队伍是中国特色社会主义法治工作队伍的重要一员。有专家说，律师兴则法治兴。反过来也对，法治兴则律师兴。前者重在说，律师事业发展对法治建设的贡献度，或者说，律师事业是法治发展的“晴雨表”；后者重在言，法治环境之于律师事业发展的引领与保障作用，反之，没有法治环境优化，律师事业也不可能一枝独秀。

于是，一名律师眼中的法治中国，首先从律师事业发展说起便也顺理成章了。从另外一个角度，全面推进依法治国必须坚持司法公正，毕竟，司法公正是维护社会公平正义的最后一道防线。律师是司法活动的参与者，是司法改革的见证者，也是司改成果的共享者。律师眼中的司法改革，或许表达出来不一定是全面的、完整的，但一定是独特的、独到的。这一特殊的视角下的图景，对推进司法改革进程无疑有着不同凡响的意义。

最后扩展至更壮阔的领域，即法治国家建设。我想，作为一名法律工作者，正是应该从有法可依、有法必依、执法必严、违法必究，以及科学立法、严格执法、公正司法、全民守法的全方位、多角度、深层次、广视野，来思考、来观察、来描述，从而勾画法治中国建设的系统性、整体化、全景图。正如党的二十大报告所言:“坚持依法治国、依法执政、依法行政共同推进，坚持法治国家、法治政府、法治社会一体建设，全面推进科学立法、严格执法、公正司法、全民守法，全面推进国家各方面工作法治化。”

在梳理收入本书的一篇篇小文章的时候，偶然发现最早的文章竟然写于8年前，而全部文章中2016年、2017年、2018年撰写的居多。基于阶段性、亲历性、历史性的考虑，尽量保持其原状、原意、原文。而这一时间段似乎也表明，无论是律师事业发展，还是司法体制改革，直至法治中国建设，已经从大写意过渡到工笔画，从大刀阔斧推进到绣花功夫，进入攻坚区、“深水区”，正可谓惊涛骇浪，任重道远。然而，保持定力、从容应对，一定会未来可期、前程似锦。勇敢前行，去向何处？去向此处：让人民群众在每一项法律制度、每一个执法决定、每一宗司法案件中，都能感受到公平正义！还是习近平总书记说得好：“全面依法治国是国家治理的一场深刻革命，关系党执政兴国，关系人民幸福安康，关系党和国家长治久安。必须更好发挥法治固根本、稳预期、利长远的保障作用，在法治轨道上全面建设社会主义现代化国家。”[1]

---

1 《高举中国特色社会主义伟大旗帜 为全面建设社会主义现代化国家而团结奋斗——在中国共产党第二十次全国代表大会上的报告》，载中国共产党新闻网“习近平系列重要讲话数据库”2022年10月26日，http://jhsjk.people.cn/article/32551700。

最后，感谢法律出版社编辑老师，感谢国浩发展研究院同人。国浩人文文库作品著作等身、繁花似锦，有赖大家齐心协力、倾情为之。

吕红兵

2023 年 12 月于上海静安嘉地中心